BONN
Sinnbild deutscher Demokratie

Zur Debatte um Hauptstadt und Regierungssitz

Herausgegeben von
Alois Rummel

1990

Bouvier Verlag · Bonn

Dieses Buch ist auf Initiative des „Forum Pro Bonn“ entstanden.

ISBN 3-416-80664-6

Printed in Germany

Gesamtherstellung: Köllen Druck + Verlag GmbH, Bonn

Umschlaggestaltung: Arifé Aksoy

Inhaltsverzeichnis

Zu diesem Buch

Ein Traum ist in Erfüllung gegangen: Seit dem 3. Oktober 1990 ist Deutschland wiedervereint. Mit Freude und Erleichterung haben die Bürger der bisherigen Bundesrepublik Deutschland und der ehemaligen Deutschen Demokratischen Republik die Entscheidung der Volkskammer in der Nacht auf den 23. August zur Kenntnis genommen. Bundeskanzler Helmut Kohl sprach im deutschen Bundestag am 23. August 1990 von einem „welthistorischen Ereignis". Er bezeichnete diesen Tag als einen „großen historischen Augenblick", als einen „Tag der Freude für alle Deutschen", aber auch als einen „Tag der Dankbarkeit". Am 3. Oktober 1990 also hat sich nach über 40 Jahren der schmählichen und schmerzlichen Trennung der beiden deutschen Staaten der Auftrag des Grundgesetzes erfüllt, Einheit und Freiheit Deutschlands in freier Selbstbestimmung zu vollenden. Die Präambel des Grundgesetzes hat damit auf glückhafte Weise ihre Vollendung gefunden. Die Nachkriegszeit ist auch für Deutschland endgültig beendet.

Neben vielen anderen Entscheidungen muß jetzt der neue gesamtdeutsche Bundestag auch darüber entscheiden, wo die künftige deutsche Hauptstadt ihren Sitz haben soll und von welchem Ort aus die neuverfaßte Kulturnation Deutschland ihre Geschicke bestimmt. Während der Bonner Oberbürgermeister, Hans Daniels zusammen mit der Bonner Stadtverwaltung mit ruhiger und zielstrebiger Hartnäckigkeit in ganz Deutschland mit steigendem Erfolg für dic politischen Vorzüge Bonns wirbt, schlägt der Regierende Bürgermeister von Berlin-West, Walter Momper, bundesweit und immer wieder vor der Bonner Bundespressekonferenz einen Ton an, den selbst Berlinanhänger als ausgesprochen ordinär, damit kontraproduktiv für Berlin bezeichnen und von dem bereits Theodor Fontane sagte, er gehöre zum „Heuschreckenproletariat". Dieser großspurige und anmaßende „Berliner Ton" (Theodor Fontane) des Regierenden Bürgermeisters Walter Momper erschreckt die Bürger in Dresden, München, Leipzig, Potsdam, Stuttgart, Köln und in allen anderen Städten. Genau diesen Ton mögen die Deutschen nicht mehr! Momper hat offensichtlich noch nicht gemerkt, daß er mit dieser Art von Werbefeldzug für Berlin das Gegenteil erreicht. Er ist damit zum erfolgreichsten Befürworter Bonns geworden. Bonn bedankt sich mit Respekt vor den Berlinern. Für Walter Momper ist Berlin nach wie vor ein Machtgedanke. Man muß diesen regierenden Bürgermeister also so schnell wie möglich einmal mit der Geschichte Preußens und Berlins bekanntmachen.

Dieses Buch, das sich in die aktuellen und grundsätzlichen Auseinandersetzungen über die Hauptstadtfrage des wiedervereinigten Deutschlands einfädelt, enthält Analysen der politischen und der kulturellen Geschichte sowie Geschichten und erzählende Berichte. Zur Feder haben Wissenschaftler für scharfsinnige Situationsbeschreibungen, Schriftsteller für unterhaltsame Kurzgeschichten, Journalisten zu subjektiv eingefärbten Erinnerungen und Publizisten zur Darstellung meinungsbildender Leitartikel gegriffen. Alle Beiträge zeichnen sich durch Originalität und profilierte Stellungnahmen aus; kein Autor redet um den heißen Brei herum. Manches kritische Wort über Berlin; viele gute Gründe für die bisherige Hauptstadt der Bundesrepublik Deutschland Bonn als einem Gütezeichen deutschen demokratischen Fortschritts und europäischer Zukunft.

Zum erstenmal in seiner Geschichte als Staatsoberhaupt mußte es sich Bundespräsident Richard von Weizsäcker wegen seiner voreiligen Positionsmeldung für Berlin als künftige deutsche Hauptstadt in seiner Rede vom 29. Juni 1990 in der Nikolaikirche in Berlin-Mitte gefallen lassen, durch den Reißwolf der öffentlichen Kritik gedreht zu werden. (Natürlich darf nicht verschwiegen werden, daß er auch vielfältige Zustimmung gefunden hat.) Aber der Versuch des Bundespräsidenten, Ängste der Föderalisten, sollte Berlin Hauptstadt mit Regierungs- und Parlamentssitz werden, zu verscheuchen, muß als gründlich mißlungen betrachtet werden. Richard von Weizsäcker hat genau das Gegenteil erreicht. Er hat diese Sorgen bestätigt, geschürt und vielfältig vergrößert. Dabei kann man dem Bundespräsidenten nur zustimmen, wenn er scharfsinnig den Unterschied zwischen Politik und Theater definiert, als er sagte: „Politik ist oft nicht so unterhaltsam wie Theater." Man muß hinzufügen: Politik ist oft nichts anderes als Theater, oder zumindest Theaterdonner, und unterhaltsam kann Politik durchaus auch sein. Der Bundespräsident, dem hochachtungsvoller Respekt auch weiterhin sicher sein kann, sofern er das Glatteis des unnötig produzierten Widerspruchs meidet, hat sich selbst in den „Schwitzkasten des alten Denkens" (Thomas Kielinger) begeben; es wird zu seinen unbestrittenen Fähigkeiten gehören, sich daraus selbst wieder zu befreien, indem er mit wachem Geist auf die Argumente derer hört, die zu Berlin auf achtbare Distanz gehen und die in der Stadt Bonn als Hauptstadt mit Sitz von Regierung und Parlament eine Hoffnung für eine von der Geschichte nicht belastete Zukunft des neuen Deutschlands sehen. Nach aller Erfahrung zählt der Bundespräsident zu den Politikern, die fähig und bereit sind, ihre Lernbegierde auch mit Hilfe des Verstandes Andersdenkender zu bedienen. Die Argumente, die in diesem Buch geliefert werden, sollen dazu beitragen.

Alle Autoren gehen von der geschichtlichen Erfahrung aus, daß die öffentliche Diskussion um eine deutsche Hauptstadt alles andere als neu ist. Bereits im 19. Jahrhundert, auch und gerade nach dem Zusammenbruch des Heiligen Römischen Reiches deutscher Nation im Jahre 1806 und nach der Auflösung des Deutschen Bundes im Jahre 1866, ist heftig zwischen Fürsten und Deputierten, vor allem bei der Beratung einer deutschen Verfassung in der Paulskirche um den Sitz der Hauptstadt eines vereinigten Deutschlands gestritten worden. Berlin war von Anfang an umkämpft, weil die Gefahr einer preußischen Übermacht viele das Gruseln gelehrt hat. Niemand kann so tun, als sei es, seit es Deutschland gibt, selbstverständlich, daß Berlin mit dem Titel „Capitale“ geschmückt worden wäre. Die schlechte Behandlung des einstigen Sitzes des Deutschen Bundes, nämlich Frankfurt, durch die Preußen nach der Niederlage Österreichs im Jahre 1866 weckt bei all denen in Ost- und Westdeutschland Assoziationen bis zum heutigen Tage, die im sogenannten „Bonner System“ nach 40jähriger Erfahrung mehr Positives und in der Rückkehr zur Geschichte nach Berlin mehr Negatives sehen. Dazu zählen viele Bürger, auch in Dresden, in Weimar, in Leipzig, in Erfurt, in Jena, Halle, Magdeburg und in anderen Landschaften der früheren DDR, was natürlich auch für München, Köln, Frankfurt, Mainz und andere Regionen Westdeutschlands gilt. Keiner der Autoren begeht den Fehler, diese großartige Stadt Berlin „als historischen Ort undemokratischen Ungeistes... zu bezeichnen“ (Friedhelm Hufen).

Natürlich gilt auch für die Zukunft: Berlin bleibt immer eine Reise wert, auch wenn die ehemalige deutsche Reichshauptstadt „nur“ repräsentative Capitale eines wiedervereinigten Deutschlands und nicht auch Sitz von Regierung und Parlament werden wird. In dieser Stadt ist einige jahrzehntelang deutsche Geschichte gemacht worden. Sie bleibt mit dem politischen und geistigen Schicksal Deutschlands in den Jahren 1871 bis 1945 identisch. Beschworen vom Enthusiasmus der gesamten demokratischen Welt erhielt Berlin nach der deutschen Teilung den unverwechselbar schönen Titel: „Symbol der Freiheit". Nachdem der Inhalt dieses Symbols mit der deutschen Wiedervereinigung und der Erlangung der Freiheit für alle Deutschen durch den Lauf der Geschichte konsumiert worden ist, bleibt es nur folgerichtig, daß sich die öffentliche Diskussion im In- und Ausland mit der hochpolitischen und geschichtsträchtigen Frage beschäftigt: In welcher Stadt sieht sich dieses wiedervereinigte Deutschland, diese neu verfaßte deutsche Kulturnation, am wirkungsvollsten, am friedfertigsten und am zukunftsträchtigsten repräsentiert, in Berlin oder in Bonn? (In einer ersten Diskussionsrunde sind alle anderen ins Gespräch gebrachten Städte wie Frankfurt [das noch am ehesten Anspruch erheben konnte], Nürnberg, Regensburg oder München lediglich als Spielmaterial behandelt worden und damit aus jeder weiteren Diskussion ausgeschieden.)

Früher, in der Hoch-Zeit der Dynastien, war die Hauptstadt in der Regel identisch mit dem Sitz des alles besitzenden und alles beherrschenden Fürstenhauses. Eine Bestellung zur Residenz erfolgte immer unter den verschiedensten Gesichtspunkten, teils aus Gründen der geographischen Lage, der militärischen Strategie, der kulturellen Attraktivität, teils unter der Perspektive der wirtschafts- und zollpolitischen Umwidmung von Verkehrswegen; auch klimatische Erwägungen oder landschaftliche Vorlieben der jeweiligen Potentaten spielten eine bestimmende Rolle. Erst im April 1990 veranstaltete die Arbeitsgemeinschaft für geschichtliche Landeskunde am Oberrhein e.V. aus Anlaß des 275jährigen Jubiläums der Stadt Karlsruhe einen glänzend bestückten Kongreß mit dem Titel „Residenzen". Damit sollte ein Beitrag auch zur heute noch gültigen Phänomenologie voll ausgebildeter hauptstädtischer Zentralität vom Ancien Régime bis zum Ende der Monarchie geleistet werden. Auch diese Veranstaltung hat deutlich gemacht, daß in unseren Tagen, da um Berlin oder Bonn gerungen wird, die Hauptstadtfrage nicht holterdipolter als eine reduzierte Frage ökonomischer Zweckmäßigkeit gefällt werden kann, sondern daß sie eine geschichtliche und kulturelle Dimension hat, die es verbietet, sie zum Rang eines harmlosen Provinzialismus zu degradieren. Eine solche Entscheidung wird Geschichte machen. Nur ein scharf entwickeltes historisches Bewußtsein derer, die eine solche Entscheidung fällen müssen, wird dazu beitragen, daß die Hauptstadtfrage nicht unter dem verkürzten Etikett „Trauerarbeit und Vergangenheitsbewältigung" (Eberhard Straub) geführt wird.

Es ist schon lange her, daß Berlin ein geistiger Begriff war. Aber es bleibt unbestritten, daß Bonn in der Zwischenzeit zu einem weltweiten politischen und positiv besetzten Begriff geworden ist.

Angesichts der gegenwärtigen aufgeregten Diskussion über den Sitz der künftigen Hauptstadt Deutschlands muß auf diese kulturhistorischen Zusammenhänge deshalb hingewiesen werden, weil nahezu alle Hauptstädte europäisch-demokratischen Zuschnitts einst fürstliche Residenzen waren und weil es keinen in der Zwischenzeit gebildeten demokratisch-republikanischen Staat gibt, der seine Hauptstadt sozusagen allein unter „volks-demokratischen" Kriterien ausgewählt hat. Nicht zufällig stellt Michael Stürmer in seiner Untersuchung über das Hauptstadtproblem in der deutschen Geschichte mehr fragend als beschwörend fest: „Wir fürchten uns vor einer Hauptstadt" (öffentlicher Vortrag am 27. April 1990 in Karlsruhe aus Anlaß der Vorstellung der Oberrheinischen Studien, Band 18). Die Selbstdarstellung von Dynastien, Staaten, Kommunen, Parteiungen, auch von religiösen Gemeinschaften erfolgte meist zum höheren Ruhm der jeweils Regierenden. Wer deshalb die innerdeutsche Diskussion der Gegenwart mit dem Hinweis abqualifiziert, es handle sich um kleinkarierten Krämergeist, kappt die Stränge zu Historie und Kulturgeschichte. Er nimmt nur vordergründig an einer Diskussion Anteil, die von den ernsthaften Grundgedanken bestimmt sein muß, daß der Ort, wo eine Regierung ihre Macht ausübt und vollzieht und ihre Autorität zur Geltung bringen soll, „... dem Gehalt des Staates entsprechen" muß (Vittorio Ferraris). Das ist der alles bestimmende Punkt. Während in dynastischen Zeiten die Hauptstadtwahl eine reine Folge geschichtlicher Ereignisse war, unterliegt im wiedervereinigten Deutschland die Hauptstadtfrage zum ersten Mal einer Auswahl und einer demokratischen Entscheidung. Die Alternative zu Berlin heißt Bonn und die Alternative zu Bonn heißt Berlin. Wer fürchtet sich also vor einer deutschen Hauptstadt? Welche Inhalte soll sie repräsentieren? Für welchen Geist steht sie? Für welche politische Grundstruktur wird sie verantwortlich gemacht? Welche kulturelle und politische Vergangenheit soll durch sie dargestellt werden? In welche geistige und politische Zukunft soll sie weisen? Welchem Geist der Zeit entspricht die zu fällende Entscheidung?

Wie die Erfahrung lehrt, ist es mit dem jeweiligen Geist der Zeit immer eine zwiespältige Sache. Auf der einen Seite wird er geprägt von sich widersprechenden geistigen, politischen oder sozialen Strömungen, deren Einfärbung oder Zielrichtung von den gerade herrschenden oder opponierenden Parteien nach opportuner Interessenlage gedeutet und kanalisiert werden. Auf der anderen Seite aber zeigt er seinen Willen mit brutaler Durchsetzungsgewalt und mit solch zielgerichteter Kraft und Eindimensionalität, daß es den Zeitgenossen nahezu den Atem verschlägt, weil er sie zwingt, nach seiner Pfeife zu tanzen. Diesem Zwiespalt unterliegt auch die historische Bewertung des Geistes einer Zeit, denn wir wissen, daß es nahezu unmöglich ist, eine Epoche der Geschichte auf einen einzigen Nenner zu bringen. Die politische und geistige Lage Deutschlands im Herbst 1990, da sich die bis zur friedlichen Revolution vom 9. November 1989 künstlich getrennten zwei deutschen Staaten zur wiedervereinigten deutschen Nation zusammengefügt haben, könnte verworrener und unübersichtlicher kaum sein. Wer den Versuch unternähme, sie zwangsweise auf einen einzigen Nenner bringen zu wollen, geriete unweigerlich in Beweisnot. Jede Generation beantwortet die Frage nach ihrem Standpunkt für sich selbst. Die goldenen zwanziger Jahre der Weimarer Republik lassen sich auch nicht entfernt mit dem grandiosen Wirtschaftswunder Ludwig Erhards der 50er Jahre in der Bundesrepublik Deutschland vergleichen, und das atemberaubende Weltgeschehen der Jahre 1989/90, da eine einst den halben Erdball beherrschende Ideologie, nämlich der Sozialismus marxistischer Prägung, von der Weltgeschichte widerlegt worden ist, werden wiederum nicht mit den bevorstehenden Zweitausenderjahren verglichen werden können. Wir Heutigen wissen nur, daß wir in einer epochalen Zeit leben und daß unser Bewußtsein davon in einer Weise gesteigert und verfeinert ist, die kaum je einer Generation zuteil geworden ist, höchstens noch vergleichbar mit der französischen Revolution oder, aber um vieles weniger, mit der europäischen Neuordnung durch den Wiener Kongreß oder dem Ende des 30jährigen Krieges.

Und genau an diesem Punkt der Überlegungen, da mit dem Zusammenbruch der DDR und des Sozialismus der größte Bankrott der

Weltgeschichte bereinigt werden muß, ist dem deutschen Volk ein Schicksal zugewiesen, das sich, wenigstens für den Augenblick, einer eindeutigen Definition entzieht. Die deutsche Nation, die im eigentlichen Sinne jahrhundertelang keinen Staat hatte, sondern nur eine geistig-religiöse Idee eines buntgefächerten Völkergemisches war, findet im Jahre 1990 wieder zu ihrer Einheit in Form eines demokratischen Rechtsstaates republikanischer Prägung. Aber im gleichen Atemzug, da dies geschieht, ist dieses neue Deutschland ohne jeden Vorbehalt bereit, seine wiedergewonnene Souveränität aufzugeben und freiwillig auf dem Altar eines europäischen Vaterlandes zu opfern. Dazu kommt eine andere, unverwechselbare deutsche Spielart des demokratischen Rechtsstaats, nämlich der Föderalismus. Die Ideengeschichte des Föderalismus, gerade auch der deutschen Nachkriegszeit, ist vorrangig bestimmt durch „die geistige Selbstbehauptung in der Auseinandersetzung mit der konkreten staatlichen Wirklichkeit im Sinne einer Bändigung und Moderation staatlich potenzierter Macht durch Aufgliederung“ und Aufgabenverteilung (Hubert Armbruster). Diese Zuständigkeitsabgrenzung durch Machtverteilung zwischen der Zentralgewalt des Bundes und der Zuständigkeit der Länder entspricht dem Aufbau von unten nach oben. Sie schafft Einheit in der Vielfalt — eines der großen Geschenke der deutschen Staats- und Rechtsgeschichte an die demokratische Völkergemeinschaft. Eine alles dominierende Staats- oder Kommunalgröße paßt heute nicht mehr in ein gestalthaftes Rechtsgebilde moderner Prägung. Der Bonner Staatsrechtler Josef Isensee projiziert dies auf die Hauptstadtdiskussion: „Weltweit zeigt politische Biographie und Geschichte, daß die föderative Balance keine dominierende Metropole verträgt. Echte stabile Bundesstaaten habe durchweg bescheidene Bundeshauptstädte, die weder alleiniges noch allzuständiges Zentrum sein wollen und können... Washington, Bern, Ottawa, Canberra, Bonn.“ Damit wird ein Gedanke modernisiert, den Johann Wolfgang von Goethe bereits in seinen Gesprächen mit Eckermann bedacht hat: „Wenn man aber denkt, die Einheit Deutschlands bestehe darin, daß das sehr große Reich eine einzige Residenz habe, und daß diese eine große Residenz wie zum Wohle der Entwicklung einzelner großer Talente so auch zum Wohl der großen Masse des Volkes gereiche, so ist man im Irrtum... Gesetzt, wir hätten in Deutschland seit Jahrhunderten nur die Residenzstädte Wien und Berlin, oder gar nur eine, dann möchte ich doch sehen, wie es um die deutsche Kultur stände, ja auch um einen überall verbreiteten Wohlstand, der mit der Kultur Hand in Hand geht."

Auch unter solchem Betracht bleibt das zu bildende Europa ein Staatsgebilde der Partnerländer, und auch ein europäischer „Großstaat" wird seinen Reichtum, seine Kraft und seine Lebenserträgnisse vorrangig den kulturellen Kleingebilden, ihren überschaubaren und berechenbaren Grundelementen verdanken. Nicht anders wird es Deutschland ergehen, wenn die Volksvertreter bei der Bestimmung der Hauptstadt an die föderative deutsche Tradition anknüpfen und sich für den „Emporkömmling" Berlin und nicht für Bonn entscheiden, das zum „europäischen Uradel der Städte... gehört, wie Wien oder Budapest hervorgegangen aus einem römischen Castrum. Bonn... (ist) ein Symbol für Maß und Mitte" (Helmut Herles).

All das sind die „Inhalte", von denen Vittorio Ferraris spricht und die das Wesen einer künftigen deutschen Hauptstadt zu bestimmen haben. Daß Berlin diesen neuen Inhalten und Anforderungen entspricht, ist nicht erkennbar, wobei die ehemalige Reichshauptstadt, darauf achten alle Autoren, Anspruch darauf hat, sorgfältig bewertet zu werden. Dabei versteht es sich aufgrund der Intention dieses Buches von selbst, daß in den einzelnen Beiträgen die Gründe, die für Bonn sprechen, höher und stärker gewichtet werden, als die Argumente, die Berlin bevorzugen. Die Autoren, nimmt man den Beitrag von Richard von Weizsäcker aus, sehen in und mit Bonn einen Glücksfall und ein Gütesiegel der deutschen Demokratie. Sie argumentieren teils politisch, teils verfassungsrechtlich, teils geistesgeschichtlich, teils von ihrem persönlichen Erfahrungs- und Erlebnisbereich aus. Für alle gilt, was Thomas Mann 1918 in seinen „Betrachtungen eines Unpolitischen" festgestellt hat, daß es ihn nie nach der „scharfen Luft der preußisch-amerikanischen Weltstadt" Berlin gedrängt hat. Im übrigen hat die Fachwissenschaft längst nachgewiesen, daß im Jahre 1866, nach dem Zussammenbruch des Deutschen Bundes, also nach dem Sieg Preußens über Habsburg, nicht ein einziges Argument für Berlin als Mittelpunkt des 1871 gegründeten Deutschen Reiches gesprochen hat. Kaiser Wilhelm I. degradierte Berlin in Gedanken stets in ein preußisches Berlin und in ein Reichsberlin. Und Heinrich Mann traf 1921 den Nagel auf den Kopf, als er feststellte: Nachdem es der deutsche Staat versäumt habe, sich „eine passende Hauptstadt" zu schaffen, habe sich die Stadt Berlin einen Staat nach ihrer Fasson geformt. Und gerade dies wollen wir Heutigen nicht. Von Bonn hätte dies Heinrich Mann gewiß nicht sagen können.

Von vielen gewichtigen Repräsentanten aus Staat und Gesellschaft, auch in den Städten der Welt, wird festgestellt: Die Bonner Jahre des demokratischen Teils Deutschlands waren gewonnene Jahre, die Berliner Hauptstadtjahre aber sind vergangene Jahre. Das „alte und eigentliche Deutschland" ist nach Thomas Mann, er knüpft dabei an Goethe an, „weder weltstädtisch noch Provinz", was für die Absicht dieses Buches heißt: Das wiedervereinigte Deutschland kann nach Meinung der Autoren seinen politischen und geistigen Neubeginn nicht von Berlin aus antreten, sondern es muß seine Kräfte aus seinen Quellen beziehen, die in Dresden, Hannover, Köln, Weimar, München, Jena, Erfurt oder Leipzig genauso liegen, wie in Rostock, Schwerin, Stuttgart, Heidelberg, Tübingen, Mainz, Trier, Speyer, Madgeburg oder Potsdam und vielen anderen Kulturstädten. In dieser Hinsicht ist Berlin lediglich eine, wenn auch überdimensional große Facette der deutschen Kulturgeschichte, bei weitem aber nicht ihre gedankenreichste. Das kunstvoll-gewaltige Denk- und Kulturgebilde Berlin muß sich also immer wieder an seiner Geschichte messen lassen.

Der Historiker und Publizist Golo Mann hat die heutige Situation in seiner deutschen Geschichte des 19. und 20. Jahrhunderts bereits 1958, da noch niemand die Revolution vom 9. November 1989 auch nur ahnen konnte, so beschrieben, geltend für das Berlin der Jahre 1919/20: „Dies auseinanderstrebende, bedrohte, tief mit sich unzufriedene Ganze (Deutschland) sollte Berlin zusammenhalten; Sitz des Präsidenten, der Regierung, der neuen Volksvertretung, der Parteizentralen, des Armeeoberkommandos; der Wohnort gewaltiger Menschenmassen, ein ungeheures Energiezentrum, ganz in der Gegenwart lebend, von emsiger Tätigkeit, nahezu geschichtslos jetzt, vorwiegend häßlich, vorwiegend traurig. Die Millionenstädte sind kein Glück in unserer Zeit und von Europas Millionenstädten war Berlin nicht die glücklichste." (S. 684) Im Herbst 1990 fiel das Urteil Golo Manns nicht anders aus. Er fährt fort: „Die Hauptstadt traute sich zu, nun wirklich der Kopf des Reiches zu sein, und in gewissem Sinn war es ihre größte Zeit. München, Stuttgart, Dresden verloren durch den Fall der Monarchie. Nicht so Berlin; die Hohenzollern hatten mit der großen demokratischen Stadt längst in Feindschaft gelegen, zu ihrer kulturellen Blüte vorwiegend Greuel und Albernheiten beigetragen. Das, was unter dem Kaiser Opposition gewesen war, trat nun in den Vordergrund, bildete eine gewissermaßen offizielle republikanische Geistessphäre: Literatur, bildende Kunst, Theater, Film. Hier wurde begierig experimentiert; fortschrittsfreudige Bürger des Westens, Franzosen, Briten, Amerikaner kamen in Scharen, um sich an dem neudeutschen Kunst- und Gesellschaftsgetriebe zu vergnügen. Die Stadt der Hohenzollern als freigeistigstes, aktivstes Kulturzentrum Europas — das war neu. Wachsend mit den immer wachsenden politischen, industriellen und finanziellen Bürokratien, mit den Funktionen des Reiches, welche gegenüber jenen der Bundesländer zusehends mehr überwogen, Mittelpunkt der Arbeit, der Geschäftswelt wie des reichen Müßigganges, konnte Berlin alle Arten der Repräsentanz tragen und bezahlen. Es sog die Energien der Nation, die geistig-kulturellen zumal, zu einem einzigen Mittelpunkt zusammen. Das Deutschland der Weimarer Republik hatte, eigentlich zum erstenmal in der Geschichte, etwas wie eine einzige Hauptstadt. Nicht die Weimarer, die Berliner Republik sollte es heißen." (S. 716—717)

Die Meinung von Golo Mann deckt sich mit der Beschreibung von Vittorio Ferraris: Hauptstädte sind in der Regel nicht beliebt. Also: „Die Hauptstadt (Berlin) war nicht beliebt", erklärt Golo Mann in lapidarer Kürze. Er begründet dies auch. Einmal darum nicht, weil das alte Deutschland, das föderalistische Deutschland der Bundesländer und Provinzen im Grunde gar keine Hauptstadt haben wollte; den Münchnern und Hamburgern, den Junkern in Ostpreußen und den Bauern im Schwarzwald erschien Berlin als das Becken, in welchem alle ihnen fremden widerwärtigen Tendenzen zusammenflossen. „Die große, von starkem Leben durchpulste Stadt war der deutschen Vergangenheit fremd; sie war bei weitem die stärkste Konzentration des sich verändernden, des sich selbst entfremdeten deutschen Charakters. Deutschland, insofern es sich nicht mit sich selber vertrug, seine eigene Gegenwart haßte, vertrug sich nicht mit Berlin; unter seiner Hauptstadt liebte es sich einen Sumpf wuchernder Korruption, ein Babel aller Sünden vorzustellen. Auch andere deutsche Städte waren gewachsen, aber sie hatten von ihrem alten Stil etwas zu wahren gewußt. Berlin war ganz Gegenwart, das Amerika Deutschlands, wie es sich auch dem amerikanischen Einfluß am aufgeschlossensten zeigte, in seiner Presse, seinen Vergnügungsbetrieben, seinen Reklamepraktiken, sich wohl gar noch amerikanischer aufspielte als das Vorbild." Golo Mann charakterisiert weiter: „Immer hatte Deutschland sich an Autorität ausgerichtet und einen Rest alter Autorität gab es noch in den Bundesländern. Das Berlin der berliner Zeit war autoritätslos. Es schmeichelte den Massen, die sich Samstagabend durch die Hauptstraßen wälzten, öden Vergnügungen nachgehend, gierig nach den ausgerufenen Extrablättern der Sensationspresse greifend. Es schmeichelte den Minderheiten durch Experimente aller und jeder Art; vielen wertvollen, vielen wertlosen, snobistisch-grellen, den Charakter toller Neuheit und Fortschrittlichkeit billig vortäuschenden." (S. 718) Für die demokratische Welt der neunziger Jahre bleibt Berlin „Gravitationszentrum, Drehscheibe, Experimentierfeld" (Brigitte Scherer). Das alles reklamiert Berlin für Europa — zu Recht. Aber: Dieses „schwierige Vaterland Deutschland" (Gustav Heinemann) würde mit einer schwierigen Hauptstadt noch schwieriger werden...

Ob Bonn ein neues Kraftfeld des wiedervereinigten Deutschlands werden kann, läßt sich im Augenblick so wenig beweisen wie das Argument belegen, allein Berlin könne der Ort einer glanzvoll sich entwickelnden demokratischen Politik und Kultur sein. Und da keiner der Autoren dieses Buches, darauf weist der Herausgeber immer wieder hin, verletzend Böses über Berlin sagt, Bonn aber im politischen und kulturellen Kräftespiel der deutschen und europäischen Zukunft seine endgültige Bewährungschance bekommen soll, nachdem es vierzig Jahre lang die Keimzelle einer funktionierenden deutschen Demokratie war, hilft eine geradezu klassische Situationsbeschreibung von Carl Zuckmayer, die Hauptstadtdebatte ins Licht einer geistesgeschichtlichen Dimension zu rücken. Er läßt General Harras in „Des Teufels General" im Gespräch sagen: „... Vom Rhein. Von der großen Völkermühle. Von der Kelter Europas. Und jetzt stellen Sie sich doch mal Ihre Ahnenreihe vor seit Christi Geburt. Da war ein römischer Feldhauptmann, ein schwarzer Kerl, braun wie ne reife Olive, der hat einem blonden Mädchen Latein beigebracht. Und dann kam ein jüdischer Gewürzhändler in die Familie, das war ein ernster Mensch, der ist noch vor der Heirat Christ geworden und hat die katholische Haustradition begründet. — Und dann kam ein griechischer Arzt dazu, oder ein keltischer Legionär, ein Graubündner Landsknecht, ein schwedischer Reiter, ein Soldat Napoleons, ein desertierter Kosak, ein Schwarzwälder Flözer, ein wandernder Müllersbursch vom Elsaß, ein dikker Schiffer aus Holland, ein Magyar, ein Pandur, ein Offizier aus Wien, ein französicher Schauspieler, ein böhmischer Musikant — das hat alles am Rhein gelebt, gerauft, gesoffen und gesungen und Kinder gezeugt und — unser Goethe, der kam aus demselben Topf, und der Beethoven und der Gutenberg und der Matthias Grünewald und — ach was, schau im Lexikon nach. Es waren die Besten, mein Lieber! ...Und warum? Weil sich die Völker dort vermischt haben. Vermischt — wie die Wasser aus Quellen und Bächen und Flüssen, damit sie zu einem großen, lebendigen Strom zusammenrinnen. Vom Rhein — das heißt: vom Abendland..." Von Berlin ist solches nicht bekannt!

Durch die bevorstehende vollständige Europäisierung Europas — die Erfüllung eines Traumes seit über hundert Jahren — wird Berlin zum Gewinner der 2000er Jahre werden. Die Bonner Republik aber mit dem Symbol „Bonn" ist und bleibt ein Kleinod der deutschen Demokratiegeschichte. Und als künftige deutsche Hauptstadt Deutschlands eine weltweite Hoffnung. In diesem Buch wird dies begründet.

Bonn, im Herbst 1990
Alois Rummel

Deutschland braucht keine Hauptstadt

Von Golo Mann

Nichts gegen Berlin. Wohl ist es nicht auf altrömischem Boden gewachsen wie Köln oder Bonn oder Koblenz, wie Regensburg oder Augsburg, aber im Mittelalter fing es an, sich zu strecken, nach Norden und Osten hin. Im 17. Jahrhundert gelang seinem Kurfürsten, dem von Brandenburg, eine so edle wie kluge Tat: Von der halben Million französischer Protestanten, den Hugenotten, die aus ihrem Land fliehen mußten, nahm er einige zehntausend (darunter die Vorfahren des DDR-Ministerpräsidenten de Maizière) auf, ernste, in allen Künsten von Industrie und Handel erfahrene Menschen — für Berlin und Brandenburg ein unschätzbarer Zuwachs. Vor noch nicht gar so langer Zeit, sagen wir vor 150 Jahren, war die „Kolonie", wie sie genannt wurde, ein fruchtbares Kulturzentrum Berlins; ein französisches Gymnasium zeugt noch heute davon.

Hundert Jahre später war es Friedrich der Große, der Berlin zur Hauptstadt einer fünften europäischen Großmacht erhob — mit Methoden der Gewalt, wie sie damals, wie früher, wie später im Schwang waren. Dagegen waren seine drei Nachfolger friedlich gesinnte Menschen — ob sie nun in Potsdam residierten oder in Berlin. Erst mit Bismarck kam der Umschwung: Berlin als Zentrum der stärksten Militärmacht Europas. Daß der Reichsgründer und Reichskanzler im Alter weise, krank, ängstlich wurde, konnte daran so wenig ändern wie seine Entlassung. General von Schlieffens närrischer, allgemein bekannter Kriegsplan war Trumpf im Generalstab, der Reserveoffizier war es im Bürgertum.

Man sage nicht, das sei überall im neuen Reich so gewesen: In München, in Stuttgart, Karlsruhe, Darmstadt, Dresden war es nicht so. Was die mutmaßlichen Feinde des neuen Deutschen Reiches betrifft: Kriegslüsterne Politiker gab es auch in Paris, auch in Petersburg, aber ihr Einfluß ging nicht so weit, wie er in Berlin ging. Die Hauptstadt des neuen Reiches war wie ein Zwilling mit zwei völlig verschiedenen Köpfen. Es gab die glückhaften Buchverlage, an ihrer Spitze S. Fischer, welche die großen russischen, die großen skandinavischen Werke nach Deutschland, über Deutschland dann auch nach Südeuropa brachten, es gab den alten Fontane, dann den jungen Gerhart Hauptmann, den jungen Max Reinhardt als Erneuerer des Theaters. Und wo gab es bessere Oper, besseres Theater als in Berlin? Diese Doppelheit, Wilhelms II. schnarrende Reden von „schimmernder Wehr“ auf der einen Seite, auf der anderen eine Kultur, die von keiner europäischen übertroffen wurde — sie blieb eigentlich so bis 1933; bis Adolf Hitler die ganze Macht an sich riß, durch seine Leute den Kulturbetrieb ebenso beherrschte wie seine Machtpolitik die Vorbereitung eines Krieges, diesmal so geführt, daß alle Opfer sich lohnten. Und dieses Berlin ist Europa noch immer unheimlich, trotz des Jubels vom 9. November 1989, an dem jeder, der ihn im Fernseher sah und hörte, seine Freude haben mußte.

Berlin in Ehren: Es wird genug zu tun bekommen. Aber Hauptstadt der deutschen Bundesrepublik sollte es nicht mehr sein. Dazu ist seine Vergangenheit eine zu trübe, dafür liegt es zu nahe an der Grenze des neuen Deutschland. Braucht es überhaupt eine Hauptstadt? Haben die riesigen USA eine solche? Nein, nur eine Regierungsstadt. Hat die kleine Schweiz eine Hauptstadt? Auch sie nur, in Bern, eine Regierungsstadt. Wo es uralte Hauptstädte gibt, wie in Rom, Vorbild für andere, in England und in Frankreich,da läßt man sie bestehen; immerhin hat man in Paris den Wahnsinn abgeschafft, die gesamte Produktion des Landes an Fleisch, Fischen, Gemüse, Obst etc. zunächst einmal in die „Halles“ von Paris zu befördern, um sie dann wieder durch das Land zu verteilen. Die Bedeutung Madrids als Haupt- und Regierungsstadt ist infolge der autonomen Provinzen beträchtlich gesunken.

Als Regierungsstadt — nicht „Hauptstadt“ — hat Bonn sich in vierzig Jahren ausgezeichnet bewährt. Die Herren und Frauen Diplomaten, die Herren und Frauen Minister, selbst die Mitglieder des Bundestages, die das schwerste Handwerk haben, leben gern dort. Die Stadt ist nicht zu klein und ist, noch besser, nicht zu groß. Immerhin: Sollen gewaltige Protestversammlungen stattfinden, so ist Platz dafür da, wir hatten ja Beispiele dafür. Platz auch für die Studenten, weil es nicht zu viele sind. Das Siebengebirge ist um die Ecke, mit reizvollen Wanderungen übergenug, und so sind es die Flußfahrten auf Rhein und Mosel, die großen, eleganten Städte, Köln und Düsseldorf, für solche, die dergleichen lieben und was noch sonst. Dann die günstigen Verbindungswege — ob Auto, Eisenbahn, Flugzeug nach Süddeutschland, Paris, London. Das sind alles nur Nebensachen. Ernsthafter schon sind die Milliarden, die man in die alte Bischofs- und Universitätsstadt investierte, um sie zu einer praktischen, würdigen Regierungsstadt zu machen. Die Bundesrepublik ist ja reich, wie wir unlängst so oft aus berufenstem Munde hörten; die Pflegerinnen in den Krankenhäusern merken allerdings nichts davon.

Warum sollte Bonn die Regierungsstadt der Bundesrepublik Deutschland bleiben? Konrad Adenauers Politik war starr und einfach. Die Bundesrepublik gehört zum Westen, zum Westen und nur zum Westen. Seine Nachfolger, ob Union oder SPD, sind dieser Politik im Wesentlichen gefolgt. Diese unbedingt zuverlässige, gradlinige Politik wird die Bundesrepublik Deutschland künftig nicht mehr führen können. Die Einigung mit dem Staatsgebiet, das bis vor kurzem DDR hieß, macht es unmöglich. Deutschland liegt nicht so einfach im Westen, es liegt wieder in der Mitte, wie es von altersher sein Schicksal war. Dieses In-der-Mitte-Liegen, praktisch gesprochen, mit den Völkern des Ostens, vor allem mit den Russen, ob Leningrad nun seinen Namen behält oder wieder Petersburg heißt, einen mit der Zeit immer gewichtigeren Handel zu treiben, gleichzeitig aber dem Westen, auch ihm, den USA wie Europa, treu zu bleiben, dafür braucht es den Entschluß, aller Welt hörbar wie ein Trompetenschall: Bonn bleibt unsere Regierungsstadt!

Bleibt sie es, dann wird kein Europäer oder Nordamerikaner etwas dagegen haben, daß in Berlin Kongresse stattfinden noch und noch, daß der Präsident der Bundesrepublik Deutschland einen Teil des Jahres im Schloß Bellevue in Berlin verbringt, daß Universitäten, Max-Planck-Gesellschaften in Berlin blühen noch und noch, daß Oper und Schauspiel in Berlin besser sind als irgendwo sonst in Deutschland, daß Berlin die europäische Jugend, zumal die englische, anzieht, wie es solches in den 20er Jahren schon tat. Aber das Berlin der 20er Jahre war doppelzüngig. Nach dem Westen gute Worte, auf russischem Boden in aller Heimlichkeit Übungen der Reichswehr an den Panzern, die sie nach dem Vertrag von Versailles nicht besitzen durfte; eine Politik, welche der erzkonservative General von Seeckt begann und die Hitler und Stalin mit ihrem Pakt auf den Höhepunkt führten. Darum: Bonn, die deutsche Regierungsstadt! Dann braucht man sich um Berlin und seine große Zukunft nicht zu sorgen.

Erschienen in Bild am Sonntag am 29. 7. 1990

Eine unbelehrbare Deutsche

Von Gabriele Wohmann

Endlich war der Architekt mit seinen Utopien vom Regierungsviertel fertig — im Herzen Berlins, rief er glücklich —, und die außer in Talkshows kaum noch beschäftigte Schauspielerin erklärte, sie bete ihn für jedes einzelne seiner Worte an, wobei sie versuchte, ihrer vom Lifting festgezurrten Physiognomie eine Steigerung ins Euphorisierte hinzuzufügen. Der Romancier sah grimmig und zufrieden aus, als er sein Glas hob, und verkündete: Ich trinke auf die Hauptstadt aller Deutschen, auf Berlin. Berlin ist das Symbol der Einheit, Bonn aber das Symbol der Trennung.

Es entstand eine Pause, in der Andrea Best sich anfeuerte: Nun mach schon, sprich einfach drauf los. Gib's ihnen. Wenn uns ein verhungernder Asiate oder Afrikaner zuschauen könnte, besser gesagt: müßte, was würde er wohl von uns halten? Wir haben Zeit, über kostspielige Symbole nachzudenken. Andrea blieb stumm, im voraus spürte sie ihr tiefes Absinken ins Ungeliebtsein. Während nun wieder der Dramatiker über das kulturell unbedeutende Bonn jammerte und darüber, daß er im Theater nie einen Politiker erblickt habe, memorierte Andrea ihre eingeübten Sätze: Ich bin entschieden für Bonn als Hauptstadt. Berlin ist vorbelastet, es beschwört die schreckliche großdeutsche Vergangenheit herauf, alles nationalbombastisch. Ganz abgesehen von den gewaltigen Kosten: Ich höre ja jeden Tag, daß wir unsere Milliarden jetzt für die DDR-Sanierung ausgeben müssen. Bonn ist funktionell, es ist praktisch, kurze Verbindungswege, dort soll ja gearbeitet werden, und im übrigen ist es eine ansehnliche Stadt. Ausländische Politiker haben sich an Bonn gewöhnt und Bonn gern. Oh Andrea, nun sag schon was! Die Schauspielerin und der Architekt schienen mittlerweile irgendeine Verabredung getroffen zu haben. Der Romancier wiederholte sich, indem er die schwierige, überaus wichtige Suche der Deutschen nach ihrer nationalen Identität für beendet erklärte: Adieu, Bonn! Guten Tag, Berlin!

Ich weiß nicht viel, das ich so wenig brauche wie eine nationale Identität, wollte Andrea sagen. Sie fühlte sich verriegelt, ganz schrecklich. Ihre Entscheidung für die wundervolle neue Jacke bereute sie. Scheinwerfer und Thematik und die olivgrüne Wolle und daß sie empfand, wie alle, angeführt von der Talkmasterin, gegen sie waren: Diese psychosomatische Kombination brachte sie zum Glühen. Reg dich nicht auf, warnte eine innere Stimme, aber eine Gegenstimme trieb an: Leg endlich los. Und hatte damit recht. Andrea mußte ihrem Mann gefallen, Goldie Singer beeindrucken, Doktor Nehrung vom Stuhl reißen — es fielen ihr immer mehr Leute ein, die vor ihren Bildschirmen ungeduldigt wurden und sie, Andrea, langweilig fänden. Schon wieder klagte der Dramatiker über kulturlose Politiker: Null Interesse am Theater. In einer Uraufführung sah ich noch keinen. Mit Berlin als Hauptstadt dürfte sich das ändern. Der Druck wäre da, denn es gälte als schick, diese oder jene Inszenierung auf keinen Fall zu versäumen. Andrea spürte, wie ihr Einsatz kam. Von jetzt an mache ich mich verdächtig, ein Aufputschmittel geschluckt zu haben, meinte sie, als sie den Dramatiker anfuhr: Warum sollten denn Politiker dauernd ins Theater rennen? Vorhin fanden doch alle, die Politiker machten Fehler über Fehler, demnach wäre es doch sinnvoller, sie kümmerten sich noch mehr um ihre Arbeit. Berlin, so wie Sie alle es feiern, führt ja offenbar nur in Versuchung, nicht zu arbeiten. Wirklich, ich finde es nicht nötig, daß mein Arzt auf Premièren abonniert ist, er soll Fachzeitschriften lesen. Und daß mein Rechtsanwalt Gedichte schreibt, mein Forschungsminister in einem Klaviertrio Geige spielt und daß mein Bundeskanzler in seiner Freizeit informelle Bilder malt. Haben nicht kürzlich Sie selber einen unserer Minister für seine Kierkegaard-Kenntnis gelobt? Der Romancier hatte gefragt, aber nicht Andrea, sondern einverständlich süffisant die Talkmasterin angeblickt.

Lesen sollen sie ja, und früher viel gelesen haben, die Politiker, sagte Andrea. Aber das muß nicht Belletristik sein. Besser sind kritische Sachbücher, Naturwissenschaftliches... Andrea machte eine Pause, weil ihr Mund trocken geworden war, und sie haßte es, sich über die Lippen zu lecken, aber jetzt mußte sie es tun, ehe sie rief: Ich weiß es ja, niemand in dieser Runde mag mich, vor allem, weil ich für jeden Dämpfer auf die deutsch-deutsch-supergroßdeutsche Aufgeregtheit bin. Sie selber sind aufgeregt, sagte die Talkmasterin wie zu einer Patientin, die in ihrer Praxis fehl am Platz und deshalb für eine Überweisung fällig war. Andrea rief: Auf die Einheitseuphorie, die das Ausland bedenklich stimmt, wäre Bonn ein solcher Dämpfer. Natürlich bin ich aufgeregt. Fast 80 Millionen Deutsche und deren frischerwachtes Selbstbewußtsein sollen mich nicht aufregen! Einerseits dauernd diese Beschwichtigungen nach Osten und Westen und überallhin, wo wir die Völker im Nazikrieg gequält haben: Aber gewiß doch, glaubt uns nur, wir sind gute Demokraten geworden, wir sind nicht mehr furchterregend, sondern verläßlich verbündet und außerdem bescheiden, seht nur her, wie großmütig von uns, wir verzichten sogar auf Gewalt! Keine Gebietsansprüche, bestimmt nicht, durch uns, die wir den Krieg angefangen, verloren und nun ja eigentlich doch gewonnen haben. Aber das behalten wir wohl besser für uns, obwohl jedermann es längst gemerkt hat. Ja, und andererseits, wie schizophren, richten wir mit stolzen Freudentränen in den Augen unseren Blick auf die alte Reichshauptstadt Berlin! Groß-Berlin! Groß wollen wir sein! Mit viel pathetischem Symbolwert! Ach, diese Berlin-Enthusiasten, es gab sie immer schon, aber jetzt finde ich sie politisch gefährlich. Übrigens ist es viel origineller, für Bonn zu schwärmen.

Der Architekt seufzte tief und künstlich, stöberte in seinem Gedächtnis und fand darin nichts, wofür in Bonn sich zu schwärmen lohne.

Andrea, etwas ermattet, redete zuerst vom Rhein, von den schönen klassizistischen Villen für die Botschaften, vom Park der Villa Hammerschmidt. Und es gibt alte Kirchen in Bonn. Einfach zu Fuß kommt man schnell im Zentrum voran. Bonn ist nicht protzig. Das war ja nun ein ziemlich fußlahmes Plädoyer, wenn es um Hauptstadtattribute geht, urteilte die Talkmasterin. Man könnte meinen, Sie verlören mit Bonn Ihren Arbeitsplatz, sagte der Rockmusiker. Und die Menschen in der DDR? Haben Sie an die gar nicht gedacht?, wollte die Schauspielerin wissen, die nun streng auszusehen wünschte, bedenklich, was aber der aufs Lächeln fixierten Gesichtsmuskulatur mißlang.

Andrea antwortete böse: Liebten die DDR-Menschen also doch ihr Berlin, den Sitz ihrer Regierung, liebten sie diese Regierung etwa doch? Andrea hätte jetzt gern vom introvertierten Gesicht des sowjetischen Außenministers gesprochen, damals am Grab seines Bruders in Brest, doch fiel ihr ein, daß gerade er neuerdings Berlin gegenüber Bonn den Vorzug gegeben zu haben schien, vermutlich allerdings einfach deshalb, weil Berlin im Osten, Bonn im Westen plaziert war. Sie nahm sich nun lieber den Rockmusiker vor: Und

Sie — Sie wissen nicht einmal, wie man Bonn schreibt? Bonn liefert überhaupt keine orthographischen Schwierigkeiten. Ich fand Ihren Witz nicht gerade geistreich.

Der Rockmusiker umklammerte sein rechtes Bein noch fester, zog es noch höher über das weitausgestreckte linke Bein, und so, als unterdrücke er ein Gähnen beim Gedanken an Bonn, sagte er: Damit, daß ich nicht weiß, wie man's schreibt, will ich die Nebensächlichkeit dieser sogenannten Stadt charakterisieren. Bonn ist todlangweilig. Jetzt gähnte der Rockmusiker tatsächlich.

Sie folgen einem Trend, urteilte Andrea. Es gehört zum Künstlerschick, Bonn langweilig zu finden. Und wenn es hundertmal langweilig wäre, warum dann eignete es sich nicht gerade dadurch als Regierungssitz, als Stadt, in der gearbeitet wird?

Sie wiederholen sich aber jetzt, wies die Talkmasterin Andrea zurecht. Das tut jeder hier, sagte Andrea. Wir haben Berlin verdient, entschied der Romancier. Er beanspruchte für sich, die Entwicklung hin zur Einheit der Deutschen in vielen wehmutsvoll das Getrenntsein deutscher Menschen von deutschen Menschen beklagenden Artikeln angezettelt zu haben. Heimweh nach Dresden! Ich will in Dresden mit der gleichen Selbstverständlichkeit ins Theater gehen können wie in München. In der Mark Brandenburg habe ich plötzlich weinen müssen.

Warum, fragte sich Andrea ohne jede Sympathie, nahm der Romancier nicht endlich eine Nagelschere und stutzte seine Augenbrauen? Wie viele Male pro Tag begeisterten ihn diese Borstenbüschel, die an ausgefranste Zahnbürsten erinnerten? Darf ich kurz unterbrechen? Die Talkmasterin glich beim Lächeln noch mehr als sonst einer Ente. Andrea hörte, weshalb die Talkmasterin hatte unterbrechen müssen, ja, es platze aus ihr heraus, beim Unterdrücken dieser Meldung wäre sie geborsten: Also, eins zu null für uns! Freuen wir uns doch alle mit unseren Jungs von der Nationalmannschaft. Wir haben soeben über Jugoslawien triumphiert, hurra, wir sind eine Runde weiter. Gruß an die Jungs! Dank, Franz, dem Kaiser. Wir drücken euch weiterhin die Daumen. Da haben wir's doch wieder, rief Andrea. Wenn das nicht Nationalismus ist! Von dem wir offiziell beteuern, wir hätten ihn abgelegt. Wozu ihn ablegen? Wozu diese typisch deutsche Verklemmtheit? Die andern, die Franzosen, Engländer, Italiener, einfach alle, sie stehen zu ihrem nationalen Bewußtsein, in aller Selbstverständlichkeit, protestierte der Dramatiker, und der Romancier unterstützte ihn: Typisch deutsch, das stimmt, deutsch in geduckter Haltung, ewig reuig, ewig schuldbewußt.

Die Abwehr von nationaler Identität auf der einen Seite, und auf der anderen Seite der unbefangene Mut, stolz und erhobenen Hauptes, im aufrechten Gang ein Deutscher zu sein, das verhalte sich wie die Beschränkung auf Bonn zum Hochgefühl für Berlin. So urteilten die Kollegen, der Architekt und die Schauspielerin prosteten einander zu, und der Rockmusiker gähnte affirmativ.

Ewig schuldbewußt? Andrea brauste auf. Es tat ihr leid um ihr Aussehen, mit dem es bei großer Nervenbelästigung und Adrenalinstößen bergab ging: Ihre Nase wurde dick, ihr Gesicht fleckig rot und auch dick, sie schwoll an, sogar der Bauch schwoll an, die Hände glühten, und die Füße waren heiß und hatten in den Schuhen nicht mehr genug Platz. Ihre schönsten Schuhe anzuziehen, welch ein Blödsinn. Sie drückten und kamen überhaupt nicht ins Bild. Andrea sagte: Woran kein Mensch mehr denkt, seit alle, die was auf sich halten, beim Fall der Mauer geheult haben — Rotz und Wasser, so mindestens mußte das damals heißen — was alle vergessen haben, das ist: Die Deutschen selber und niemand als die Deutschen selber, kein böser Geist aus irgendeinem Ausland, einzig die Deutschen haben sich diese Kriegsfolgen eingebrockt. Aber kein Mensch redet mehr über die Nazis. Niemand. Alle reden lieber über den Stalinismus.

Was hat das mit Bonn oder Berlin zu tun? Die Talkmasterin wandte sich, als sei sie angewidert, von Andrea ab und den andern zu. Es hat damit zu tun, mit Unbescheidenheit oder Bescheidenheit, antwortete Andrea. Wird nicht alles demnächst sowieso großdeutsch genug? Der Dramatiker rief: Halt! Haben Sie denn nicht in diesen bewegenden Szenen empfunden, was für ein Stoff das ist? Die Massen in ihrer Bewegung, das Volk! Empört und aufgewühlt. Und weil der Dramatiker anscheinend während der gesamten bisher abgelaufenen Diskussionszeit immer weiter an Uraufführungen und an Politiker, die diese Uraufführungen nicht besuchten, gedacht hatte, wechselte er übergangslos auf sein Trauma über: Mit Berlin als Hauptstadt könnte sich die peinliche Interesselosigkeit der Politiker an Uraufführungen ändern. Wie schmeichelhaft für Politiker, sagte Andrea. Was denn? Der große Wert, den Sie auf deren Anwesenheit im Theater legen.

Während der Dramatiker und der Romancier miteinander Einigkeit darüber erzielten, daß Politiker und ihr ministerialbürokratischer Anhang zu mehr Teilnahme am kulturellen Leben erzogen werden müßten, was in Bonn nicht möglich sei, werde sich in Berlin, der zukünftigen Metropole, erfüllen, repetierte Andrea die weniger emotionellen Argumente für Bonn, gegen Berlin. Der westlichen Welt bürgt Bonn für die Kontinuität der bundesrepublikanischen Einbindung in westliche Bündnisse... etwas von der Art. Fortsetzungsgarantie der bundesrepublikanischen Politik mit den, von Bonn aus regierten, dann nicht mehr allzu bedrohlichen 80 Millionen Deutschen. Und die Sowjets? Wie können Sie hier alle einerseits Ihren Gorbi lieben und heiligen und ihm andererseits Albträume zumuten?

Reicht man den Deutschen den kleinen Finger, dann nehmen sie gleich die ganze Hand, war alles, was Andrea einfiel, als die Talkmasterin ihren Ekel überwand und Andrea wieder das Wort erteilte. Damit geben Sie ja zu, Verehrteste: Bonn ist der kleine Finger, Berlin aber die ganze Hand! Der Architekt jubelte fast, und die Schauspielerin, der sich das Studiopublikum anschloß, applaudierte ihm.

Beifall gab es aber auch für Andreas Replik: Von Anfang an habe ich für die Bescheidenheit plädiert. Sie stände uns gut. Junge Leute übrigens wünschen auch, laut Umfrage, daß Bonn die Hauptstadt bleibt. Wie finden Sie das? Speziell den Rockmusiker hatte Andrea gefragt, der aber erklärte, er kenne nur den Bahnhof von Bonn, was ihm für immer genüge. Leider ist unsere Zeit um, beschied die Talkmasterin. Frau Best, hätte ich gewußt, wie schwer es ist, Sie zu stoppen... nun gut, und zuletzt will auch ich mit meiner Meinung nicht zurückhalten und mich aus vollem Herzen zu Berlin bekennen. Erst recht, seit Berlin keine Mauer mehr hat, braucht es einen neuen Mythos, stellte der Romancier fest.

Was für ein schönes Schlußwort. Und nun will ich von Ihnen allen wissen: Wer gewinnt die WM? Die Talkmasterin strahlte in die Kamera. Drei bis vier mögliche Sieger wurden genannt, nie fehlte

Deutschland. Andrea korrigierte: Gemeint ist wohl die Bundesrepublik Deutschland, oder? Keine Wortklauberei! Die Talkmasterin gab sich große Mühe, so wie für die anderen auch für Andrea ihr Entenlächeln herauszubilden. Ihr Favorit, Frau Best! Spielt Israel mit? Spielt die Sowjetunion mit? Spielt noch ein armes elendes Land der Dritten Welt mit? Die wären meine Favoriten. Sofern Fußball mit seiner nationalismenanheizenden Kampfaura mir nicht zuwider wäre.

Oh, wie schrecklich unbeliebt ich mich mache, falls eine Steigerung noch möglich war. Ein winziges Pfeifkonzert belebte Andrea: Wenn uns Ausländer zugehört hätten, wüßten sie nun ziemlich gut über den wegbeteuerten Revanchismus der Deutschen Bescheid. Um so wichtiger zu rufen: Bonn, es lebe hoch! Es läßt sich, mit Bonns Hilfe, womöglich sogar Gesamtdeutschland ertragen. Eine unbelehrbare Deutsche sind aber auch Sie, fand die Talkmasterin beim Abschminken. Auf meine Weise, ja, mit Vergnügen, antwortete Andrea.

Wie war ich?, fragte sie später im Hotel am Telephon ihren Mann. Etwas zu hektisch, antwortete der wie erwartet. Warum bist du nicht wie alle anderen vorher in der Maske gewesen? Alle waren gut geschminkt, nur du hast so verfärbt ausgesehen. Ich war in der Maske, wollte Andrea wahrheitsgemäß berichten, und meine Wut hat sich durchs Make-up gearbeitet. Keine Zeit mehr, Zugverspätung, log sie stattdessen. Ist das denn wichtig? Wenn es um Bonn oder Berlin geht? Du bist doch auch für Bonn. Und trotzdem kann man seine Nerven behalten, Ruhe bewahren, sagte ihr Mann, der es gut meinte. Das finde ich nicht, widersprach Andrea.

Als Einschlafgedanken, bebildert, nahm sie sich graubraunes, schwappendes, giftiges Flußwasser vor, den trotz allem schönen breiten Rhein, und die Grünschattierungen, den alten Baumbestand und die Buschgruppen im Park der Villa Hammerschmidt, und sie brachte es so weit — obwohl ihr einfiel: Ich habe mein Zitat aus der Neuen Zürcher Zeitung vergessen, Berlin ist imperial-arrogant —, daß sich das Brummen des Hotelaggregats in Fahrtgeräusche der Rheinschiffe verwandelte. So spazierte sie in Richtung Westen, während sie endlich abkühlte, Westwind, Flußwind, und schlief ein. Für nur 500 Honorar geht man doch nicht dermaßen auf die Barrikaden. Am nächsten Tag wurde die Kritik ihres Mannes ausführlicher. Für Bonn und gegen Berlin schon, doch doch, fand Andrea.

Berlin den Europäern schenken

Von Luigi Vittorio Ferraris

Einen merkwürdigen Weg hat das Wort „capitale" im Italienischen durchlaufen. Das älteste Wörterbuch der italienischen Sprache, das „Accademia della Crusca", führt in der letzten Ausgabe von 1883 die Vokabel „capitale" überhaupt nicht auf. Es war kein Begriff, und das nicht ohne Grund. Rom wurde nicht als „Capitale" Italiens empfunden, sondern als Ausdruck einer allen Italienern gemeinsamen Tradition der Einigung sowohl in der Erneuerung der kaiserlichen römischen Antike als auch in der als essentiell angesehenen Realität einer „religiösen Metropole Rom" (Gioberti), ebenso wie in einem aktuellen politischen Sinn, der in Rom eine gegenüber allen anderen italienischen Zentren oder Hauptstädten neutrale Stadt versteht. Manch einer (z. B. Massimo d'Azeglio) hingegen hatte das „ungesunde" Ambiente Roms gefürchtet und gewünscht, daß „eine Regierung nicht außerrechtlichem Druck ausgesetzt" sei, während andere (Ricasoli) so weit gegangen waren, Rom für eine „schlechte Hauptstadt" zu halten. Doch dann kam es 1870 plötzlich und unerwartet zur Besetzung Roms, und der Ruf des Volkes nach Rom als Hauptstadt war machtvoll drängend: Der Gegensatz zur Kirche, die sich im antiken wie im modernen Italien der Einigung widersetzt hatte, sowie der Gedanke an den weltweiten Ruhm der Stadt machten diesen Ruf nachgerade zwingend.

Diese einführenden Worte erscheinen mir nötig, um gleich zu Beginn aufzuzeigen, daß der Begriff der „Kapitale" relativ und geschichtlich besetzt ist. Zudem gibt das Wort im Italienischen und im Deutschen — anders als im Russischen — einen Sachverhalt wieder: Haupt-Stadt oder wichtigste Stadt. Offenbar meint der Begriff, daß einer der wichtigsten oder größten Städte des Fürstentums oder Königreiches die Funktion eines Mittelpunktes einzuräumen ist. Die Entscheidung darüber, welche Stadt nun dieser Mittelpunkt zu sein hat, entspringt in der Regel geschichtlichen, soziologischen, geographischen oder auch pragmatischen und opportunistischen, niemals oder fast niemals jedoch rein theoretischen Überlegungen — zumindest in der Vergangenheit.

Bei der Begründung der modernen Theorie des Staates in ihren verschiedenen Aspekten vom „contract social" bis zum Despotismus, vom Absolutismus bis zur Demokratie, war der Mittelpunkt der Macht dort angesiedelt, wo man glaubte, daß die Macht am besten ausgeübt werden könnte. Der entscheidende Gedanke dabei war, daß die Ausübung der Macht von einem zentralen oder zentralistischen Ort aus geschehen sollte. In einer alten Untersuchung, die mein Vater noch vor dem Ersten Weltkrieg anstellte, beschrieb er die Entstehung der Hauptstadt: „Die Stadt, die am Haupte des Staates ihre Macht in einer für alle — sowohl für die Einwohner dieser Stadt als auch für die Einwohner des ihr untergeordneten Territoriums — gleichen Weise ausübt, diese Stadt wird die Kapitale." Deshalb ist „die Kapitale so eng mit dem Staat verknüpft, daß nicht nur die allgemeinen Merkmale des Staates auf sie Einfluß nehmen, sondern auch die verschiedenen Veränderungen, denen die Konzipierung des Staates unterliegt".

Verharren wir einen Moment bei diesem Gedanken: Der Ort, wo die Regierung ihre Macht ausüben und vollziehen und ihre Autorität zum Ausdruck bringen soll, muß dem Gehalt des Staates entsprechen. In den meisten modernen Staaten hat sich die Hauptstadt eher zufällig als solche entwickelt, und es wäre müßig, hier die verschiedenen Beispiele großer und kleiner Staaten anzuführen. Die Hauptstadt entstand an einem besonders günstigen geographischen, strategischen, wirtschaftlichen und sogar klimatischen Ort, oft auch um das Schloß des Fürsten als Personifizierung der Macht. Mit anderen Worten: Die Hauptstadt war als Hauptsitz oder Hauptschloß der Mittelpunkt der Macht und der Autorität oder eine reine Folge geschichtlicher Ereignisse, d. h. alles andere als das Ergebnis einer ausgesprochenen Entscheidung oder Auswahl. Vereinzelte Ausnahmen brauchen wir nicht in entfernten Gesellschaften oder Rechtsordnungen von Japan bis zum Lateinamerika vor der spanischen Eroberung zu suchen: Ein Wunder der Geschichte in seiner Dauer und Besonderheit war das Heilige Römische Reich Deutscher Nation: „Ein Reich ohne Hauptstadt" (Berger). Der Kaiser verfügte als solcher nicht über eine Hauptstadt oder einen Hauptsitz, obwohl er seine Macht von einem Fürstentum — mit Hauptresidenz oder Hauptschloß — herleitete. Der Kaiser war überall, und wo er sich aufhielt, war oft der Ort, von dem die Macht mit all ihren Befugnissen ausging. Wenngleich der Kaiser sich als Habsburger mit Österreich identifizierte und Wien sein Sitz war, so wurde es weder als einziger Kaisersitz noch als Hauptstadt des Reiches empfunden. Ein Kaiserreich ohne Hauptstadt war das Mittel, um in Europa ein Gleichgewicht zu gewährleisten, das am ehesten geeignet war, einen relativen Frieden zu sichern oder zumindest eine Hegemonie aus Deutschland heraus zu vermeiden: in der Tat eine Klugheit der Geschichte, „une astuce de l'histoire".

Als dieses Gleichgewicht durch die Entstehung eines neuen deutschen Reiches als legitimer Ausdruck eines Nationalstaates getrübt wurde, fand in Europa eine „Revolution" statt. Das neue Reich bekam eine Hauptstadt, die eigentlich die Hauptstadt eines Teils des Reiches, nämlich Preußens, war. Eine solche Hauptstadt war keineswegs Ausdruck der Einheit der Nation, sondern vielmehr die Bestätigung dafür, daß Preußen die Einheit der Nation gewollt, begründet und bestimmt hatte. Dieses Schicksal war gewiß nicht eine „Schuld", sondern ein Verdienst Berlins: „Nicht Berlin griff nach Deutschland, sondern Deutschland schuf Berlin" (Karl Braun 1880), weil es „durch Entscheidungen der militaristischen und politischen Geschichte Deutschlands zum Range der deutschen Hauptstadt erhoben worden" oder eine „künstliche Schöpfung der politischen Geschichte" sei (Herzfeld).

Eine „provinzielle Stadt" war Berlin damals in einer Nation, die nicht provinziell war, in der aber die Bezugspunkte der Macht ebenso wie des Geistes überall in den alten Städten und Universitäten zugegen waren. Doch in jener Zeit, in den letzten drei Jahrzehnten des vorigen Jahrhunderts, war es nicht anders denkbar, als mit Berlin, der Hauptstadt Preußens, die Symbolik der Hauptstadt zu identifizieren; es war weder falsch noch künstlich, sondern unvermeidlich und unbestritten mit der Folge, daß 1914 der Historiker Müller meinte, Berlin mache „den Eindruck des Ungesunden", wie Ricasoli seinerzeit von Rom gesagt hatte. Da liegt nicht etwa — wiederum — eine „Schuld" bei Berlin: Der Fehler entsteht, wenn eine Großstadt auch politische Hauptstadt sein will.

Die Ereignisse in Deutschland zwischen 1871 und 1945 waren dramatisch und traurig, weil sie zur Zerstörung so vieler großer Werte im deutschen Raum geführt haben und Ursache für die Beschneidung des Territoriums der deutschen Nation waren. Sicher war Berlin sozusagen Brennpunkt und Ausgangspunkt dieser Entwicklungen. Aber deshalb wäre es — noch einmal — falsch, Berlin diese Last der Vergangenheit zuzuschreiben. Berlin hat die Funktion ausgeübt, die die Geschichte ihm zugewiesen hat. Es war ein Spiegel der guten und schlechten Zeiten, in denen seine Bevölkerung trotz allem Engagement und Weitblick bewiesen hat: Es war eine sozialistische und progressive, eine kosmopolitische und antimilitaristische, demokratische Stadt (sogar 1932—33 bei den im Blick auf die Folgen tragischen Wahlen) und vor allem in der kurzen Weimarer Republik, in den zwanziger Jahren, ein großartiges, ungemein ausstrahlendes Zentrum der Kultur. Trotzdem ist Berlin mit jener Vergangenheit verbunden in dem Sinne, daß sich in Berlin aus den genannten allgemeinen Gründen die Gesellschaft der Zeit im Guten wie im Bösen spiegelte, auch wenn natürlich der Vorsatz Hitlers, Berlin zur „ewigen Hauptstadt des ersten deutschen Volksreiches" zu machen, als Wahn zurückzuweisen ist.

Das Problem liegt darin, daß das Böse unauslöschlich in unserem Bewußtsein verharrt. Allein der Mut und der Einsatz des demokratischen Deutschlands der letzten 40 Jahre bringt das Land in seiner Gesamtheit wieder in das Bett seiner großen Geschichte zurück und überläßt der Erinnerung und der Mahnung die schreckliche Phase von Autokratie und Diktatur, von Obrigkeitshörigkeit oder Mangel an Zivilcourage, von fehlendem Weitblick und unausgebildetem Demokratiebewußtsein, aber auch von Zentralismus und Schaukelpolitik. Die Überwindung der Vergangenheit verdanken wir einer ganzen Reihe von Faktoren, die aber allesamt im Erfolg der Bundesrepublik Deutschlands zusammengefaßt werden können, die heute in der Lage ist, die Einheit der deutschen Nation zu vollenden, jedoch unter Bedingungen, die vollkommen anders sind als jene des vergangenen Jahrhunderts: Heute vollzieht sich die Einigung mit Europa und nicht mehr gegen oder zumindest nicht mehr ohne Europa. Diese Einheit ist ein ganz neues Faktum in der tausendjährigen Geschichte Deutschlands: Zum ersten Mal ist es eine wahre und vor allem moderne Einheit, ja eine auf die Zukunft einer Nation gerichtete Einheit, aufgebaut auf Lösungen, die bereits ein Vorgriff auf die Zukunft sind.

Die Verbindung zwischen staatlicher Macht und einer bestimmten Stadt ist in einem raschen Wandel begriffen. Zwei Entwicklungen zeichnen sich am Horizont Europas ab, und zwar insbesondere im westlichen Teil des Kontinents, der nach 40 Jahren des Lebens in friedlicher Gemeinsamkeit am weitesten fortgeschritten ist. Eine erste Tendenz bewegt sich auf eine schrittweise Überwindung des Begriffs des Nationalstaates oder der nationalen Souveränität zu. Natürlich werden die Nationalstaaten und nationalen Individualitäten noch lange bestehen bleiben, und wir sollten uns keine Illusionen machen über eine sofortige Erlangung des Ziels, nämlich die Vereinigten Staaten von Europa. Es ist im Gegenteil ein langwieriger Prozeß, der aber bereits in seiner gegenwärtigen Anfangsphase zu einer Abwertung der Grenzen im Sinne von Schranken führt: Es gibt keine Schranken für die Wirtschaft und die Industrie oder für die Freizügigkeit der Menschen. Es gibt allerdings noch Unterschiede und damit — wenngleich keine brutalen — Trennungen zwischen den nationalen Interessen oder den Interessen der einzelnen Gesellschaften, die sich als national verstehen. Somit wird schon in dieser Phase der Begriff der dramatischen Identifizierung zwischen den Nationen und den einzelnen Individuen abgeschwächt oder in anderen Faktoren als denen des Konflikts ausgedrückt: Er findet seinen Niederschlag in der Freude über den sportlichen Sieg einer Nationalmannschaft oder im Festhalten an Gewohnheiten und Bräuchen oder im Gefühl der Zugehörigkeit zu bestimmten Denkweisen oder Empfindungen. Die nationale Macht schwächt sich ab, auch weil sie zugunsten von supranationalen Organen an Kraft verliert, wenngleich diese auch nicht alles absorbieren. Die Macht, die die gesellschaftlichen Beziehungen regelt, gründet sich nicht mehr allein auf den Nationalstaat und bedarf deshalb nicht mehr eines bestimmten Punktes — der Hauptstadt —, um sich zu manifestieren. Im Gegenteil ist die Hauptstadt als Ausgangspunkt der Macht nicht mehr die wichtigste Stadt, denn es gibt andere, ebenso wichtige Städte und Bezugspunkte. Konkret stellt sich dann die Frage, welche Stadt für das eigene tägliche Leben wichtiger sein wird: die Hauptstadt des einzelnen Nationalstaates, die Hauptstadt der Europäischen Gemeinschaft oder der Sitz des mit größeren Vollmachten ausgestatteten Europäischen Parlaments.

Die zweite Tendenz ist der Prozeß der Fragmentierung des Nationalstaates unter dem Vorzeichen der europäischen Regionalisierung. Unsere schwer abzulegende Gewohnheit fordert, der Einheit einer Nation die Treue zu halten, die im vergangenen Jahrhundert entstanden ist. Zugleich jedoch zeichnet sich eine psychologische Entwicklung ab, die uns in Teilen noch neu ist: Der Bürger fühlt sich in wachsendem Maße verbunden mit seiner Region. Die Ausweitung seiner Welt über alle nationalen Grenzen hinweg, die nicht mehr Schranken der Trennung oder gar der Feindseligkeit sind, ja gerade das Bewußtsein um die allen Menschen des Globus gemeinsamen Interessen führen in der Reaktion zu einer menschlich verständlichen Suche nach einem engeren Umfeld des Bezugs und der Sicherheit, so daß die Region eine immer ausgeprägtere Rolle spielt. Diese Entwicklung findet auf verschiedene Weise konkreten Niederschlag. Es gibt die Neigung einiger Regionen zum Separatismus; es gibt umfassende Maßnahmen zugunsten der Autonomie von Regionen oder von kulturellen und sprachlichen Minderheiten, wobei man jedoch danach trachtet, das immer noch — zu Unrecht — als heilig erachtete Prinzip der territorialen Integrität nicht zu beeinträchtigen, die auch heute noch mit der Auffassung vom Nationalstaat verknüpft ist. Diese Probleme sind zu komplex, als daß sie mit einem Federstrich der unmittelbaren Simplifizierung gelöst werden könnten. Doch die Tendenzen sind effektiv existent. Die naheliegendste und vernünftigste Antwort besteht sicher im föderativen Staat, der innerhalb des Rahmens des Nationalstaates alle möglichen Flexibilitäten der konstitutionellen und administrativen Strukturen gestattet, die mit der Aufrechterhaltung des Nationalstaates kompatibel sind, der seinerseits wiederum supranationalen Autoritäten mit Zuständigkeiten in verschiedenen Bereichen übergreifender Bedeutung unterstellt ist.

Auch im italienischen Risorgimento hatte es Verfechter des Föderalismus gegeben, die wie Carlo Cattaneo, um die Mitte des vergangenen Jahrhunderts, die Nation „als neue Erschaffung der Zivilisation Europas und der Welt“ begriffen, um Einheit und Freiheit in unauflöslicher Weise miteinander zu verbinden. Ein solcherart konzipierter Föderalismus setzt voraus, daß bestimmten staatlichen Gewalten oder Städten keine zentralen Positionen übertragen werden, die notwendigerweise zentralisierende Funktionen einnehmen würden. Wenn diese beiden Tendenzen tatsächlich existieren, wie wir aufrichtig glauben, dann befindet sich das neue Deutschland in einer neuen, wahrhaft einmaligen Situation. Das vereinte Deutschland kann sich so einrichten, daß es als erster Staat überhaupt bereit ist für die Realisierung der uns allen bevorstehenden zukünftigen Entwicklung: eine offene Struktur des Staates, die sich nicht durch bestehende, eingefahrene Einrichtungen hemmen läßt und sich einer ausgeprägt föderalistischen Gesinnung zuwendet. Hier hat Deutschland die einzigartige Gelegenheit der freien Entscheidung darüber, wo sich die „Macht" in ihren vielfachen Einrichtungen und Ausformungen niederlassen soll. Keine Stadt hat einen Anspruch auf die Hauptstadtfunktion, auch Berlin nicht (Wolf Jobst Siedler), denn es geht nur um die Entscheidung des Regierungssitzes, es geht nicht darum, es kann nicht darum gehen, welche Stadt „Haupt"-Stadt sein soll. Es besteht keinerlei Zwang durch eine bereits zementierte Hauptstadt, in der sich — wie in Paris oder London — alles konzentriert; es gibt keine brüchige Tradition wie im Falle Roms; es gibt keine umstrittene Hauptstadt wie Madrid; keine unausweichliche Lösung wie bei Stockholm, Kopenhagen oder Athen; es gibt keinen Zwiespalt wie bei Ankara — sondern es besteht die Möglichkeit und die Chance einer freien, vernunft- und nicht emotionsgetragenen Entscheidung mit dem Blick auf die Zukunft.

In Deutschland ist die offene Diskussion im Gange über die Gestaltung der einheitlichen deutschen Nation. Fast zum ersten Mal ist ein Volk wie das deutsche imstande, die Herausforderung mit Vernunft und ohne Polemik anzugehen. Das deutsche Volk, diesseits und jenseits von Stacheldraht und Mauer von ehedem, hat ein großartiges Beispiel gegeben: Es zeigte keine Hysterie, keine nationalistischen Übertöne, keine ungezügelte Begeisterung, sondern Nüchternheit, Ausgewogenheit, Verantwortungsbewußtsein und eine ruhige Betrachtungsweise der Realität. Dieses Verhalten könnte wegweisend sein für die künftige Situation in Europa, wo Probleme, Widersprüche und Konflikte auf zivilisierte Weise, ohne Demagogie und Fanatismus erörtert und gelöst werden. Ebensowenig wird man in diesem Europa auf der Suche nach Symbolen sein, die ihre Bedeutung aus der Vergangenheit nehmen, denn das Wirken und Suchen gilt der Zukunft.

Entsprechend gelagert ist die Frage nach dem Sitz der Regierung des neuen Deutschlands. Es wird eine Regierung sein, die nicht allein die gesamte Macht auszuüben hat, sondern deren Aufgabe in der Verwaltung, Koordinierung und Orientierung des föderalistischen Staates liegt. Diese Aufgabe haben die Bundesregierungen in den letzten 40 Jahren von Bonn aus hervorragend erfüllt. Und auch die neue Bundesrepublik Deutschland wird — wie immer sie heißen mag — dieser Aufgabe gerecht werden, ohne die Philosophie des bisherigen föderalistischen und dezentralisierten Staates zu verändern. Deswegen plädieren wir, gemeinsam mit all jenen, denen die

Zukunft Deutschlands am Herzen liegt, für die Hauptstadt als Sitz der föderalistischen Regierung an einem Ort, der diesen Föderalismus gedeihen und erblühen läßt. Ein solches Plädoyer, das sich gegen die Hauptstadt Berlin als Regierungssitz richtet, verkennt keineswegs die Verdienste Berlins, gerade in den vergangenen 40 Jahren, als Leuchtturm und Symbol der Freiheit und des Kampfes für die Freiheit der Deutschen, für die Freiheit Europas.

Aber nun geht es um die Zukunft, um die Bewahrung des deutschen Föderalismus in einem künftigen Europa, und das bedeutet zwangsläufig, daß eine Hauptstadt als solche gänzlich an Bedeutung verliert. Der Ort, an dem die Regierung eines dezentralisierten Staates und einer dezentralisierten Macht ihrer Arbeit nachgeht, hat politisch unbedeutend zu sein. Die gesamte Argumentation, die sich auf die vergangenen 40 Jahre des Bonner Provisoriums und die künftigen Berliner Hauptstadtfunktionen gründet und derzufolge es nicht zulässig ist, von Berlin als „gewesen“ zu sprechen, schmälert in ungerechter Weise den Wert Berlins: Existiert Berlin nur, um Hauptstadt zu werden? Sind die Bedeutung und die Größe der Stadt nur mit der deutschen Politik verbunden?

In einer Kulturnation von der Dimension und der Bedeutung Deutschlands hat eine Stadt wie Berlin eine weit wichtigere Rolle zu spielen: Es gilt, „diese Stadt den Europäern zu schenken“, wie ein Leser aus Erfurt im Rheinischen Merkur/Christ und Welt (11/90) fordert. Berlin soll die Kapitale des deutschen Geistes und Drehscheibe des Geistes zwischen Ost und West werden, damit durch Berlin, in Berlin und um Berlin die kulturellen Strömungen Europas verschmelzen, damit Berlin zum „Mittelpunkt Deutschlands“ werden und eine „wichtige Aufgabe als europäische (!) Metropole“ (Momper) übernehmen kann in einer Perspektive, die auf das Morgen schaut, anstatt die Gewichtungen des Gestern zu übernehmen und künstlich am Leben zu erhalten.

„Falsche Ziele“ (Gräfin Döhnhoff) zu setzen bedeutete, gegen die Interessen der Deutschen selbst und auch der Europäer zu handeln. Stattdessen haben die Deutschen heute in einer geschichtlich einmaligen Situation die große Chance, zukunftsweisend, bahnbrechend europäisch zu sein und zu handeln. Berlin braucht wahrhaftig nicht die bremsende Last des politischen Alltagsgeschäfts auf seinem unvermeidlichen Weg zur Metropole zwischen Ost und West. Wie oft hat Deutschland an den Scheidewegen seiner Geschichte mit — im wahrsten Sinne des Wortes — tödlicher Sicherheit die einzig falsche Entscheidung getroffen! Seine Freunde wünschen sich heute, daß es dieses Mal seine Chance erkennt und ergreift!

Der Glanz Berlins ist von Bonn finanziert worden

Von Michael Stürmer

Die Frage zu stellen ist an der Zeit, sie zu beantworten, noch nicht. Beim gegenwärtigen Sachstand hat sie etwas Surrealistisches: Zum einen ist längst Berlin *residence secondaire* des Bundespräsidenten und des Deutschen Bundestages. Zum anderen wird ab 1.1. 1992 die Mehrzahl der wirtschafts-, finanz- und sozialpolitischen Entscheidungen nach Brüssel gehen. Zum dritten sind, anders als in Frankreich oder Großbritannien, viele Hauptstadtfunktionen breit über das Land verteilt: Nürnberg hat die Bundesanstalt für Arbeit, Kassel das Bundessozialgericht und das Bundesarbeitsgericht, Karlsruhe das Verfassungsgericht und den Bundesgerichtshof, München das Patentamt etc. etc. Bisher ist unklar, ob man über Hauptstadt oder Regierungssitz streitet. Dies wird auch noch eine Weile unklar bleiben. Vorerst aber gilt es, ein Caveat zu formulieren:

1. Solange die rote Armee noch in großen Zahlen um Berlin steht, wird man nicht ernsthaft Bundeskanzleramt, Auswärtiges, Verteidigung, Inneres etc. in die alte Hauptstadt des weiland Deutschen Reiches geben können. Man setzt sich damit einer psychologischen Schieflage aus, und im Krisenfall könnte es unangenehme Pressionen geben.
2. Die Deutschen im Osten wie die im Westen des geteilten Vaterlandes brauchen Zeit, die politische Geographie der Teilung psychologisch und moralisch zu überwinden. Von Ost-Deutschland ist Bonn Welten entfernt, und von Köln oder München macht sich Berlin aus wie eine neurotische Stadt, schwer zu erreichen, mit einem schwierigen Noch-Sonderstatus, jenseits der großen Trennungslinie, die nun nicht mehr ist.
3. Berlin mit Reichstag, Sitz des Bundespräsidenten, Bundeskartellamt ist bereits für den Westen eine unter den deutschen Hauptstädten, und zwar am zweiten Rang, für die Noch-DDR war Berlin (Ost) immer die trotzig und protzig geforderte „Hauptstadt der DDR“. Dies läßt sich in absehbarer Zeit organisch zusammen- und weiterführen. Gegenwärtig allerdings gilt

noch der Vier-Mächte-Status für Groß-Berlin, wonach weder Ost-Berlin zur DDR noch West-Berlin zur Bundesrepublik gehört, sondern staats- und völkerrechtlich sui generis ist, nämlich unter Souveränität der vier Mächte. Dieser Status ist allerdings nur noch schattenhaft.

4. Der Berliner Senat muß, anders als in der Vergangenheit, groß denken. Der Partisanenkampf gegen das Deutsche Historische Museum war nicht ermutigend, der Vernichtungskampf gegen die Akademie der Wissenschaften ist abschreckend. Universitäten und Hochschulen leiden seit 1968, die Max-Planck-Gesellschaft hat große Schwierigkeiten. Manche sagen, Berlin werde unter seinem Niveau regiert. Jedenfalls reicht es nicht, Hauptstadt zu postulieren, man muß es auch sein. Es wird Zeit brauchen, die moralische und wirtschaftliche Subventionsmentalität zu überwinden.
5. Der Kostenfaktor ist nicht unerheblich, wenn man das politische Bonn ganz und gar nach Berlin schicken wollte. Die dafür erforderliche dreistellige Milliardenzahl wird vorerst für unmittelbare Rettungsarbeiten an Leipzig, Dresden und anderen Städten gebraucht. Es gibt keinen Bedarf an einer neuen Reichshauptstadt, und der östliche Teil Deutschlands hat lange genug den Peterspfennig für Berlin gezahlt. Die Revolution in der DDR hatte mitunter durchaus auch den Charakter einer Revolte gegen Berlin und seine Bevorzugung durch die SED.
6. Schon jetzt läßt sich sagen, daß die Bundesregierung alles tun sollte, die neu entstehenden KSZE-Institutionen, insbesondere für Rüstungskontrolle, Verifikation wie auch für Krisen- und Konfliktmanagement für Berlin zu gewinnen. Nicht so sehr, um die Zahl der CD-Autos zu vermehren, sondern um der Stadt eine Injektion von Weltklasse zu geben. Auch läßt sich auf diese Weise, diesmal unter Beteiligung der Deutschen, eine Beruhigung der Nachbarn erreichen, die von Berlin aus in alle deutschen Kochtöpfe schauen dürfen, wenn sie nur auch in die Kochtöpfe der Nachbarn schauen.

Neben diesen Relativierungen gibt es einige Überlegungen, die nicht erheblich sind, in letzter Zeit aber vielfach zitiert wurden:

1. Berlin liege zu sehr an der Peripherie. Das gilt aber für viele Hauptstädte, Ottawa nicht anders als Washington, London

oder Den Haag, Stockholm nicht anders als Oslo. Wollte man den geographischen Mittelpunkt zur Hauptstadt wählen, dann müßte es Bad Hersfeld sein.

2. Verdienst oder Unverdienst von Berlin sind geltend gemacht worden. Aber zum einen gleicht sich das ohnehin großenteils aus, zum anderen unterstellt diese Idee die Schuld einer Stadt, ihrer Steine und Plätze und ihrer Straßen, nicht aber die der Menschen, die in diesen Steinen lebten und durch diese Straßen gingen.

3. Auch die Frage, wie unsere Nachbarn es gern hätten, kann nicht die maßgebliche Antwort bringen. Wir sollten diese Meinungen achtungsvoll zur Kenntnis nehmen, unsere Entscheidung treffen, und sie dann gut erklären. Worauf aber kann diese Entscheidung aufbauen?

„Wir fürchten uns vor einer Hauptstadt“, sagte Leonardo in Goethes Roman „Wilhelm Meisters Wanderjahre“. Goethe fügte an anderer Stelle Bedenken hinzu, wie um das Gemeinte zu verdeutlichen, gegen die „Tyrannei einer einzigen großen Residenz, die zwar zum Wohle der Entwicklung einiger großer Talente, aber nicht zum Wohle der großen Masse des Volkes gereiche“. Goethe, der aus der alten Kaiserstadt Frankfurt kam und in Weimar lebte, war sich stets bewußt, daß dieser 6000-Seelen-Verwaltungsmittelpunkt des Herzogs von Sachsen-Weimar-Eisenach keine Metropole war, kaum Hauptstadt genannt zu werden verdiente. Eine Metropole, das hieß im 18. Jahrhundert London und Paris, die damals mehr als das Hundertfache von Weimar, Coburg oder Erlangen an Einwohnern zählten, oder Wien und Berlin, wo die 200000-Grenze längst überschritten war und wo am Kreuzungspunkt von Kommerz und Geist, Macht und Politik der Rang einer Hauptstadt für den König von Preußen oder den Herren der österreichischen Erblande außer jedem Zweifel stand.

„Wir fürchten uns vor einer Hauptstadt“. Fürchten wir uns vor einer *Hauptstadt?* Oder fürchten wir uns vor *einer* Hauptstadt? Wie auch immer, es wird hier ein Leitmotiv der deutschen Geschichte von den Anfängen in den kaiserlichen Pfalzen bis in die Gegenwart sichtbar. Man weiß, daß die alten Kaiser im Umherziehen regierten, daß sie von Pfalz zu Pfalz zogen, um das Königsheil zu bringen und keinen Stammesherzog allzu lange aus den Augen zu lassen. Aber ein Nebenzweck war auch, die Kosten der Hofhaltung zu repartieren unter den Getreuen des Landes. Es war leichter, den Kaiser und den Hof zu bewegen, als von rundum alles herbeizuschaffen, was dem Hofe dienlich war. Aus alledem hat sich, auch als die Habsburger längst in Wien seßhaft geworden waren, als Ortsbezeichnung kaiserlicher Verfügungen das kaiserliche Hoflager bis zum Ende des österreichischen Kaisertums gehalten. Und selbst Wilhelm II., Deutscher Kaiser und König von Preußen, liebte es noch in den letzten Jahren, vom „Großen Hauptquartier" aus Regierungsakte zu vollziehen, auch wenn diese im Krieg sich weitgehend auf Symbolisches reduzierten.

Zu keiner Zeit hätte einer sagen können, welches denn nun die Hauptstadt des Reiches war. War es Nürnberg, wo auf der Burg, bis Napoleon anrückte, die Reichskleinodien gehütet wurden, mächtige Handels- und Gewerbestadt, von Patriziern mit fester Hand regiert? Die mächtige Noris, „carissima civitas", übertraf mit ihrem Umland viele der minderen Territorialherren im Reich an Macht und Stärke, und man hat es in Nürnberg und in Franken bis heute nicht verwunden, daß das Ende der Reichsherrlichkeit und der Freien Reichsstadt mit der Inkorporation in das nouveau-riche Königreich Bayern von Napoleons Gnaden verbunden war.

Oder erhob Frankfurt den Anspruch, Hauptstadt der Deutschen zu sein, wo noch bis in die Goethezeit, wie die Leser von „Dichtung und Wahrheit" sich erinnern, die Krönung der Kaiser vollzogen wurde in altertümlichsten Formen und Floskeln, so quer zu allem Zeitgeschmack, daß sich Maria Theresia vor Lachen schier nicht beruhigen konnte, als sie ihren Franzl solchermaßen agieren sah und er sie mit dem perlenbesetzten Handschuh küßte. Des Heiligen Römischen Reiches Silber- und Goldloch war die schöne Stadt am Main. Aber noch wichtiger waren ihre kaiserlichen Privilegien, politische wie wirtschaftliche. Und am wichtigsten war es, Gastgeber der Krönung zu sein.

Oder war Regensburg an der Donau die Hauptstadt, römischer Vorort und Garnisonstadt an der steinernen Brücke über den mächtigen Strom, wo seit 1663 der immerwährend genannte Reichstag die letzten 150 Jahre des Reiches ehrwürdige Existenz begleitete und geleitete, unter der milden Federführung des Fürsten von Thurn und Taxis, Erbpostmeister des Reiches und Stellvertreter des zu Wien regierenden Herrn.

Oder muß man Mainz nennen, das schon den Römern strategischer Vorort in Germanien war und wo nach alter Überlieferung der Kurerzkanzler und vornehmster der geistlichen Kurfürsten residierte? Weshalb der letzte unter ihnen, der Kurfürst von Dalberg, beim Reichsdeputationshauptschluß zuerst das Großherzogtum Frankfurt erhielt und dann Regensburg mit Umgebung.

Oder muß man auch Wetzlar nennen, Sitz des Reichskammergerichts, das neben dem Wiener Reichshofrat sich auf die Kunst verstand, alle minderen Streitsachen so auf die juristische lange Bank zu schieben, daß sie nie entschieden wurden oder aber, wenn dergleichen doch einmal geschah, die Streitparteien mitunter längst vergessen hatten, um was es einst gegangen war, oder gestorben waren. Wetzlar hat man darum viel gescholten. Man sagte, eine Sache komme dort erst zur Entscheidung, wenn auf verstaubten Dachböden die Mäuse den Bindfaden durchnagt hätten, der die Akten zusammenhielt.

Eine Stadt wie Augsburg darf hier nicht unerwähnt bleiben, die, seitdem die Reformation das protestantische Nürnberg den antiprotestantischen Kaisern fremdgemacht hatte, die meisten Reichstage in sich aufnahm samt ihrem Troß von Agenten und Marketendern, von Dirnen, Unternehmern, von Schokolademachern und Juwelieren. Augsburg hat, bis Regensburg dem Reichstag dauernden Sitz gab, über Jahre eine Stellung als Stadt des Luxus, der Kunst und der Silberschmiede begründet durch die höfische Gesellschaft, die immer wieder zu des Reiches Gipfeltreffen hier zusammenströmte, weil es für geistliche und weltliche Herren zu treiben und zu gravieren gab, was Ansehen und Geltung brachte — und in Notzeiten etwas zum Einschmelzen. Augsburg ist auf diese Weise im 16. Jahrhundert Deutschlands Kunsthauptstadt geworden und es bis ans Ende der Freien Reichsstadtherrlichkeit geblieben, die Stadt selbst als Gesamtkunstwerk konzipiert und entwickelt, bis die Industrialisierung das Weichbild der Stadt erweiterte und unscharf machte und der Zweite Weltkrieg viel vom Glanz der Jahrhunderte wie von ihrer Patina hinwegnahm.

Was man heute leicht übersieht, ist die Tatsache, daß auch das Goldene Prag unter die deutschen Hauptstädte gezählt zu werden verdient, von jeher Sitz des böhmischen Königs, des vornehmsten der sieben Kurfürsten. In der Mitte des 14. Jahrhunderts hat Karl IV. die glanzvollste Residenz hier gegründet, und von ihm hat die Karlsuniversität bis zum heutigen Tage ihren Namen. Niemals wieder war ein Habsburger so sehr Förderer der Künste und Wissenschaften wie Kaiser Rudolf II., der am Anfang des 17. Jahrhunderts die größten Künstler an sich zu ziehen suchte und der Prager Hofwerkstatt einen Namen gab, der den der burgundischen Hofkunst noch überstrahlte.

In der symbolischen Geographie der deutschen Hauptstädte kommen die Pfalzen vor und dann die Städte von Wien bis Frankfurt, von Nürnberg bis Augsburg und Regensburg. Aber Berlin und Potsdam sind in dieser Aufzählung sowenig enthalten wie Dresden und Pillnitz; nicht Heidelberg, nicht Cassel, nicht München, überhaupt keiner der Sitze der weltlichen Kurfürsten, und das aus gutem Grund. Denn wenn wir uns schon vor einer Hauptstadt fürchten, dann am meisten vor einer Hauptstadt in den falschen Händen. Auch insofern war, als 1866 Berlin Hauptstadt des Norddeutschen Bundes und 1870 die des Reiches wurde, dies ein tiefer Bruch nicht nur im Bewußtsein der Deutschen, sondern auch in deren kollektivem Unterbewußtsein. Es war der Markgraf von Brandenburg, der seine Residenz zur Hauptstadt emporgekämpft hatte. Das hat zur Beliebtheit Berlins nicht beigetragen, die überhaupt von Anfang an zu wünschen übrigließ. Nach Paris und London zog es die Menschen wie von selbst; nach Berlin wurde man meistens versetzt. Merkwürdig bleibt übrigens auch, wie in dieser symbolischen Geographie die großen deutschen Hafen- und Hansestädte nicht vorkommen, nicht einmal Straßburg und Köln, die Schwestern am Rhein, die doch die längste Zeit zu den größten Städten des mittelalterlichen Deutschlands zählten.

Warum also so viele Hauptstädte, und keine richtig? Sollte es wirklich so sein, daß die Deutschen sich vor einer Hauptstadt immer fürchteten und noch weiter fürchten? Die Erklärung liegt vornehmlich in der Verfassung der Wahlmonarchie, welche mit ihren Folgen, bis in den kräftigen Föderalismus der Gegenwart, die deutsche Geschichte durchzieht. Das Alte Reich war kein Machtstaat im modernen Sinne, und alle Versuche der staatsrechtlichen und historischen Romantiker des 19. Jahrhunderts, es dennoch so erscheinen zu lassen, sind gescheitert. Das Reich war eine Fürstenrepublik, und zwischen den großen Blöcken der Territorien lag der Zement der freien Städte, der Reichsritter und der Reichsabteien. „Erwehlter römischer Kaiser“ mußte der hohe Herr sich nennen lassen, denn in der Tat, er war gewählt, und die Summe der Fürstenmacht war immer größer als die seine. Denn jeder Wahl ging eine Wahlkapitulation voraus — ein treffender Name in der Tat, denn da mußte der künftige Kaiser den Mitfürsten viel versprechen und unterschreiben, und jeder Nachfolger ein bißchen mehr als der Vorgänger.

Dieser Polyzentrismus war Kernbestand des Alten Reiches und seiner Verfassung, und er ruhte auf den deutschen Stämmen, ihrer Eigenart und Verschiedenheit, und auf dem Interesse der Stammesherzöge und Fürsten, daß keiner zu groß werde unter ihnen, und vor allem nicht der Kaiser. Und so achteten sie darauf, daß niemals befohlen und immer verhandelt wurde. Die Hausmacht des Kaisers mußte ausreichen, ihm die Machtbasis zu schaffen und Kreditfähigkeit, die Mehrzahl und das Hauptgewicht der Stimmen auf sich zu ziehen. Aber von da an war er von Mißtrauen umstellt. Der Leihezwang war ein heiliges Postulat der Verfassung, und er besagte, daß der Kaiser ein erledigtes Lehen nicht an sich ziehen konnte, sondern stets wieder austun mußte. Es stand nicht in seiner Macht, sich aus Fürstenbesitz fett zu machen. Wenn es an die Auferlegung von Steuern ging oder die Ausschreibung eines Krieges, dann brauchte der Kaiser die Zustimmung der Reichsstände. Und in der Wahlkapitulation Kaiser Karls V. 1519 war auch stipuliert, daß der Kaiser keine fremden Kriegsvölker ins Reich ziehen dürfe. Kaiser Karl V., der in Madrid und Wien residierte, hätte sonst leicht in Versuchung geraten können, Spanien als seine Hausmacht in Deutschland einzusetzen und damit das kostbare Gleichgewicht im Reich umzustoßen. Es war dies eine weise Beschränkung, denn im Dreißigjährigen Krieg hat sich ein Jahrhundert später gezeigt: Wenn einmal fremde Truppen nach Deutschland hineinzogen, gab es kein Ende mehr. Den spanischen Tertios folgten die Schweden und die Franzosen, und Deutschland wurde für 30 Jahre Brandstätte Europas. Wer den absoluten Dominat wollte wie die Wiener Herren im Dreißigjährigen Krieg und damit *eine* Hauptstadt in Deutschland, der spielte mit dem Feuer. Es fehlte in der Tat nicht an Erfahrung und blutiger Belehrung, daß die Deutschen sich vor *einer* Hauptstadt fürchten sollten.

Verfassungsrechtliche Beschränkungen überall. Aber mit Demokratie hatte das vorerst noch so wenig zu tun wie die Magna Charta, die die englischen Barone ihrem König Johann Ohneland 1216 auf Runnymede an der Themse abzwangen. Wohl aber ging es um Machtkontrolle und Gleichgewicht der Kräfte. Dies alles in Kapitulationen Punkt für Punkt aufzuschreiben und zu unterschreiben war nicht Schreiberseligkeit, sondern Verwahrung gegen jede Übermacht und Vorkehrung gegen den deutschen Bürgerkrieg, der wie von selbst, war er einmal entbrannt, in den großen europäischen Krieg umschlagen mußte. Weil dem aber so war seit ältesten Zeiten und weil die Summe fürstlicher Gewalt immer größer blieb als die des erwehlten Römischen Kaisers, gab es nicht *eine* Hauptstadt in Deutschland, sondern deren *viele*.

Es gab aber auch in deutschen Landen keine Stadt, die so wie London oder Paris unabhängige Macht um sich bildete und in Krisenzeiten für oder gegen die Monarchen einzusetzen hatte. Riesenstädte wie Paris oder London waren kaum regierbar mit der festen Hand, sondern allenfalls indirekt durch Verhandlung und Kompromisse in Ruhe zu halten und geneigt zu machen — weshalb der französische König sich nach Fontainebleau zurückzog und später nach Versailles, der englische nach Windsor Castle. Dort war die Luft besser, und das gab wohl eine unpolitische Erklärung ab. Aber es lebte sich dort auch weniger gefährlich. Die Rolle dieser Hauptstädte war immer bedrohlich, und gegen sie zu stehen konnte einen Monarchen den Kopf kosten, wie Beispiele belegen. Karl I. war verloren, als die City of London gegen ihn mobil machte, und Ludwig XVI. gab sich selbst preis, als er auf Wunsch der Vertreter von Paris 1789 das Gros der ausländischen Garderegimenter abzog. Der König Frankreichs und Englands hatten Grund, sich vor ihrer Hauptstadt zu fürchten.

In Deutschland aber gab es keine Stadt solchen Gewichts und solcher Macht, und hätte es sie gegeben, so wäre der Kampf zwischen dem Equilibrium der Fürstenmacht und dem Schwergewicht der Hauptstadt unausweichlich geworden. Diesem Kampf aber war vorgebeugt durch den Hauptstädtepluralismus. Was immer zu seinem Nachteil zu sagen bleibt, er stiftete Frieden und Gleichgewicht.

Bis 1789 hatte Paris immer ein Doppelgesicht: die von außen nahezu unregierbare Metropole des königlichen Frankreich und zugleich die Hauptstadt dessen, was ein Almanach der Mitte des 18. Jahrhunderts *„l'empire du luxe"* nannte. Paris war mit dieser Ambivalenz die Hauptstadt schlechthin, und so wie Versailles der Inbegriff des Fürstenschlosses war und der absoluten Herrschaft, wurde Paris Verkörperung der Großstadt mit Lust und Laster, mit Reichtum und pauvreté, mit Wirtschaftskraft und politischem Gewicht. Seit 1789 gesellt sich die Erinnerung an den Schrecken hinzu und an die Gewalt, die aus Massenhunger und Arbeitsmangel kam, aus Haß und Neid, aus Blutdurst und Idealismus.

Seitdem war jeder Herrscher auf der Hut, nicht nur in Frankreich. Napoleon war kaltblütig genug, mit Kartätschen eine Menschenmenge auseinanderzujagen. Er hat nie vergessen, daß das ancien régime verloren war, als es in Paris keine Verteidiger mehr fand, außer den umzingelten und verzweifelten Schweizer Garden in den Tuilerien. Napoleon, der fast bis zuletzt auf die Armee zählen konnte, hat deshalb alles getan, die Löhne gut, die Beschäftigung hoch und den Brotpreis niedrig zu halten. Sein Neffe Napoleon III. hat es ihm nachgetan. Er wollte durch industrielles und finanzielles Wachstum nicht nur Reichtum schaffen für die Bourgeoisie, sondern hat auch alles getan, durch einen neuen Sozialvertrag die Parzellenbauern und die Arbeiter von Paris an sein Regime zu binden. Er tat es mit Erfolg. Es waren das liberale Bürgertum und die protektionistischen Industriepatrone, die sich ihm versagten. Zur Sicherheit aber ließ Napoleon III. durch den Préfet de la Seine Baron Haussman die großen Boulevards durch das alte Paris legen. Die Junischlacht von 1848, als General Cavaignac im Auftrag des Parlaments die aufständischen Arbeiter niederschlug, war noch unvergessen. Die großen Boulevards aber rissen die Baukonjunktur in ungekannte Höhen. In guten Zeiten öffneten sie sich den großen Défilées farbiger Uniformen und glanzvoller Epauletten. In schlechten Zeiten aber boten sie den Ordnungskräften freies Schußfeld. Der Hauptstadt war niemals zu trauen.

Die revolutionäre Hauptstadt blieb cauchemar des 19. Jahrhunderts. In London hat man 1848, als die sozialrevolutionären Chartisten ihre Massenagitation entfalteten und das Parlament in Westminster den Druck der Straße fürchtete, Bürgergarden aufgeboten, um nicht überrascht zu werden. In den deutschen Residenzen hat man in der ersten Hälfte des 19. Jahrhunderts viel getan, die Arbeiterviertel an den Rand zu schieben. Alle Städte und Stadtregierungen wußten wie von selbst, daß man den Zuzug der Leute vom Lande und von außen begrenzen mußte, nicht allein um die Sozialhaushalte in Grenzen zu halten, sondern auch um nicht überrannt und überrollt zu werden. Man begann, die Truppen aus den Bürgerquartieren zu ziehen und zu kasernieren, am meisten nach 1848, und mancher Stadtplan zeigt, so der von Erlangen, wie die Revolutionserfahrung die Kasernen wachsen ließ. Die bayerische Staatsverwaltung seit Montgelas war sich einig mit jedem der Monarchen, daß Bayerns Industrie nach Augsburg gehörte oder ins ungeliebte Nürnberg, aber nicht in die klassizistische Residenzstadt München. Mit Eisenbahnen hat man sich deshalb lange schwergetan. Residenzen sollten lange Achsen haben, angenehme Perspektiven, Oper und Theater, Galerie und Akademie. Sie sollten Kunst und Muße eine Heimstatt bieten, aber Monarch und Verwaltung nicht um den Schlaf bringen. Ob auch eine Universität dazugehöre, blieb eine offene Frage. Man hat sie in der Weise gelöst, daß stattdessen technische Hochschulen entstanden aus alten Artillerie- und Pionierschulen, die auf das Vorbild der napoleonischen Ecole des Ponts et Chaussees zurückgingen. Karlsruhe, Darmstadt, Hannover, Braunschweig, Dresden, München, Berlin geben Beispiele ab, daß technische Hochschulen und Residenzen eine Wahlverwandtschaft hatten, klassische Universitäten aber anderswo, in Marburg oder Tübingen, ihre Heimstatt behielten.

Das Hauptstadtproblem der Deutschen war, so schien es, mit dem Ende des Alten Reiches zur Ruhe gelegt. In der Napoleonzeit gab es Frankreich, das weit über das linke Rheinufer hinausgriff. Es gab die Federation du Rhin, Preußen und Österreich. Aber Deutschland gab es nicht, nicht mehr in Form des Alten Reiches, noch nicht in der des Deutschen Bundes. Als dieser aber auf dem Wiener Kongreß ins Leben gerufen wurde, diente er einem europäischen und einem deutschen Zweck: einem europäischen, weil er das deutsche Gleichgewicht — Preußen, Österreich und das Dritte Deutschland — als Kern und Mitte und Rückversicherung des europäischen Gleichgewichtssystems bildete und damit die europäischen Funktion des Alten Reiches wiederherstellte; und eine deutsche, weil er zwischen die deutsche Linke und den revolutionären Nationalstaat das Interesse der deutschen Fürsten am Status quo legte und weil er zugleich der deutschen Kulturnation mit ihrer Hauptstadt Weimar freie Entfaltung ließ.

Wo aber fand sich die Hauptstadt des Deutschen Bundes? In Wien hatte man ihn geschaffen, aber nicht regiert. In Berlin hat man ihn unterstützt, bis Bismarck sich eines anderen besann. Unterdessen hatte man in Berlin 1828/34 den Deutschen Zollverein ins Leben gerufen, technisch Ausweitung des niedrigen preußischen Zolltarifs auf benachbarte und dazwischenliegende Territorien, politisch eine Herausforderung an jene politische Führung, die die alte und neue Kaisermacht Österreich als Erstgeburtsrecht beanspruchte.

Das Dritte Deutschland, von Napoleon einst zurechtgeschnitten, hat man gar nicht gefragt: Es gab überhaupt dieses Dritte Deutschland nur als Begriff, zwischen München und Stuttgart, Karlsruhe und Darmstadt, aber nicht als Handlungseinheit, und alle Versuche, dennoch etwas daraus zu machen, sind gescheitert. So blieb eine der älteren deutschen Hauptstädte, die Freie Stadt Frankfurt, wo im alten Thurn-und-Taxis-Palais in der Eschenheimer Gasse der Deutsche Bundestag einzog. Daß dieser Gesandtenkongreß Deutschland regiert habe, wird man nicht sagen können. Eher, daß er Deutschland koordinierte, jedenfalls solange den Großmächten Österreich und Preußen danach zumute war. Das galt bis 1848, und danach noch einmal für kurze Zeit. Eine Hauptstadt aber ist Frankfurt dadurch nicht geworden, und erste Gesellschaft der Stadt blieben die patrizischen Familien, nicht die fremden Gesandten, und auch nicht die deutschen Bevollmächtigten zum Bundestag. Dann gab es noch in der Zeit des Deutschen Bundes die Bundesfestungen, am vornehmsten darunter Mainz, wo Preußen und Österreich einander belauerten und die Wacht am Rhein hielten. Und der Deutsche Bund verfügte auch über einen Datenaustausch der Polizei zur Revolutionsprophylaxe, der ebenfalls seinen Sitz in Mainz hatte. Aber sonst gab es wenig, was Frankfurt in die Rolle der deutschen Hauptstadt hätte hineinwachsen lassen können.

Und doch, als 1848 die nationale und soziale Revolution kam, wurde das Vorparlament noch in Heidelberg zusammengerufen, die Nationalversammlung aber wie von selbst nach Frankfurt. Wo hätte man auch sonst hingehen sollen, ohne sogleich über die Wahl des Ortes in unauflösbaren Streit zu geraten: Berlin zu preußisch, Wien zu österreichisch. Nürnberg war bayerische Provinz, dito Regensburg und Augsburg. Wetzlar war preußisch, und niemand hat überhaupt noch an das alte Reichskammergericht gedacht. Es blieb nichts außer Frankfurt. Als nach dem großen Kehraus der Frankfurter Nationalversammlung im Frühjahr 1849 die Abgeordneten des Rumpfparlaments nach Stuttgart retirierten, war schon durch die Wahl des Ortes angezeigt, daß es nur noch um Gesichtswahrung ging, nicht mehr um Politik. Und als Preußen 1850 das Erfurter Unionsparlament berief, um seinen norddeutschen Hegemonialplänen einen Tropfen parlamentarischen Öls beizumengen, war das kaum besser.

Frankfurt war, nicht wegen des Deutschen Bundes, sondern wegen seiner alten kaiserlichen Rolle, wegen seiner städtischen Freiheit, wegen seiner Liberalität, seiner Messe, seiner zentralen Lage an Fluß und Eisenbahn und Straßen, die Stadt, in der die Nationalversammlung zusammenkam: „Die Spindel, um die sich alles dreht", schrieb der Frankfurter Chronist Schwemer. „Es war der Mittel- und Angelpunkt deutschen Lebens, die schlechthin geplante Hauptstadt, der Schauplatz der größten Entscheidungen, der Treffpunkt der bedeutendsten und edelsten Geister der Nation, die Stätte eines politischen Messtreibens, wie es seit dem Wiener Kongreß nicht mehr dagewesen war."

Der Historiker Dahlmann plädierte in der Nationalversammlung entschieden dafür, nicht Wien, nicht Berlin, nicht München zum Sitz des künftigen Reichsoberhaupts zu machen, sondern die Stadt am Main. Der Verfassungsentwurf des Siebzehner-Ausschusses folgte dem, und in dem § 6 des Entwurfes hieß es noch: „Das Reichsoberhaupt residiert in Frankfurt am Main." In den folgenden Verfassungsverhandlungen indessen wurden andere Namen genannt: Erfurt, aber auch Bamberg, Nürnberg, Regensburg. Endlich gab es solche, die die ganze Frage offenhalten wollten. Am Ende wurde in der Verfassung keine Stadt genannt, die Antwort einem Reichsgesetz vorbehalten. Noch einmal galt das Goethewort: „Wir fürchten uns vor einer Hauptstadt." Dabei waren Geschichte und symbolische Geographie des Alten Reiches weniger wichtig als so zweckbestimmte Gesichtspunkte wie Sicherheit gegen Invasion und zentrale Lage im Kommunikationssystem des Landes. Frankfurt lag zu nah an Frankreich. Es fehlte auch nicht an Geistern, die einen kleinen Ort gewissermaßen neu erfinden wollten als eine Hauptstadt, eine Art Washington D.C., und dafür wurde ins Feld geführt, was seit der Französischen Revolution keiner weiteren Erörterung zu bedürfen schien und noch 70 Jahre später Weimar zum Sitz der Deutschen Nationalversammlung machte und was, noch einmal 30 Jahre später, auch Bonn zu empfehlen schien: in der Hauptstadt vom Druck der Straße frei zu sein. Bemerkenswert bleibt, daß der Name Berlin in Frankfurt nur durch seine Abwesenheit auffiel.

Als aber aus dem Reich der Nationalversammlung nichts wurde, erledigte sich auch die Frage der Reichshauptstadt. Die Freie Stadt Frankfurt hat zwar noch einmal dem älteren Deutschen Bundestag gedient, solange es ihn gab. Sie hat große Kongresse gesehen, die den moralischen Anspruch unterstrichen, daß in Frankfurt sich die geistige Bestimmung der deutschen Nation entscheide. Aber als 1866 der Deutsche Bund zerbrach und Frankfurt loyal auf der Seite des geltenden Rechts und der österreichischen Präsidialmacht stand, Preußen aber über die stärkeren Bataillone verfügte, hat die alte Stadt doppelt gebüßt: für die falsche Parteinahme im Krieg und für die Erinnerung an 1848, die Bismarck niemals gleichgültig war. Um die Freiheit der Stadt war es geschehen. Sie wurde preußische Provinz. Erst der preußische Monarch selbst hat durch sein Eingreifen die Kriegskontribution der Stadt weitgehend reduziert, um nicht noch mehr Töpfe im deutschen Süden zu zerschlagen. Im übrigen büßte Frankfurt im Zuge von industrieller Revolution und Reichsgründung auch die alte Rolle als Silber- und Goldloch weitgehend ein. Berlin wurde zentraler Finanzplatz des Reiches, Drehscheibe des Kommerzes, Industriemetropole und Kulturstadt.

In den folgenden 70 Jahren hat die alte preußische Haupt- und Residenzstadt an der Spree tiefe Metamorphosen durchgemacht. Seit Anfang des 19. Jahrhunderts war sie bereits die größte deutsche Industriestadt, günstig gelegen im Zentrum des norddeutschen Wasserstraßensystems und bald auch der Bahnen. Zur selben Zeit begann der Aufstieg der Berliner Universität zur ersten Hochschule Deutschlands, mitunter in Konkurrenz zu München. Die symbolische Geographie der Stadt war noch lange bestimmt von der Park- und Schlösserlandschaft, die sich von Köpenick im Osten hinzog über Stadtschloß, Bellevue, Charlottenburg, Glienicke bis Potsdam mit Sanssouci, dem Neuen Palais, dem Marmorpalais und zuletzt Cecilienhof, wo 1945 die Potsdamer Konferenz stattfand. Politisch hat das Reich bis an die Jahrhundertwende immer wie zur Untermiete gewohnt. Wer die Reichsverfassung studierte, fand, daß es eine Reichsregierung eigentlich nicht gab und alles in den Händen der preußischen Exzellenzen blieb. Berlin war bis 1914 viel mehr preußische Hauptstadt als Reichshauptstadt; das ist die Stadt eigentlich nur in den drei Jahrzehnten von 1914—1945 gewesen. Und wer die Wilhelmstraße rechts und links betrachtete, dem konnte nicht entgehen, wo die Macht saß: in den preußischen Ministerien. Als 1898 der Reichstag eingeweiht wurde, westlich vor dem Brandenburger Tor auf dem Platz des ehemals Raczinskyschen Palais, da war dies außerhalb des Quadrats, das preußische Staatsmacht immer beherbergt hatte. Das königliche Berlin ht sich lange Zeit gegen das kaiserliche gewehrt. Erst mit der gewaltigen Baukonjunktur der Jahrhundertwende, als die eleganten Vorstädte im Westen hinzutraten und Charlottenburg die meisten Millionenvermögen Deutschlands zählte, wurde Berlin gewissermaßen nationalisiert.

Erst die Museumsgründungen der späten Bismarckzeit fügten dem Reich die Dimension des Kulturstaats hinzu, die in der Reichsverfassung gar nicht vorgesehen war. Mit der Gründung der Kaiser-Wilhelm-Gesellschaft 1911 hat Wilhelm II. da angeknüpft; später folgten Reichsrundfunk und andere Instanzen der Sinngebung. Der „totale Krieg", wie General Erich Ludendorff ein Buch betitelte, machte auch die Hauptstadt total. Deshalb war auch 1918 die Revolution nicht entscheidend an der Peripherie, in Kiel oder München, sondern in Berlin. Hier mußte sich das Gesicht des künftigen Deutschlands zwischen bürgerlicher Demokratie und sozialistischer Republik formen, und ebenso die Rolle Deutschlands zwischen leninschem Weltentwurf und Wilsonian democracy.

In der Schwebelage des Januar' 1919 aber wich die Nationalversammlung nach Weimar aus, wo im Nationaltheater die Verfassung zustandekam, der anschließend der Versailler Vertrag den Boden wegspülte. Weimar bot moralischen Halt beim deutschen Idealismus, beim Klassizismus Herders, Goethes und Schillers. Strategisch aber wirkte es sich günstig aus, daß die alte Residenzstadt durch eine Handvoll regierungstreuer Truppen gegen revolutionäre Coups und Staatsstreiche zu schützen war. Man fürchtete sich vor der Hauptstadt.

Aber auf die Dauer mußte in Berlin regiert werden. Die Weimarer Republik mit ihrem Rationalismus und ihrer wertneutralen Pluralität, mit Wirtschaftsmisere und umstrittenem Erbe, mit Kultur und Hektik aber wurde mit Berlin identifiziert. Ein Machtzentrum zwar, aber ein Machtzentrum ohne Macht. Und als die Republik in

Auflösung verfiel, da wurde am Ende die Stadt, die eine liberale und eine sozialistische Tradition beherbergte, von den Nationalsozialisten wie ein Beuteobjekt behandelt.

„Lebend bringt uns hier keiner mehr raus!", soll der „Führer und Reichskanzler" am Abend des 30. Januar 1933 den Seinen im Reichskanzlerpalais gesagt haben. Der drohende Vorbeimarsch der fackeltragenden SA am selben Abend war nicht nur symbolische Inbesitznahme der Stadt. Er kündigte auch feurige Dramen an, die am Ende das Regime, das Reich und die Reichs-Hauptstadt zerstören sollten. München blieb, mit „Braunem Haus", Zentralkartei und Aufmarschplätzen, Hauptstadt der Bewegung, Abriß und Neuaufbau blieben der Stadt erspart. Nürnberg mit seinen Kontrasten aus gotischer Spitzwinkligkeit und pompösen Aufmarschplätzen wurde „Stadt der Reichsparteitage", und im Krieg hat die Stadt dafür gebüßt. Berlin war, wie nie zuvor, drohende und triumphierende Reichs-Hauptstadt. Niemals hatten die Deutschen mehr Grund, die Hauptstadt zu fürchten. Und doch war das alte Berlin nicht groß genug für die neuen Herren. Albert Speer erhielt den Auftrag, die Welthauptstadt „Germania" an ihre Stelle zu setzten. Hitler hatte ihm dafür als Leitfaden einen Architektenentwurf geschenkt, den er in der Landsberger Haft angefertigt hatte, schrecklich und visionär. Er zeigte einen Triumphbogen, so gigantisch, daß daneben das ältere Berlin samt Dom, Königsschloß und Reichstag wie Kinderspielzeug wirkte. Bekanntlich ist es anders gekommen, und 1945 hat Malcolm Muggeridge, der britische Publizist, damals im Geheimdienst, die Trümmer Berlins geschildert: „There remained the drama's centerpiece   blitzed Berlin." Niemand, der dieses außerordentliche Schauspiel sah, wird es je vergessen. Ein weitgedehntes Trümmerfeld, darin das Brandenburger Tor aufragend; eine Wüstenlandschaft von äußerster Trostlosigkeit, wie die Berge des Mondes, die auf den ersten Blick vollkommen entblößt schienen von allem Leben — keine lebende Kreatur, groß oder klein, kein Vogel, nicht einmal ein Insekt, kein Zweig oder Blatt, nichts verband die Szene mit der Conditio humana oder der menschlichen Existenz. Nichts gab es als die grotesken Skelette von dem, was einst Gebäude gewesen waren — vielleicht das Hotel Adlon, Unter den Linden, der Reichstag, wer konnte das wissen? Über allem aber, lange nach dem Ende der Kämpfe, ein Gestank von verwesten Leichen, süß-sauer; der Kadaveraspekt unserer Sterblichkeit, und übelriechend . . . war alles dies, so fragte ich mich, die Erfüllung unserer Kriegsziele? Was this the triumph of Good over Evil?

Als der amerikanische Präsident im Juli 1945 die Trümmer dessen sah, was einst das königliche und kaiserliche Berlin gewesen war, dachte er an Karthago und Ninive. Damals war, wie Stalin auf der Potsdamer Konferenz anmerkte, Deutschland „nur noch ein geographischer Begriff". Allerdings vergaß der russische Großtyrann nicht, daß Berlin auf dem Weg nach Westen lag und daß, wer Berlin hatte, den Schlüssel zu Deutschland in der Hand hielt, und wer Deutschland hatte, den Schlüssel zu Europa. Als auf der Potsdamer Konferenz der US-Botschafter in Moskau Averell Harriman ihn beglückwünschte, daß er siegreich in der Hauptstadt des Feindes stehe, sagte Stalin nur düster: „Zar Alexander kam bis Paris."

Zuvor bereits hatten die Alliierten im Zonenprotokoll vom 12. September 1944 einander drei Besatzungszonen in Deutschland zugestanden — Frankreich wurde erst später aus dem Westanteil bedacht — und dazu Großberlin als Sonderzone unter gemeinsamer Besatzung in drei Sektoren. Die Idee: Jeder wollte dem anderen den alleinigen Zugriff auf das Nervenzentrum des Feindes verwehren und damit auf die Mitte Mitteleuropas. Die zweite Idee: durch gemeinsames Kondominium über Deutschland die Kriegsallianz beisammenzuhalten über den natürlichen Zeitpunkt ihres Verfalls hinaus, der mit dem Ende Hitlers und der Kapitulation der Wehrmacht gekommen war. Berlin war damit in eine Doppelrolle gerückt: die Alliierten zusammen und Deutschland unter Kontrolle zu halten. Beides mißlang. Deutschland wurde der Punkt, der die Alliierten bis zum Sieg zusammenführte, und dann gegeneinander. Damit aber war es auch um die Hauptstadtrolle Berlins geschehen. Nicht nur die Insellage der Stadt in der sowjetisch besetzten Zone, noch mehr das Kräftemessen zwischen Ost und West um die Stadt und die weltpolitischen Risse, die sich darin offenbarten, haben die Stadt in ihrer Funktion verändert.

Zwar ist noch immer Berlin der letzte Teil des Deutschen Reiches, die Souveränität der Alliierten abgeleitet aus der Souveränität des besiegten Deutschland über seine Hauptstadt — aber die übrige Welt ist nicht stehengeblieben, sondern im Osten wurde Deutschland bis zur Oder-Neiße-Linie verkürzt, im Westen entstand die Bundesrepublik Deutschland, und in der Mitte riefen die Sowjets die DDR ins Leben. Denn Stalins Blockade Berlins machte 1948/49 die Stadt zum Katalysator für beides, die dauernde Spaltung Deutschlands und die Konsolidierung der westlichen Hälfte in der Form der Bundesrepublik, so daß einerseits dieses westliche Deutschland wirtschaftlich und militärisch in den Westen integriert wurde, andererseits der Westen die Wiederherstellung der nationalen Einheit zu seiner eigenen Sache machte. Insofern entspricht Artikel 7 Deutschlandvertrag nicht nur der Präambel des Grundgesetzes mit seinem Verfassungsauftrag der deutschen Einheit, sondern ist auch Teil des weltpolitischen Quidproquo, in dem die deutsche Westbindung steht, samt Grundgesetz, Sozialpartnerschaft und sozialer Marktwirtschaft. Der Status Berlins wurde gewissermaßen eingefroren, kein Berlin-Abkommen hat es jemals vermocht, die Grundlagen von 1944/45 noch zu ändern: Man hat nur immer darauf aufgebaut, um einen Modus vivendi zu haben. Jetzt beginnt er zu tauen.

Im Westen aber wurde, Provisorium zu sein, Bedingung der Dauer. Die Bundesrepublik Deutschland war, als sie entstand, nicht Staat auf der Suche nach einer Außenpolitik, sondern Nebenprodukt einer Außenpolitik auf der Suche nach einem Staat. Wo aber sollte der deutsche Kernstaat, wie seine Verfechter sagten, oder der Teilstaat, wie seine Gegner insistierten, das politische Zentrum finden, seine Hauptstadt? Berlin unter Viermächtekontrolle ist ernsthaft niemals mehrheitsfähig gewesen. Frankfurt lag im Westen, war unbelastet von Preußens gescheiterter Geschichte, und mit der Paulskirche bot sich ein Gehäuse, in dem nicht die Gespenster hausten, sondern die nostalgische Erinnerung an ein Deutschland, das es nur für einen historischen Moment gegeben hatte. Da die Bi-Zonen-Wirtschaftsverwaltung in Frankfurt den Mangel administrierte, wurde auch der Wirtschaftsrat der drei Zonen nach Frankfurt einberufen, um dem künftigen Weststaat einen Kapitalismus mit Herz zu verschreiben. Der eigentümliche Rundbau des Hessischen Rundfunks mit den goldenen Säulen im Foyer, die man den Hundehimmel nennt, erinnert bis heute daran, daß er einmal für Höheres bestimmt war als kleine Ausstellungen.

Für Frankfurt schien viel zu sprechen. Unschuldiger Glanz der alten Kaiserherrlichkeit, eine liberale Stadttradition und die Tatsache, daß sich hier, wenn überhaupt, die Kraftlinien der westdeutschen Wirtschaft kreuzen würden. Aber Frankfurts Gastlichkeit ließ, auch unter den Maßstäben des Jahres 1947, zu wünschen übrig, und die Abgeordneten vergaßen schwer. Die Stadt selbst war nicht sehr interessiert. Dazu kam die Lage, und da erinnerte man sich älterer Bedenken: zu nah an der Bedrohung und zuviel Industrie. Geblieben ist die Bundesbank.

Daß Bonn durch Konrad Adenauer erfunden worden sei, ist eine Legende, gegen die alle historisch-archivalischen Belegstücke wenig vermögen. Bonn wurde früh als Verwaltungssitz durch die Briten ins Spiel gebracht. Die Stadt war kaum zerstört, lag in der britischen Zone, die belgische Besatzung konnte man leicht entbehren. Was manchen als Nachteil erschien, die Abwesenheit jeder deutschen Hauptstadterinnerung, mußte beim umstrittenen Neuanfang sich als Vorteil auswirken. Denn niemandem war Bonn ein Sieg und niemandem eine Niederlage. Die Römer waren so vergessen wie der Kurfürst-Erzbischof, der vor 150 Jahren die Stadt zum letzten Mal gesehen hatte. Als der Parlamentarische Rat in Bonns pädagogischer Hochschule, Bauhausstil der zwanziger Jahre, zusammentrat, mit Blick auf den Rheinstrom, da war alles Weitere durch die Kraft des Faktischen schon vorbestimmt. Adenauer hat diese Entscheidung gefördert und unterstützt — wie sollte er auch nicht? Aber es blieb für alle Beteiligten stets und bis heute eine Entscheidung mit schlechtem Gewissen.

Während Berlin weltpolitisch umkämpft blieb, die Berliner eingezäunt und später eingemauert, hat Bonn lange gezögert, das Definitivum auch so zu nennen. Das „Baracke“ genannte Hauptquartier der Sozialdemokratischen Partei Deutschlands heißt, während es längst betongegossen an der Friedrich-Ebert-Allee steht und seine Dauer beweist, noch immer so in einer Geste der Verwahrung, die alles offenzuhalten scheint, was doch längst, auch mit Hilfe der Sozialdemokraten, nicht mehr offen ist. Die Demokratie hat lange Zeit die Erklärung ihres Unvermögens als Bauherr darin gesucht, daß nichts auf Dauer sein dürfe in Bonn, um Berlin nicht allein zu lassen und die Präambel des Grundgesetzes nicht durchzustreichen. Ähnlich ging es übrigens dem Senat von Berlin am Spreebogen, zwischen Brandenburger Tor und Kongreßhalle, wo die symbolisch schwerste Erde im Westteil der geteilten Stadt sich findet. Aus der Not, daß man kein Konzept hatte, machte man die Tugend, daß man, um die Zukunft offenzuhalten, keines haben dürfe. Erst nach 25 Jahren hat man in Bonn begonnen, ein Regierungsviertel zu bauen und ein Bürohochhaus für die Abgeordneten. Beides bleibt merkwürdig abgesetzt von den beiden anderen Bonns, dem der Bürger und dem der Wissenschaft. Bonn wird niemals so wie London oder Paris die Regierungsgeschäfte wie nebenbei erledigen und im übrigen über die Börse, Handel und Industrie, Hafen, Messen und praktische Geschäfte reden. Die Politik wird immer Hauptsache sein, fast Selbstzweck — was dem politischen Teil der Stadt den Namen Raumschiff Bonn eingetragen hat.

Man soll gegenüber Bonn aber nicht ungerecht sein. Daß die SED in ihrem Teil Berlins über den klassizistischen Glanz Brandenburg-Preußens verfügte, sofern der Krieg ihn schonte und der ideologische Furor ihm erspart blieb, ist nicht Schuld derer, die in Bonn regieren. Daß das Klima unter den sieben Bergen nicht angenehm ist, vermerken nur die, die niemals in Washington oder in Moskau den Jahreslauf genossen. Daß Bonn keinen Louvre hat und keine Bank of England, das wußte man von Anfang an. Dafür ist viel vom — trotz allem — Glanz Berlins von Bonn finanziert worden. So wird auch mit Bonn, in Bonn und durch Bonn noch einmal der Preis bezahlt für das untergegangene Reich, das verlorene Preußen und den im Vabanque verspielten deutschen Nationalstaat in der Mitte Europas. Was immer aber über Bonn an Gegensätzlichem und Widersprüchlichem zu sagen bleibt, es sei zu langweilig oder zu aufgeregt, zu ländlich oder zu künstlich: die Deutschen, die im Westen allemal und die im Osten ehrenhalber, hatten mit Bonn zum ersten Mal in ihrer Geschichte eine Hauptstadt, mit der zu leben war — und auf absehbare Zeit auch noch zu leben ist.

Subjektives zwischen Mythos, Zweifel und Alternativen

Von Antonius John

Es gehört zu den verblüffenden und irritierenden Eindrücken von der in unserem Lande derzeit laufenden Hauptstadtdiskussion, daß geäußerte Zweifel, ob denn Berlin wohl der richtige Platz für die deutsche Kapitale sei, häufig mit Reaktionen und Vorwürfen beantwortet werden, die den Bedenkentragenden in die Ecke des eigensinnigen und kurzsichtigen Lokalbanausen zu stellen versuchen. Ob das die beiden Berliner Ost-West-Bürgermeister im Sommer 1990 vor der Bonner Presse waren, ob Herr Diepgen geradezu beleidigt den Berlinanspruch als Selbstverständlichkeit reklamiert oder auch der Senatssprecher tönt — deren Auftritte und Erklärungen zeugen leider von einer guten Portion Arroganz, die der auch schon früher — bereits in den zwanziger Jahren — oft kritisierten Überheblichkeit, wonach alles, was nicht Groß-Berlin ist, als provinziell abzutun, nicht nachsteht.

Dieses muß leider vorausgeschickt werden, um die Unangemessenheit solcher Formen der Auseinandersetzung über diesen Gegenstand zu kennzeichnen. Daß Berlin die Hauptstadt Deutschlands ist, kann kein Dogma sein, ist es auch nie gewesen, so sehr die Regierenden meiner Generation in den 20er und 30er Jahren es uns auch suggeriert haben. Das schmälert in keiner Weise Leistungen und Verdienst der Berlinbevölkerung um Freiheit und Demokratie in unserem Lande. Den Belohnungsgedanken in die Berlindebatte zu bringen ist genauso falsch wie die Straftheorie nach dem Kriege (die in Berlin und Preußen die Ursache allen Übels sah), auf die noch zurückzukommen ist.

Das Folgende ist der Versuch, im erzählenden Nachvollzug eigenen Erlebens aus sechs Jahrzehnten aufzuzeigen, daß das Hauptstadtthema nicht erst am 9. November 1989 und danach spruchreif geworden ist. Die heutigen Bedenken gegen Berlin haben ihre Vorläufer. Man hat sie leider vergessen oder verdrängt. Mein Vater, der aus dem Thüringischen stammte und ein großer Berlin-Bewunderer war, bestätigte mir in den 50er Jahren, daß es schon vor der Jahrhundertwende teilweise herbe Kritik an der Hauptstadt gegeben habe, die als „fressender Parasit" die Provinz und „die deutschen Stämme" ausbeute. Die Kritik habe sich dabei auf die sozialen Verhältnisse in der Millionenstadt selbst wie auch auf die negativen Auswirkungen *dieser* Hauptstadt auf das Leben im übrigen Deutschland bezogen. Da eine solche Kritik ein fast an Majestätsbeleidigung grenzendes Delikt gewesen sei, habe man darüber nicht allzu laut gesprochen. Er selbst erinnere sich aber noch gut an solche Gespräche mit Freunden in Lüneburg, Hannover, Frankfurt und Wiesbaden. Das seien alles „Neu-Preußen" gewesen, die die Bismarckschen Annektionen von 1866 noch nicht verkraftet hatten.

Auch von ganz anderer Seite gab es Kritik. Mein Vater war Pädagoge und hatte vor dem 1. Weltkrieg Kontakt mit Bewegungen, die eine durchgreifende Reformierung der ganzen Lebensart anstrebten. Hierzu zählte die Jugendbewegung mit ihren unterschiedlichen Gruppierungen, die sich 1913 auf dem Hohen Meisner zur großen Einheit bekannten. In dieses Jahr fiel auch ein anderes wichtiges Ereignis: Rudolf Steiner gründete die Anthroposophische Gesellschaft. Seit 1900 stand seine Lehre von der Rückkehr zur Geisteskultur in der öffentlichen Diskussion. Jugendbewegung und Anthroposophie rangen um neue Lebensformen, was meinen Vater interessierte, ohne daß er sich letztlich einer der beiden Bewegungen anschloß. Ein Thema war die Verstädterung des Volkes und die Überlegung, was man dagegen tun könne. Immer wieder kam es in den Aussprachezirkeln zu Diskussionen über die Metropolen. Diese Diskussionen waren das Aufbegehren gegen das Anwachsen der Großstädte, für das Berlin als überhöhter Typus stand. Es bestand hier — wie mir mein Vater erzählte — keine Einmütigkeit, aber die Berlin-Schelte sei vielfach so heftig gewesen, daß ihn das abgestoßen, ja fast seine „nationalen Gefühle" verletzt habe. Kurz vor Ausbruch des Krieges habe er einmal in einem solchen Kreis in Posen die Forderung vernommen, daß Berlin die Hauptstadtfunktion entzogen werden müsse. Das habe ihn allerdings in Rage gebracht.

Wie auch die Motive dieser Opponenten waren — jener, die sich als Preußenopfer von 1866 sahen, oder jener, die in Berlin das Symbol einer naturwidrigen und schädlichen Agglomeration erblickten, aus der heraus vernünftiges Regieren nicht möglich sei —, daß es überhaupt einen Widerspruch gegen Berlin und den Berliner Zentralismus gab, war für die damalige Zeit schon bemerkenswert. Ich hatte übrigens einen Onkel aus Dortmund, der selbst in der alten Jugendbewegung aktiv gewesen war und zu dem Flügel der Berlingegner gehört hatte. Er bemühte sogar Goethe, um seine Kritik an Berlin loszuwerden. Ich habe den Fundort dieses Zitats nie ausfindig machen können. Kürzlich fand ich aber in einer Bonner Zeitung den Hinweis, daß der Dichterfürst und Staatsminister tatsächlich seiner Abneigung gegen den Berliner Zentralismus in einer durchaus aktuellen Form zum Ausdruck gebracht hat. Mit all dem wird sichtbar, daß die Hauptstadtproblematik über die Kleinlichkeiten und die Verbohrtheit von Lokalkontroversen hinausgeht. Sie steht weit über der Alternative: „Bonn oder Berlin“. Bonn ist da zunächst eine mehr zufällige Komponente, wenn auch eine inzwischen zwingende.

Was mein persönliches Erleben betrifft, so wurde ich erstmals Mitte der dreißiger Jahre an unserem Gymnasium in Ahlen mit einer Berlin-Kritik konfrontiert. Es war die Zeit der Olympischen Spiele 1936 in Berlin. Die Stadt stand im Mittelpunkt des Intereses der ganzen Welt. Bei uns verband sich die Begeisterung für das Ereignis mit einem ungeheuren Stolz für Berlin. Damals hatte unser Geographielehrer Dr. Heinrich Plate, ein Freund des berühmten Kartographen Hermann Haak, das Thema Berlin auf die Tagesordnung gesetzt. Davon verstand er etwas. Die Lehrstunden wurden zu einer Exkursion in die Geschichte, die Kultur, Kunst, Wissenschaft und Technik dieser Stadt. Wir mußten Skizzen über die Stadtviertel, den Lauf der großen Straßen, die Linien der S- und U-Bahnen anfertigen und die Lage der berühmten Bauwerke kennzeichnen. Der Unterricht war so intensiv, daß wir die Prachtbauten fast in Realität vor uns hatten und wir glaubten, an den großen Sportveranstaltungen teilzunehmen, die Plate uns farbig und lebendig beschrieb. Und an einem Tage bemerkte er etwas beiläufig, daß das alles gar nicht so schön sei, wie es sich anhöre und wie es ausschaue. Und man müsse sich doch Gedanken machen, ob das denn alles so richtig sei. Ich weiß heute nicht mehr, ob er dabei in Einzelheiten ging. Ich weiß nur noch, daß er einen Namen an die Tafel schrieb. Dieser stehe für einen Mann, der sich sehr intensiv mit dieser Seite Berlins befaßt habe. Er hieß Alfons Goldschmidt, was deshalb in meiner Erinnerung geblieben ist, weil es in der Nachbarschaft einen Jungen gleichen Namens gab. Sonst besagte uns dieser Hinweis Heinrich Plates nichts. Vielleicht war dieser Goldschmidt ein Geschichtenschreiber wie Wilhelm Raabe, von dem wir einiges gelesen hatten. So nahmen wir es wohl an.

Vor einigen Wochen stieß ich in einem ganz anderen Zusammenhang — und wohl auch durch Zufall — wieder auf Goldschmidt und sein Buch von 1929 „Deutschland heute". Nach 54 Jahren las ich den Text, den Plate im Jahre 1936 gemeint hatte. Das war eine Abrechnung mit der Reichshauptstadt, an der der Verfasser auch nichts Gutes ließ. Seine Polemik kannte keine Grenzen und gipfelte in aggressiven Behauptungen, wie diese: Berlin ist der Molloch und Parasit, der nichts anderes im Sinne hat, als das übrige Deutschland auszusaugen. Berlin ist der Prototyp des Ungesunden, ist Unnatur, Hektik an sich. Goldschmidt schwingt sich zu geradezu theatralischer Dramatik auf, wenn er schreibt: „Kalt dringt Berlin vor. Das Land wehrt sich. Spekulation gegen Spekulation. Kommt ihr Millionen, Nerven euch und Geld zu holen, wir werden euch den Gegenwert präsentieren! Unwiderstehlich dringt die Stadt vor, aber sie läßt Blut dabei. Je weiter sie sich dehnt, desto blutleerer wird sie. Sie zerrt sich, verdirbt die Außenlungen und verdeckt die Sichten."

Ich frage mich noch heute, was den besonnenen Heinrich Plate veranlaßte, diesen hitzigen Volkswirt Goldschmidt zu zitieren und als Zeugen heranzuziehen? War es die Unterstützung seiner Kritik an gewissen sozialen und gesellschaftlichen Entwicklungen oder war es eine verdeckte Hauptstadtkritik? Heute glaube ich, daß es das letztere war. Denn bei einer anderen Gelegenheit nannte Plate als einen der Gründe des Untergangs des römischen Reiches die gigantische Größe der Hauptstadt und deren Unregierbarkeit. Von einer gewissen Größe an habe damals auch ein Prozeß der Selbstzerstörung begonnen. Das sagte Plate zu einem Zeitpunkt, als Hitler seinen jungen Baumeister Speer und andere auf den Weg schickte, seine Hauptstadt zum Weltzentrum der Megalomanie zu machen. Damals schrieb man das Jahr 1937. Solche Berlinkritik, wie die von Plate, machte auf uns Jungen im Jahre 1936 keinen Eindruck. Für uns war es einfach selbstverständlich, daß Berlin gewissermaßen „von Gottes Gnaden" von Anfang an zur Hauptstadt unseres Landes bestimmt gewesen sei. Daran gab es überhaupt keinen Zweifel. Seit Kindergarten und Grundschule, in Elternhaus und Öffentlichkeit war uns eine solche Einstellung vermittelt worden. Diese hatte damals schon eine eigene Tradition von zwei Generationen. Dem lag die Annahme einer historischen Kontinuität zugrunde, die es aber in Wirklichkeit nie gegeben hatte: Die deutsche Geschichte sei seit Armin dem Cherusker über die mittelalterlichen Kaiser (unter Einbeziehung der urdeutschen Rolle des Sachsenherzogs Widukind), dem Großen Kurfürsten und dem Alten Fritz, Bismarck und Hindenburg kontinuierlich verlaufen und hätte im „Führer“ ihre Vollendung gefunden. Und diese Kontinuität habe ihre Manifestation in dieser prächtigen Hauptstadt Berlin gefunden. So wurde uns das vorgesetzt.

Niemand von uns wäre auf die Idee gekommen, den Hauptstadtstatus von Berlin relativieren zu wollen. Wie sollte das auch sein! Die jugendliche, von allen Institutionen unterstützte Berlinbegeisterung ließ das gar nicht zu. 1932 hatte ich erstmals mit meinem Vater anläßlich der Grünen Woche Berlin besucht. Der zehnjährige Junge war ganz der Faszination dieser Metropole erlegen, obwohl er sich andererseits als Münsterländer in kleinstädtischer Aufmachung nicht ganz wohl fühlte. Aber Berlin war und blieb in unserer Klasse ein Sehnsuchtsobjekt, weil es alle Wünsche, die nur denkbar waren, zu erfüllen versprach. Wir hörten es ja auch von den Alten. Die hatten, wie man es ihnen schon in der ersten Klasse beibrachte, gesungen: „Der Kaiser ist ein lieber Mann! Er wohnet in Berlin. Und wär’ das nicht so weit von hier, Ich führe heut noch hin.“

Die Melodie dafür mußte Mozart hergeben. Da wir nun keinen Kaiser mehr hatten, versuchten wir, das Zeilenprodukt auf den Reichspräsidenten umzuformulieren. Da das aber nicht klappte, ersetzten wir den „Kaiser“ einfach durch den „Marschall“ (was ungewöhnlich war, denn wir opferten dafür den „Generalfeldmarschall“). Immerhin, nun klappte der Reim. Ich glaube, 1935 versuchte ein Mitschüler in diesen Vers den „Führer“ einzuspielen. Aus irgendeinem Grunde fand er aber keine Resonanz, was aber gewiß nichts mit Politik zu tun hatte.

Seit 1932 gehörte ich der katholischen Jugendbewegung an und war nach dem Verbot durch die Nationalsozialisten Mitglied der illegal weiterexistierenden Sturmschar-Gruppe unserer Pfarre St. Marien in Ahlen. In den Heimatabenden, die als religiöse Unterweisungsstunden getarnt waren, sprachen wir viel über die politischen Probleme, über das „Dritte Reich“, das auch wir wollten, aber nicht so wie es die Hitler-Leute praktizierten. Wir entwickelten in diesen Gesprächen eine Vorstellung vom „Dritten Reich“, das identisch sein sollte mit dem, was man christliches Abendland nannte. Manches war Schwärmerei, vieles unrealistische mittelalterliche Nostalgie. Aber erstmals kamen Zweifel auf, ob denn Berlin tatsächlich etwas mit dem Heiligen Römischen Reich deutscher Nation zu tun hatte, wenn auch nur in Form des Konkursverwalters. Ich errinnere mich aber genau an den Tag, an dem wir in diesem Kreis Berlin als Hauptstadt in Frage stellten. Es war der 14. März 1938, ein Tag nachdem Hitler in Wien den Anschluß Österreichs an das Deutsche Reich verkündet hatte (das Wort Anschluß setze ich nicht in Anführungszeichen, weil ich im Sommer 1938 auf einer Fahrt mit zwei Schulkameraden die Begeisterung der Österreicher erleben mußte, die so weit ging, daß Tiroler und Kärntner Bauern uns von ihren Höfen jagten, weil „deutsche Jungen Uniform zu tragen haben" und nicht, wie wir, zivile Wanderkluft, die wir „dem Großdeutschen Reich und seinem Führer" den Respekt versagten). Auch unsere Sturmscharrunde, in der wir zusammenhockten, war von einer sich überschlagenden Begeisterung erfaßt. Unser Traum von dem Reich war in Erfüllung gegangen. Es war, als ob eine messianische Prophezeiung ihre Verwirklichung gefunden hätte. Das war *unsere* Begeisterung, nicht die der Jugend, die den Namen Hitlers trug. Wir Mitglieder einer katholischen Jugendgruppe, die unter Verbot stand, aber illegal unter anderer Firmierung weitermachte, erlebt an diesem Tag die Wirklichkeit eines Reiches, das das Abendland von Morgen sein werde. Welche Utopien, welche Erwartungen und Hoffnungen wurden da freigesetzt! Nur eines hatten wir vergessen, daß wir nämlich im Reiche Adolf Hiltlers lebten.

Und dann war plötzlich der Punkt da. Jemand fragte, müssen wir nicht eine neue Hauptstadt haben? Das war eine Ungeheuerlichkeit. Keinem von uns wäre es vorher in den Sinn gekommen, auch nur einen einzigen Gedanken daran zu verschwenden, daß Berlin nicht immer Hauptstadt war und nicht immer sein würde. Wir hatten ein schlechtes Gewissen, so weit gegangen zu sein. Aber die Frage wartete auf eine Antwort. So stellten wir an diesem Märzabend Berlins Privilegien zur Diskussion. Mußte jetzt nicht Wien der Mittelpunkt des großen und neuen Reiches werden? Solche Gedanken kamen erst ganz scheu, verdichteten sich aber bald zu einer bestimmten Vorstellung. Etwa eine Woche später schrieben wir in der Klasse unseres Ahlener Gymnasiums, das die Kultusbeflissenen der Nationalsozialisten zu einer Oberschule für Jungen gemacht hatten, einen Aufsatz über die historische Bedeutung des 13. März 1938 für Deutschland und Europa. Ich wurde von einer Welle originellsein-wollenden Mutes erfaßt und brachte eine Hauptstadtversion, wie sie in unserer „Sturmschar“-Gruppe entstanden war, zu Papier. Unser Lehrer Dr. Wilhelm Schulte, der als Historiker ein bekannter Mann war und später Professor wurde, war offensichtlich durch derlei Ansichten schockiert, die er dann auch mit der barschen Bemerkung zurückwies, daß solches schon allein deshalb idiotisch sei, weil Wien viel zu nah an einer gefährlichen Grenze liege. Ich folgerte daraus, daß Wien nicht wegen der Grundsatzfrage, sondern wegen der strategischen und geopolitischen Lage keine Chance hatte. (Was Geopolitik war, wußten wir schon, Haushofer war aktuell. Ob Wissenschaftler, Militärs oder Parteileute der NSDAP — für sie alle war der Professor und General Haushofer zum Lehrmeister welt- und machtpolitischer Zusammenhänge geworden. Ein wenig bekamen wir in der Schule auch davon mit. Mit Sohn Heinz Haushofer war ich später befreundet.)

Nach der Unterrichtsstunde, in der die Hefte zurückgegeben wurden, nahm Schulte mich auf die Seite, sprach mich auf das Thema noch einmal an, rekapitulierte in wenigen Sätzen die Bismarcksche Reichspolitik und deren Grundkonstruktion und machte sogar Andeutungen, aus denen ich auf eine gewisse Flexibilität des Lehrers in der Berlinfrage schloß, ohne daß allerdings die Anerkennung meiner Wien-These spürbar war. Immerhin entdeckte ich, daß nach Ansicht dieses an unserem Gymnasium hoch angesehenen, aber auch gefürchteten Lehrers der Hauptstadtstatus von Berlin kein unumstößliches Dogma war, wenn man die Sache einmal historisch ausleuchtete. Das war eine Sensation, die manches auf den Kopf stellte, was bis dahin galt. Sie war uns so ungewöhnlich, daß wir sie nicht lautstark verkündeten, sondern uns mit dem Zweifel an einer bisherigen Unumstößlichkeit begnügten.

Dieses allzu laut herauszubringen bot sich auch nicht an, denn in der Bevölkerung war die Berlingläubigkeit nicht nur fixiert, sondern betoniert. Jedenfalls galt das für den größten Teil. Für sie war und blieb Berlin die urbane Krönung einer Reichsgeschichte, wie sie ihnen die Lehrpläne der Schulen im Kaiserreich, selbst der Republik von Weimar und vor allem des „Dritten Reiches“ verpaßt hatten. Das war die unumstrittene Basis auch des Staats- und Selbstverständnisses. Sie war schon längst zu einem Mythos geworden, der alle erfaßte. Selbst mein Vater, ein aktiver Zentrumsmann und Demokrat (was ihn die Nazis später in übler Weise spüren ließen), war ganz von dieser Berlin-Vision gepackt. Er hat es z. B. der Nationalversammlung sehr übel genommen, daß sie im Jahre 1919 — nicht nur aus Sicherheitsgründen — nach Weimar gegangen war und nicht in Berlin die Verfassungsgrundlage der neuen Republik geschaffen hatte.

Bei mir, den Freunden meiner Sturmschargruppe und einigen wenigen Klassenkameraden hatte also in den Märztagen 1938 dieses mythengeprägte Vorstellungsgebäude einige Risse bekommen. Wir schauten über den kleindeutschen Tellerrand unter einem Blickwinkel, der mit der so in Konturen sich abzeichnenden Reichsidee auch neue Hauptstadtansichten hervorbrachte. Beides war natürlich ganz anders, als die Parteiprogapanda es verlangte. Deshalb waren wir in der Verbreitung unserer Erkenntnis nach außen ziemlich zurückhaltend. Es gab allerdings eine Ausnahme. Bei irgendeinem Anlaß kamen zwei Freunde und ich ins Gespräch mit einem Gefolgschaftsführer der Hitlerjugend, der ein radikaler Zentralist war. Ihm sagten wir, daß der Führer doch wohl nicht allzuviel von Berlin halte, denn er habe doch Nürnberg zur Stadt der Reichsparteitage, München zur Stadt der Bewegung, Goslar zur Stadt der Bauern gemacht. Nun hätten wir auch noch gehört, daß Linz an der Donau zu einem Weltwunder ausgebaut werden soll. Der Gefolgschaftsführer bekam einen Tobsuchtsanfall, brüllte uns an und schrie, wir sollten nicht so dämlich daherreden, der Führer wisse schon, was er tue. Die Folgen dieser Provokation haben wir später in vielen Schikanen zu spüren bekommen.

Der Berlin-Mythos war also angeknackt. Wenn ich mir aber heute den Verlauf der folgenden Jahre von 1939 bis 1945 in Erinnerung bringe, dann muß ich gestehen, daß die kritische Einstellung zu Berlin wieder abflachte, ja fast verschwand, bis sie nach dem Kriege eine Renaissance erfuhr. Einen preußisch-berliner Attavismus erlebte ich am eigenen Leibe, als ich während der ersten Kriegshälfte an einer großen Parade in Berlin teilnahm, als meine Truppe unter klingendem Spiel an den Potentaten vorbeizog, die auf der Treppe der Technischen Hochschule Aufstellung genommen hatten. Mein Blick richtete sich auf den uralten Weltkrieg-1-Helden und Generalfeldmarschall August von Mackensen. Er war 93 oder 94 Jahre alt, stand dort in seiner bunten Husarenuniform, an der Pelzmütze den großen Totenkopf. Er grüßte, ein Gruß aus der Welt Friedrichs des Großen. In dem Augenblick war ich wie berauscht. Preußen hatte meine Gefühle okkupiert. Und Preußen — das war Berlin! Hier wurde eine Art Schizophrenie sichtbar, die sehr weit verbreitet war und sich einer nüchternen Aufarbeitung des Reichs- und Hauptstadtproblems immer in den Weg gestellt hat. Wie weit diese Schizophrenie gehen kann, sei an einem Beispiel demonstriert. Es zeigt sich dabei auch, daß die alte Generation davon noch stärker betroffen ist, als meine Kriegsgeneration. Die Ausführlichkeit der Darstellung begründe ich mit dem Versuch, die Seelenlage dieser Personen nachzuzeichnen, damit die Differenziertheit der emotionalen Potenz sichtbar wird, die in der Hauptstadtfrage eine so wichtige Rolle spielt.

An Silvester 1965 erlebte ich in einer einsam gelegenen westfälischen Kneipe alte münsterländische Bauern beim Umtrunk. Keiner war unter 70 Jahre, der älteste gewiß schon 85 Jahre alt. Man schimpfte über die Preußen, die ihnen doch soviel angetan hätten. Unter dem Fürstbischof sei doch alles viel besser gewesen. In der Tat hatten die Preußen 1803 bei dem Einmarsch in Münster wenig Begeisterung vorgefunden. Die Truppen und ihre Offiziere wurden der Mentalität der Menschen wohl zu wenig gerecht. Der Generalleutnant Blücher, der Befehlshaber, schnitt ein wenig besser ab, weil er sich jovial gab und auch plattdeutsch sprach. Immerhin war der Eindruck von den Preußen so schlecht, daß die Münsterländer Feste feierten, als sie vom Ausgang der Schlacht von Jena und Auerstädt hörten, wo Napoleon am 14. Oktober 1806 die Preußen vernichtend geschlagen hat. Genau auf dieser Linie lagen meine Bauern an jenem Silvesterabend. Das nächste Thema war dann der Kulturkampf. Der war zwar schon 100 Jahre vorbei, aber die Münsterländer taten so, als ob der Bismarck erst vorgestern ausgezogen sei, um die Katholiken zu verfolgen. Und hier tauchte das Wort „Berlin“ auf. Berlin war der Ort, wo das Böse herkam, ja es war selbst das Böse, das die Gläubigen der katholischen Konfession zur Strekke bringen wollte. Wenn ein preußischer Regierungsbeamter oder gar der eigene Landrat von Preußens Gnaden mit in der Stube gesessen hätte, sie wären vor Angst aufgesprungen und hätten das Lokal angesichts drohenden revolutionären Aufbegehrens schnellstens verlassen.

Aber plötzlich wendete sich die ganze Sache. Irgendeiner der Altbauern kam auf seine Militärzeit zu sprechen. Das war das Zeichen für das neue Thema, an dem sich alle ereiferten. Und sie waren alle altgedient. In den Reden offenbarte sich ein Wettbewerb, bei welcher Truppe man gestanden und welche die beste gewesen sei. Da gab es den Düsseldorfer Ulanen, den Husaren aus Rathenow, den Magdeburger Kürrassier und dann die vom 1. Garde-Grenadier-Regiment zu Fuß! Der Bückeburger Jäger und der von den 13ern in Münster konnten da kaum mithalten. Preußens Gloria war entfesselt! Und als dann die große Standuhr die Mitternacht und den Jahreswechsel ankündigte, stand der Husar auf, stieß an auf die ruhmreichen preußischen Truppen und darauf, daß man nun vor hundert Jahren die Österreicher bei Königgrätz und anderswo so wunderbar geschlagen habe. Plötzlich war Berlin nicht mehr die Ausgeburt des Bösen, sondern die urbane Manifestation für Gloire. Ich bin sicher, daß die alten Herren — würden sie heute noch leben — bei einer Volksabstimmung über die Hauptstadt für Berlin stimmen würden, trotz des geliebten Fürstbischofs und trotz des verfluchten Kulturkampfes. Das also war das, was ich — sicher nicht ganz treffend — mit Schizophrenie bezeichnet habe. Vielleicht ist das auch nur eine besondere Form der Suche nach der nationalen Identität.

Dieser Schizophrenie-Komplex hat zu allen Zeiten der Herausbildung klarer Positionen in der Deutschland- und in der Hauptstadtfrage im Wege gestanden. Das galt für mich bis in die Zeit nach dem Kriege und für andere eben noch bis in die Gegenwart. Wir hatten 1938 vom neuen Reich geschwärmt, das als christliches Abendland seine Existenz finden sollte — ein Reich, das mit dem Hitlerschen Imperium nichts gemein hatte. Aber wenn wir ehrlich waren, mußten wir auch erkennen, wie schwer es uns fiel, uns von dem Preußen-Deutschland zu lösen, das heißt, wirklich konsequent zu sein. Das wurde dann fast unmöglich, wenn die Preußenfeinde mit Diffamierungen und Unterstellungen über das Erbe Preußens herfielen. Dann gab es immer wieder Solidarisierungseffekte, zusätzliche Rückkoppelungen an das Alte. Wahrscheinlich gibt es auch in den Diskussionen 1990/91 diese Widersprüchlichkeit, was sich darin äußern mag, daß sich viele Mitbürger in ihrem Bewußtsein schon längst auf kommende Strukturen in Deutschland eingestellt haben, aber von alten Formen nicht loskommen. Es ist wohl so, daß politische Umbrüche nicht nur Wendehälse erzeugen, gewissermaßen eindimensional zu einem Etagenwechsel in Einstellungsfragen führen, sondern daß solche auch noch in mehreren Etagen zu Hause sind, was sich dann nach außen in Widersprüchen äußert, auch in Fragen politischer Leitbilder einschließlich der Hauptstadtfrage.

Erst nach dem 2. Weltkrieg bekam die Hauptstadtfrage für mich neben dem (inzwischen etwas verblaßten) theoretischen Interesse politische Aktualität, und das noch in der zweiten Hälfte des Jahres 1945. Ich hatte in vorderster Front die großen Schlachten des Rußlandfeldzuges mitgemacht und hatte am Ende — nachdem meine Truppe völlig „aufgerieben" (welch schreckliches Wort!) war — als Führer einer baltischen Befreiungseinheit für die Errichtung einer freien baltischen Staatenföderation im Kampf gestanden. Die letzten Reste dieser Truppe operierten noch viele Jahre nach dem Krieg als sogenannte „Waldmänner" in den Wäldern des Baltikums. Ihr Kampf ging um die Befreiung von Stalin und Hitler. Ich selbst wurde Ende April 1945 wieder verwundet und gelangte auf abenteuerliche Weise über die Ostsee, Dänemark, Schleswig-Holstein in meine Heimatstadt Ahlen, die ich schon im Juni 1945 erreichte. Durch meinen Kontakt mit den Balten war ich erstmals mit Gedanken vertraut geworden, die sich mit einer Neuordnung Europas beschäftigten, in der Deutschland einen angemessenen Part in einer in die Zukunft weisenden Friedenspolitik zu spielen hatte. Ich gab mich damals noch der Illusion hin, daß ein Großdeutschland mit „Altreich", Österreich, Sudetenland und Danzig weiter existieren werde, wenn die anderen Annexionen (Polen und Tschechei sowie Elsaß-Lothringen und Luxemburg) rückgängig gemacht würden. Eine solche Fehleinschätzung der Lage kennzeichnet das Ausmaß der Illusion, ist aber auch ein Indikator für die Unkenntnis von der Größe der Verbrechen, die in deutschem Namen begangen wurden.

Dieses alles verdient deshalb die Erwähnung, weil mit der Hoffnung auf ein Weiterbestehen des Großdeutschen Reiches gleichzeitig dessen Umgestaltung verbunden war. Das Reich sollte die im Staat gegliederte Organisation der ihre eigene Lebensart praktizierenden deutschen Stämme sein. Nicht Berlin, sondern Wien sollte Ausgangspunkt und Kern dieser Neuorganisation sein. Im Rückblick erscheinen solche Ideen heute als Hirngespinste eines Weltfremden. Sie waren es auch in der Tat. Trotzdem hatten sie ihre Bedeutung als Ausgangspunkt für eine Neuorientierung, wie sie in den folgenden Jahren zustande kam.

Die Rückkehr aus dem Krieg war gleichzeitig der Eintritt in den materiellen Notstand, den Hunger, den Mangel an allem. Sie war auch gleichzeitig das Tor zum Erlebnis einer Geistigkeit, wie sie uns seitdem nie mehr beschert worden ist. Und so kam es schon bald zur Bildung von kleinen Diskussionszirkeln, in welchen der ehemalige Panzeroffizier Gleichgesinnte fand. Es begann eine Zeit einer inneren Neugeburt. Es war eine Zeit, von der Walter Dirks sagte, daß sie heute immer mehr im Dunkeln verschwindet und wir über sie viel zu wenig wissen. In diesen Ahlener Diskussionsrunden — und auch andererorts — der Jahre 1945 bis 1948 sind mit großem Engagement all die politischen Fragen diskutiert worden, die später Aktualität bekamen. So wurden die politischen Systeme durch- und auseinanderdiskutiert, Freiheit, Gemeinschaft, Individuum waren die Themen. Uns beschäftigte die Frage: Wie weit kann Demokratie gehen, und wie soll unser Deutschland aussehen, in welchem diese freiheitliche Demokratie entstehen soll?

Der Mittelpunkt unserer Kreise war Walter Weymann-Weyhe, später Chefredakteur der Frankfurter Hefte. Die andere Hauptfigur war Erich Schmalz, ein Berliner Jurist, der zunächst persönlicher Referent von Adenauer, dann Generalsekretär der CDU der britischen Zone wurde. Durch ihn kam ich mit dem Walberberger Kreis zusammen, der das berühmte Ahlener Programm konzipierte. Ich machte dort mit, obwohl ich niemals Mitglied der CDU war. Solches war damals möglich. Mehrmals durfte ich bei Zusammenkünften im Kloster Walberberg dabei sein. Pater Laurentius Siemer war wohl mit Pater Eberhard Welty die hervorragendste Persönlichkeit dieser Runde. Unter den „Laien“ ragte Johannes Albers hervor. Auch Karl Arnold, den späteren Ministerpräsidenten von Nordrhein-Westfalen, lernte ich hier kennen. Walberberg war in jenen Nachkriegsjahren gewiß das Zentrum für eine auf christlicher Grundlage gestaltete Politik. Für den Ahlener Kreis gewannen wir dort viele Anregungen. Solche Gruppierungen wie bei uns in Ahlen fanden sich im ganzen Land. Die meisten verschwanden nach einer gewissen Zeit wieder, so wie sie gekommen waren. Aber diese Gruppen haben befruchtend auf die Gewinnung eines neuen politischen Weltbildes gewirkt.

Im Grunde bestanden in Ahlen zwei solcher Kreise. Einmal waren es jüngere Leute, meist Heimkehrer aus dem Krieg — etwa um die Mitte der zwanzig alt. Der andere Kreis nannte sich Rosenclub, dem vornehmlich Akademiker, Freiberufler, Ärzte, Unternehmer, ehemalige Offiziere u. a. angehörten. Es war ein Kreis um den Fabrikanten Dr. August Pannhoff (seine Frau war später Abgeordnete der CDU im Bundestag). In diesem Kreis fand sich auch ein Landesminister aus Schleswig-Holstein ein, dessen Name mir aber nicht mehr geläufig ist. Zu dieser Gruppe gehörte auch der ehemalige Oberstleutnant der Luftwaffe Bachor, der später Polizeidirektor in Bonn war. Ich „pendelte“ zwischen beiden Kreisen, die beide in Weymann und Schmalz ihre personenidentischen Protagonisten hatten.

Über Weymann bestanden enge Kontakte zu den Akteuren der Frankfurter Hefte, Walter Dirks, Eugen Kogon und Clemens Münster. Schmalz hielt Verbindung mit führenden Jesuiten und Dominikanern. Die Begegnung mit diesen Persönlichkeiten lieferte den Stoff für die Kleinarbeit in unserem Zirkel. Hauptthema waren die Alternativen zum Zentralismus. Die Hauptstadtfrage schlug immer wieder durch, obwohl es damals wahrlich größere Sorgen gab. Wieder wurde Goethe zitiert, der vor dem Zentralismus gewarnt habe und für Größe durch Vielfältigkeit eingetreten sei. Das föderale System, auf das die Staatsstruktur Deutschlands hinauslaufen müsse, sei nicht mit einer Metropol-Hauptstadt vereinbar. Dezentralisation durch mehrere Hauptstädte in Wechselfunktion, vielleicht brauche man auch überhaupt keine Hauptstadt mehr. Wenn ja, dann solle man sich für kleinere Gemeinwesen entscheiden.

Nach meinen Aufzeichnungen gab es für die Gespräche und Erörterungen zwei Ausgangspunkte, die für mich persönlich auch heute noch ihre Gültigkeit haben. Der eine verband sich mit der Tatsache, daß der 8. Mai 1945 nicht der Tag der Niederlage des Großdeutschen Reiches und das Liquidierungsdatum der Schreckensherrschaft des Nationalsozialismus war, sondern daß wir hier das Ende einer historischen Epoche erlebten, unwiderrufbar. Das hieß praktisch, bei der zukünftigen Gestaltung Deutschlands konnte es nicht um Kurskorrekturen gehen, um nach der Nazi-Irrfahrt das Staatsschiff wieder flott zu machen, sondern daß nach dieser historischen Zäsur ein radikaler Neubeginn, also ein Beginn an der Wurzel notwendig war. Damit hing zusammen der zweite Ausgangspunkt, der mehr psychologischer Art war und der die Abkehr von allem Großen und Monumentalen und jeglicher Supersymbolik beinhaltete. Es war die Wiederentdeckung des Kleinen, des Überschaubaren. Das galt für den staatlichen wie für den unmittelbaren Lebensbereich gleichermaßen. Die Entdeckung der Attraktivität des Kleinen lag keineswegs nur daran, daß das Große — das Großdeutsche Reich und die Großstädte — in Schutt und Asche lagen. Es gab darüber hinaus eine grundsätzliche Neuorientierung. Typisch hierfür war ein Beitrag in den Frankfurter Heften über die Rolle, die die „Kleine Stadt" zu spielen hatte. Sie sei eine natürliche und den Menschen angemessene Lebensform, eine Form der Mitte. Was man der kleineren Stadt immer als Nachteil ausgelegt hatte und was sie diskreditierte, ihre Abgelegenheit, das erschien jetzt als großes Positivum für die Zukunft. Hier gebe es die Chance zu einem neuen Daseinsgefühl, auch als Voraussetzung für weitsichtige Politik. Das war auch die Sicht, unter der die Hauptstadtfrage zur Debatte gestellt wurde. War Berlin tatsächlich die ungeliebte Stadt, wie das hier zum Ausdruck kam?

Es wurde sehr scharf argumentiert. Die Provinz begehrte auf. Von Berlin aus habe man ja systematisch mit der Vokabel „Provinzialismus" das Überschaubare diskriminiert und sich selbst zum Maßstab für alles gemacht, gegenüber denen da draußen, deren Köpfe mit Brettern vernagelt seien. Und dann tauchte der Name Wilhelm Heinrich Riehl auf. Von ihm und seiner „Naturgeschichte des deutschen Volkes" (1851/69) hatten wir schon als Schüler auf dem Gymnasium gehört. Jetzt wurde er richtig studiert und „ausgeschlachtet". Denn er war es gewesen, der nach der gescheiterten Revolution von 1848 die Monströsität der Großstädte gegeißelt und ihre Künstlichkeit entlarvt hatte. So sehr mich das Werk Riehls fesselte — ich befaßte mich auch während meines Studiums mit ihm —, der allzu scharfen Anti-Berlin-Polemik meiner Gesprächspartner mochte ich mich doch nicht anschließen, obwohl ich deren Grundeinstellung der Neuentdeckung der sogenannten Provinz teilte. Weder die Gleichsetzung Berlins mit Asphaltkultur, politischem Extremismus, moralischer Verkommenheit noch die idyllische Verniedlichung der Provinz schienen mir damals der richtige Weg zu sein. Dieser Ansicht bin ich bis heute treu geblieben, allerdings auch der, daß das Schicksal uns die historische Aufgabe auferlegt hat, zu neuen Ufern zu kommen.

Wichtiger als diese — man könnte sagen — „kommunale“ Ordnungssuche war die Findung der neuen staatlichen Struktur, mit der ein regionaler Findungsprozeß verbunden sein sollte. Das war die Konsequenz der Zäsurenqualität des 8. Mai 1945. Das Alte ließ sich nicht mehr aufwärmen oder mit allerlei Zutaten aufbessern. Es war vorbei, die Reste gingen in den historischen Müllhaufen. Man mußte ganz neu beginnen. Das war für uns der Ausgangspunkt. Es gab auch andere Ansichten, die Mehrheit der Bevölkerung machte sich angesichts der allgemeinen Nöte darüber keine Gedanken. Selbst zurückkehrende Emigranten glaubten, noch einmal an Weimar anknüpfen zu können. Für uns gehörte aber auch diese Epoche zu einer unwiederholbaren Vergangenheit.

In einem Punkt hatte ich allerdings auch meine Meinung gegenüber früher geändert. Da auch ich mich der in unseren Debatten aufkommenden Dezentralisationstherorie angeschlossen hatte, war für mich die Idee, Wien zum Zentrum des abendländischen Reiches zu machen, auch überholt. Dazu hatten wohl nicht nur die grundsätzlichen Konzeptdebatten beigetragen, sondern auch die reale Lage im Europa der Jahre 1946 bis 1948.

Es ist schade, daß es über unsere vielen Diskussionen der Jahre 1946 (d.h. schon seit Herbst 1945) bis 1948 keine Protokolle gibt. Ich selbst habe versucht, manches in Tagebuchaufzeichnungen oder thematischen Niederschriften festzuhalten. Wir standen mitten in einer gründlichen Revision der Geschichtsauffassung, nicht weil sie uns von den Besatzern vorgegeben wurde (das taten sie auch, hatten aber mit ihrer Methode bei uns keine Chance), sondern weil in unseren nächtelangen Aussprachen neue Wirklichkeiten freigelegt wurden. Kogon sah hierin einen bemerkenswerten Schritt zur geistigen Wiedergeburt Deutschlands in einer Zeit, als der Begriff des 1871er Reiches noch die Köpfe der meisten Deutschen blockierte. Dirks stellte noch im September 1946 fest, daß von den vier Parteien drei bei ihrem Beginn 1945 den Einheitsstaat angestrebt haben und die CDU in dieser Sache sehr zögerlich gewesen sei. Erst Ende 1945 trat hier eine Wandlung ein, die aber — wenn ich mich recht entsinne — die Ost-CDU und die KPD nicht mitmachten. Es war eben schwer zu unterscheiden zwischen Einigkeit und Zentralismus und Einheit und Einheitsstaat. Der Weg in die neue Vorstellungswelt war sehr schwierig, vor allem wenn es an das Konkrete ging. Dazu gehörte die Hauptstadtfrage. Ich glaube, daß Eugen Kogon einer der ersten war, die mit ihrer provokativen Konsequenz an die Öffentlichkeit traten. Frankfurt sollte Hauptstadt werden, das Parlament in der Paulskirche und die Regierung mit den Ministerien in den Gebäuden der IG-Farben untergebracht werden. Nach Berlin gebe es keinen Weg zurück, es sei das Symbol für zwei fehlgeschlagene Staatlichkeiten.

Die Hauptstadtfrage war nicht eine Prämisse, sondern sie ergab sich als Konsequenz der Überlegungen über die künftige Struktur eines neuen Deutschland. Wilhelm Röpke, der große deutsche Nationalökonom und Neo-Liberale, hatte im Exil sein Buch „Die deutsche Frage" geschrieben, das 1945 in Zürich erschien und von dem auch ein Exemplar in unserem Ahlener Kreis zirkulierte. Schmalz hatte es wohl besorgt. Er sprach darin die Deutschen an, die welthistorische Bedeutung des Augenblicks zu erkennen und sofort mit dem Neuanfang — dem geistigen und dem materiellen — zu beginnen. Was man jetzt versäume, würden Generationen nicht mehr aufholen können. Kogon nannte diese aktive Besinnung eine deutsche Wiedergutmachung und proklamierte den Föderalismus als Gleichgewichtspolitik der Demokratie. Die Redaktion der Frankfurter Hefte sah ihren Ansatz in einer radikalen Auseinandersetzung mit Preußen. Für Eugen Kogon, Clemens Münster — aber auch andere — gab es einen engen Zusammenhang, ja eine Kausalkette zwischen Preußen-Deutschland und dem Nationalsozialismus.

In unserem Ahlener Kreis konnten wir ihnen in dieser Radikalität nicht folgen, insofern der preußische Zentralismus, der den Deutschen aufgezwungen war, die tiefere Ursache für die nationale Katastrophe gewesen sei. Ohne ihn sei der Nationalsozialismus und seine Schreckensherrschaft gar nicht denkbar. Die Liquidation dieses Systems bedeute auch das Ende des Hauptstadtcharakters von Berlin. Solches war für mich nicht zwingend, denn selbst wenn man den Symbolcharakter einer Hauptstadt akzeptiert, kann man die Stadt nicht dafür verantwortlich machen, was die Regierenden tun.

Damals hatte ich den Kogons, Dirks', Münsters, Weymann-Weyhes immer gut zugehört, aber in unserem Ahlener Kreis habe ich immer meine eigene Meinung vertreten, wahrscheinlich unbeholfen und wenig überzeugend. Wir hörten auch, daß der Vorsitzende des Zonenausschusses der CDU, Dr. Konrad Adenauer, radikal gegen eine Wiederetablierung Berlins als deutsche Hauptstadt sei. Ich hatte ihn 1946 ganz kurz (durch Erich Schmalz) kennengelernt, hatte dann mit ihm Kontakt während der Beratungen am Ahlener Programm im Februar 1947. Ich war aber von ihm nicht sehr angetan, obwohl er mir in einer sehr schwierigen Sache geholfen hatte. Andere Politiker der Union, wie Karl Arnold oder Jakob Kaiser (mit dem man über Berlin allerdings nicht reden konnte), lagen mir mehr. Obwohl damals zwischen Kogon, Dirks und ihrem Anhang und Adenauer gesellschaftspolitisch und ideologisch ganze Welten lagen, trafen sie sich in ihrem Anti-Preußen und Anti-Berlin-Komplex, der sich zu einer Art Straftheorie entwickelte: Berlin war der Hauptstadtfunktion nicht mehr würdig, da es als Symbol für eine gescheiterte Politik stand, die den Hitlerterror erst ermöglicht habe.

Im November 1946 erklärte Adenauer in der eben gegründeten „Welt" (zu einem Zeitpunkt also, als noch niemand an Bonn dachte): „Ich glaube, daß die deutsche Hauptstadt eher im Südwesten liegen soll als im weit östlich gelegenen Berlin. In der Gegend des Main, dort wo die Fenster Deutschlands auch weit nach dem Westen hin geöffnet sind, sollte die neue Hauptstadt liegen. Sobald aber Berlin wieder Hauptstadt wird, wird das Mißtrauen im Ausland unlöschbar werden. Wer Berlin zur neuen Hauptstadt macht, schafft geistig ein neues Preußen."

Das war ganz die Linie von Kogon. Mir paßte das in dieser Form nicht. Ich mußte Adenauer noch gegen seine Kritiker verteidigen, die ihm vorwarfen, in der Weimarer Zeit Separatist gewesen zu sein. Dabei hatte Adenauer nie mehr als die Lösung der Rheinprovinz aus dem preußischen Staatsverband und eine Etablierung als weiteres selbständiges Land angestrebt. Statt des Oberpräsidenten sollte in Koblenz (oder Köln?) ein Ministerpräsident sitzen. Das aber waren Vorstellungen, die den unsrigen für die Neuordnung Deutschlands durchaus nahekamen. Mit Separatismus hatte das beileibe nichts zu tun. Ich war aber mit meinen Freunden der Meinung, daß man die Hauptstadtfrage positiver angehen müsse. Der Anti-Preußen-Komplex war zu wenig. Wir hielten wenig davon, darüber zu diskutieren, wie schlecht die preußische Politik über die Jahrhunderte gewesen war und ob sie über die Nazis in die Katastrophe geführt habe. Wir verwiesen stattdessen immer wieder auf unseren Ausgangspunkt, auf den 8. Mai 1945 als historische Zäsur und die Notwendigkeit des totalen Neuanfangs. Nur so wollten wir das Hauptstadtproblem sehen und nicht aus irgendwelchen Ressentiments heraus. Schuldzuweisungen und Strafideen konnten nicht der Ausgangspunkt sein. Das habe ich damals in dieser Weise zu Papier gebracht und Erich Schmalz überreicht, der selbst Berliner war. Er akzeptierte diese Notizen, von denen ich auch jetzt noch nichts zurückzunehmen habe. Uns wurde damals entgegengehalten, daß Preußen-Deutschland und die Hauptstadt dem deutschen Volk gar nicht von Bismarck oktroyiert worden sei, sondern daß das schon der Wille der Paulskirchenversammlung von 1848 gewesen sei. Wir setzten uns auch mit dieser These auseinander und konnten darauf hinweisen, daß 1848 Preußen im deutschen Staat aufgehen und die Hohenzollern ihre Machtmittel dem Reich zur Verfügung stellen sollten. Das Ziel der Bismarckschen Politik sei dagegen ein preußisches Einheitsdeutschland, ein Großpreußen, wie Kogon einmal sagte, gewesen. Und das war ein fundamentaler Unterschied.

Meine damaligen Notizen kennzeichnen die Seelen- und Bewußtseinslage des Heimkehrers. Am 28. März 1947 hatte ich vermerkt: „Immer wieder stelle ich mir die Frage, weshalb wir noch leben. Wir, die aus den mörderischen Schlachten des Krieges entkommenen zerfetzten Reste und unsere Freunde des Widerstandes, die der Hölle des KZ entrannen. Diese Frage stößt uns in aller Eindringlichkeit auf die Antwort, die da lautet: Ihr lebt deshalb, weil ihr dazu berufen oder verdammt seid, den neuen Anfang zu setzen. Und da gibt es keinen Kompromiß, wir müssen ganz unten anfangen, bei den Fundamenten. Und das muß in zweierlei Richtungen geschehen, einmal gesellschaftspolitisch, zum anderen die Staatlichkeit betreffend. Wir wußten das in unserer Runde. Aber es ist schwer, das auch draußen verständlich zu machen. Ich ärgerte mich über die Berliner CDU, die in diesem Punkt die Zeichen der Zeit nicht erkannt hat und sich von einem vielleicht verständlichen, aber doch törichten Lokalpatriotismus lenken ließ. Im Westen und Süden Deutschlands habe man einen Berlin-Komplex, wird uns vorgeworfen. Was soll z.B. dieser Satz in einer Verlautbarung der Berliner CDU: ‚Es sieht so aus, als glaubte der eine oder andere annehmen zu müssen, es könnte zu einer Minderbewertung eigener regionaler Aufgaben und eigener oft sehr großer Leistungen führen, wenn man anerkennen würde, daß Berlin nun einmal der Weltplatz erster Ordnung geworden ist. Man könnte fast meinen, die Abneigung gegen Berlin sei dabei so stark, daß man nicht einmal mehr wahrhaben möchte, daß die Union auf Berliner Boden geboren wurde, und zwar aus Initiative von Männern, die im wesentlichen aus der Todesgefahr, aus Gefängnissen und Konzentrationslagern kamen...‘

Ich kann damit wirklich nichts anfangen, da solche Feststellungen am Kern der Sache vorbeigehen. Die These vom Berlin-Komplex ist Unfug. Wenn Berlin einmal wieder aufgebaut sein wird, wird es als Metropole seine Bedeutung wieder haben. Aber die historische Epoche, in der die Reichshauptstadt die Hauptstadt Deutschlands war, die ist vorbei. Auf Berlin werden neue Funktionen zukommen. Was tut eigentlich die UNO in Amerika? Wäre es nicht sinnvoll, sie nach Berlin zu verlegen, um sie in dieser Stadt, die zwischen Ost und West liegt, in der sich wie in kaum einer anderen das Elend und die Schrecknisse des Krieges manifestieren, zu einem Symbol des Weltfriedens zu machen. Berlin als Weltzentrum der Völkerverständigung — das wäre weit mehr als die Neuaufbereitung einer Reichshauptstadt.

Es wird schon von Restauration geredet, der Deutschland verfallen könnte. Den Leuten, die dieses Wort im Munde haben, möchte ich sagen: Die Gefahr der Restauration liegt nicht im geistig-kulturellen gesellschaftlichen Bereich (hier sind wir schon im Umbruch), sie liegt, wenn überhaupt, auf dem Gebiet der staatlichen Ordnung, weil sich hier durch die Hintertür der alten Gewohnheit das historisch Überholte kaum bemerkbar, aber wirkungsvoll wieder einschleicht. Dazu gehören unzeitgemäße Staats- und Hauptstadtideen.“

Das neue Deutschland müsse also ein dezentralisiertes, ein föderalistisches sein. „Der Kraftquell des Vaterlandes“ (so ein etwas bombastischer Begriff von damals) fließe aus der Vielfalt der Regionen und der Stämme zu einem harmonischen Ganzen. Wir versuchten uns sogar in der Möglichkeit von überstaatlichen Verbindungen bestimmer Regionen mit den Nachbarn, z.B. im Südwesten mit Schweizern und Elsässern oder im Nordwesten mit Niederländern und Flamen. Solche Überlappungen betrafen kulturelle, wirtschaftliche und verkehrstechnische Projektionen. Das scheint zwar realitätsfern und utopisch, kennzeichnet aber die Grundrichtung. Diese trug zunächst das Etikett „Abendland“, entwickelte sich aber dann ständig weiter bis zur Europaidee, wie sie auch heute noch gilt.

Alle diese Überlegungen entsprangen der Grundüberzeugung, von der historischen Zäsur des 8. Mai 1945, der den absoluten Neubeginn der Gestaltung Deutschlands erforderte. Das war eben mehr als die Reparatur der katastrophalen Schäden auf geistigem, moralischem und materiellem Gebiet, die der Nationalsozialismus hinterlassen hatte. Deshalb war es sekundär, etwa Einzelargumente gegen die Hauptstadtfunktion Berlins zu sammeln. Der Wille zu einem ganz neuen Konzept unserer Staatlichkeit schloß Berlin von vornherein als Hauptstadt aus, wobei vielmehr die Frage im Vordergrund stand, ob wir denn in Zukunft überhaupt noch eine Hauptstadt benötigen. Das Durchhalten puristischer Überzeugungen ist offensichtlich nicht so einfach, wie das auf den ersten Blick aussieht. So schlichen sich bei unserer Hauptstadtdiskussion immer wieder Argumente ein, die wir eigentlich gar nicht benötigten, weil die Grundvoraussetzung absolut eindeutig war. So hatte ein Mitglied unseres Kreises, es war der ehemalige Infanterieoffizier Friedrich Beigang, der im Lazarett Ahlen als Genesender weilte, eine ganze Liste zusammengetragen, die Auskunft darüber geben sollte, wer wohl zu irgendeiner Zeit etwas Negatives gegen die Hauptstadt Berlin gesagt haben könnte. An die vielen Einzelheiten dieser handschriftlichen Zusammenstellung kann ich mich nicht mehr erinnern. Auffallend war, daß er an die Spitze den von den Nationalsozialisten verteufelten großen Komponisten Felix Mendelssohn-Bartholdy setzte, der an Berlin kein gutes Haar gelassen habe. Die Berliner seien kalt, maliziös und ständig unzufrieden. Die Liste war ziemlich lang. Namen aus der Welt des Geistes wurden genannt wie auch solche der Politik. Was letztere betrifft, kamen die kritischen Stimmen wohl aus Bayern und dem Badischen. Auch die in meiner Kindheit umgehenden Verse über den „Posthilfsschaffner Säbelbein“ („er lädt für Berlin Pakete ein“) mußte für diese Anti-Berlinliste herhalten. Diese Zusammenstellung war zwar interessant, ich fand sie jedoch nicht allzu hilfreich für unsere Position. In einer Hinsicht war sie allerdings bemerkenswert. Beigang hatte damals keine Gelegenheit, die Literatur auszuwerten. Er mußte also diese Daten mehr oder weniger im Kopf haben. Das wiederum besagte, daß Berlin-Kritik doch kein exotisches Abenteuer war, sondern durchaus im Bereich realistischer Situationsbeurteilung lag.

Anfang 1948 traf sich unser Rosenclub mit einigen interessierten Persönlichkeiten aus dem norddeutschen Raum. Namen sind mir nicht mehr gegenwärtig, ich meine aber, daß der zuvor genannte Minister aus Schleswig-Holstein dabei war (Carl Schröter?). Möglicherweise hatten sich auch die Herren Link (Hamburg) und Strickroth (Braunschweig) im südoldenburgischen Vechta eingefunden, wo dieses Treffen stattfand. Hier — es war in einem Kloster der Schwestern Unserer Lieben Frau, wo die Gäste gute Unterkunft und für die damalige Zeit ein Wunder an Betreuung und Verpflegung gefunden hatten — sprach man noch einmal über die Bildung von deutschen Ländern, die inzwischen vollzogen war, und bedauerte dabei, daß manch mögliche Chance nicht wahrgenommen worden war, z. B. die Bildung eines niederdeutschen Staates auf dem Gebiet der ehemaligen Provinz Westfalen, der Provinz Hannover und der Länder Oldenburg, Lippe und Schaumburg-Lippe. Diese Zusammenkunft soll deshalb erwähnt werden, weil noch einmal — zwar nicht im Mittelpunkt stehend — Hauptthema war die gesellschaftspolitische Verfassung des künftigen Deutschland — die Hauptstadtfrage zur Debatte stand. Bei den bekannten Prämissen für ein föderalistisches und dezentralisiertes Deutschland wurden u. a. folgende Standorte als mögliche Hauptstadt genannt: Weimar, Würzburg, Augsburg, Frankfurt, Regensburg, Münster, Osnabrück, Aachen. Bei der Verteilung von Hauptstadtfunktionen dürften aber auch Königsberg, Heilsberg, Potsdam (!), Breslau, Liegnitz, Stettin, Greifswald, Goslar u. a. nicht unberücksichtigt bleiben.

Diese Aufstellung zeigt zweierlei: Erstens, daß man noch an die Erhaltung Deutschlands mindestens in den Grenzen von 1937 glaubte, zweitens, daß der Gedanke einer zentralen Hauptstadt weitgehend aufgegeben war zugunsten einer extrem durchgeführten Dezentralisierung. Bei anderen Diskussionen wurden auch noch Stuttgart, Koblenz und Kassel genannt. Der Name Bonn tauchte hier nicht auf. Erich Schmalz hat mir aber später erzählt, daß Karl Arnold schon um das Jahr 1947 herum Bonn im Visier gehabt habe, eher jedenfalls als Adenauer. Bei der Namensnennung spielte die Beurteilung des Zerstörungsgrades als Handicap für die Realisierung zunächst keine Rolle. Erst bei einer definitiven Festlegung sollte das Kriterium der Bewohnbarkeit mit einbezogen werden. Eine solche Diskussion fand aber nicht mehr statt. Interessant an dieser Liste ist weiter, daß sie keine der fünf größten Städte Deutschlands enthält, nämlich Berlin (auch nicht für Teilfunktionen), Hamburg, München, Köln, Leipzig. So sahen also die Alternativen aus. Nicht ganz klar war damals, ob unter den Städten mit Hauptstadtfunktion eine als „prima inter pares“ ausgewiesen werden sollte, oder ob man hier eine absolute Egalitée anstrebte. Das hing wohl damit zusammen, daß wir uns noch keine Gedanken über ein Staatsoberhaupt gemacht hatten.

Das also waren die Alternativen zu Berlin. Anfang der 50er Jahre schilderte ich vor einer Bonner CV-Verbindung diese Vorgänge und Diskussionen und begründete unsere Einstellung zur Berlin-Frage. Ich bemerkte, wie ich den Unwillen eines großen Teils der Zuhörer heraufbeschwor. Als ich dann noch sagte, daß ich von der ganzen Wiedervereinigungspolitik, wie sie die Bundesregierung betrieb, nichts hielt, war es mit meinem Vortrag vorbei, ich mußte ihn abbrechen. Zwar hatte ich noch meinen Standpunkt erläutert, daß es nichts wiederzuvereinigen gäbe, weil man ja ganz neu begonnen hätte, daß unsere Politik nur darauf gerichtet sein könne, den Menschen in der „SBZ“ Freiheit zu bescheren, damit sie dann frei entscheiden könnten, wie sie zu Deutschland stünden. Ich sei sicher, daß sie dann für einen Zusammenschluß (heute sagt man „Vereinigung“) votieren würden. Aber das sei keine Wiedervereinigung, sondern eben ein Zusammenschluß, nachdem man einen Neuanfang gemacht habe. Meine Argumentation wurde nicht angenommen. Meine Ausführungen zu Berlin bewerteten einige der alten Herren wohl als eine Art Hochverrat. So wenig hatte sich das Geschichtsbewußtsein auch unter Akademikern von seinen alten Fesseln befreit.

Weniger als drei Jahre nachem wir in Vechta zusammengekommen waren, wurde Bonn Bundeshauptstadt mit dem Zusatz „provisorisch“. Unsere Vorstellungen der Nachkriegsjahre waren zumindest teilweise realisiert. Die neue Staatsstruktur war föderalistisch, es gab einen gewissen Grad der Dezentralisation. Die Stadt entsprach weitgehend den Kriterien, die wir 1948 für eine Stadt mit Regierungsfunktionen zugrunde gelegt hatten. Ich habe den Begriff „provisorisch“ immer so interpretiert, daß nach der Herstellung der deutschen Einheit die Hauptstadtfrage noch einmal zur Disposition gestellt werden müsse. Nicht, daß man noch einmal über Berlin zu entscheiden hätte — das schloß sich wegen der historischen Zäsur aus —, sondern ob man noch einen besseren Platz als Bonn finden könnte. Die Wahl sei also zu treffen unter solchen Städten, deren

Namen für Überschaubarkeit, Dezentralisation, europäische Hinwendung und für das Fehlen nationalistischer Bezüge stehe. Deshalb gibt es auch nicht die Alternative: Berlin oder Bonn. Die Entscheidung ist zu treffen, ob Bonn oder eine andere Stadt ähnlicher Qualität die Hauptstadt von Deutschland sein soll. Und diese Entscheidung hat sich nach Zweckmäßigkeitsaspekten zu richten.

Im Rahmen dieser Überlegungen gibt es keinerlei Prädominanz für Bonn. An seine Stelle könnte also auch Weimar oder eine andere Stadt treten. Das Plädoyer für Bonn — wenn man ein solches hält — kann kein originäres, sondern nur ein abgeleitetes sein. Nicht eine Entscheidung für Bonn hat an der Spitze zu stehen, sondern das Votum für einen kleinen unaufdringlichen, aber funktionsfähigen Regierungsstandort. Daß die speziellen Vorbedingungen und die getätigten enormen Investitionen von solcher Qualität sind, daß sie eine Prädestination auf Bonn geradezu zulaufen lassen, ist ein ganz anderes Faktum. Auch subjektive Sympathien sollten hier nicht mitspielen, denen ich mich auch selbst nicht entziehen kann. Ich arbeite seit 1948 in dieser Stadt Bonn, habe sie liebgewonnen, weil ich sie nach und nach in ihrer reizenden Vielfältigkeit und zeitlosen Offenheit entdeckt habe. Das Wort vom Bundesdorf ist eines der törichtsten, das ich je gehört habe. Ich bin mit Bonn nicht verheiratet, sondern bin ein Münsterländer, der auch dort seinen Hauptwohnsitz hat. Insofern ist meine Sympathie für Bonn nicht der Ausdruck persönlicher Interessen. Ich kannte einen schwedischen Diplomaten, der 18 Jahre lang in Bonn war, seinen Platz nicht wechselte, auf Beförderungen in allerhöchste Staatsämter verzichtete, nur um in Bonn bleiben zu können. „Bonn ist die schönste Hauptstadt, ja die liebenswerteste der Welt", sagte er mir. „Aber man muß sie entdecken, muß andere Maßstäbe anlegen, als die, die allgemein üblich sind. Bonn kann mit Paris und London nicht konkurrieren, Gott sei dank will sie das auch nicht. Aber vielleicht ist Bonn ein Modell für die Zukunft."

Aber Bonn-Begeisterung hin, Bonn-Begeisterung her. Sie kann kaum ein hauptstädtischer Entscheidungsrund sein. Sie ist auch kein Argument gegen Berlin. Der einzige Grund, Berlin nicht zur Hauptstadt Deutschlands zu machen, ergibt sich aus den Konsequenzen des Neuanfangs. Das sind historische Konsequenzen, keine moralischen oder politisch-moralischen. Es ist die Folge der Erkenntnis von der Zäsur. Das ist keine Diskriminierung der Stadt, die einmal Hauptstadt eines Reiches war, das sich in Form der Monarchie, der Republik und der Diktatur darstellte. Berlin wird seinen Platz als Metropole finden. Ihre Anziehungskraft wird auch so attraktiver sein, als es manchem Kommunal-, Regional- und Raumordnungspolitiker lieb ist. Auch ich bin ein Fan dieser Stadt, der immer wieder zu ihr findet — seit der Zeit, als sie noch nicht durch Bomben zerstört wurde.

Berlin ist immer mehr als *eine* Reise wert. Der Weg führt mich so oft dorthin, daß ich mich an der Spree fast wie zu Hause fühle. 1972 schrieb ich meinem Freund, Jagdgenossen, journalistischen Kollegen und Bonn-Chronisten Walter Henkels (der erste Teil des Briefes betraf uns betreffende jagdliche Angelegenheiten): „Ich möchte noch einmal zurückkommen auf unser Gespräch im Presseclub. Ich bin wahrlich kein Berlingegner, sondern eher das Gegenteil. Deutschland braucht Berlin, und Berlin braucht Deutschland. Berlin ist für mich immer eine lebenswichtige Kraft gewesen, geistig, kulturell, wirtschaftlich. Ein Motor, Faszination, nach vorn drängend, Impulse gebend, optimistisch, unterhaltend. Solches brauchen wir, wenn damit auch manch Negatives verbunden sein mag. Berlin wird seinen Part spielen, wird sich zu einem Zentrum von Weltbedeutung entwickeln — wobei ich nur die Befürchtung habe, daß es dann bald die Zahl von 6—8 Millionen Einwohnern übersteigt. Auch angesichts einer solchen Gefahr wäre es unverantwortlich, dem Größenwachstum durch die Etablierung von Regierung, Parlament und dem ganzen Gefolge einschließlich der vielen Verbände zusätzliche Impulse zu geben. Mein eigentlicher Widerstand gegen eine Hauptstadtfunktion erklärt sich aber aus meiner Deutung des 8. Mai 1945, wie ich sie ja eingehend erläutert habe. Ich weiß nicht, ob ich ein solches Erstarken Berlins nach einer ‚Wiedervereinigung' noch erleben werde. Sollte das der Fall sein, möchte ich eine fortschrittliche, optimistische Metropole erleben, und nicht eine solche, die überholte Maßstäbe in der Vergangenheit sucht und diesen auch noch nachtrauert."

Keine Spur also von Ressentiment gegen Berlin! Aber große Sorge über so wenig geschichtliches Einfühlungsvermögen der Herren Momper, Diepgen, de Maizière, von Weizsäcker und anderer. Solche Defizite sind bedenklich, erst recht bei Politikern. Mit forschen Auftritten — auch in Bonn — versuchen Berliner Politiker aus beiden Teilen der Stadt alle geäußerten Bedenken vom Tisch zu fegen.

Immer wieder ist der Satz zu hören: „Berlin *muß* Hauptstadt werden." Die Penetranz, mit der das vorgetragen wird, ist schon bemerkenswert. Das veranlaßte den Berliner Martin Mallach zu folgender Leserzuschrift, wie man in der Presse lesen konnte: „Berlin, überfriß dich nicht! Zur Ankündigung des Senatssprechers in Berlin (vgl. dpa vom 19.6.90), daß Berlin Hauptstadt sein muß und man sogar einen Umzugsplan für die Bonner Behörden und deren Mitarbeiter an die Spree vorlegen werde, möchte ich meiner Heimatstadt aus der Ferne zurufen: Berlin, überfriß dich nicht! Du erinnerst mich an Aufmarschpläne mancher Herrscher in der Geschichte, an Kasernierung, ja an die Pläne Speers (und seines ‚Führers') für diese Stadt... *Wir brauchen keine neue Entwurzelung und Vermassung, keinen urbanen Zentralismus und neuen Größenwahn.* Berlin, begreifst du denn immer noch nicht, daß wir ein Europa der lebendigen, gewachsenen Regionen und schon gar nicht ein im nationalen Reißbrett-Rausch konstruiertes Europa bauen? Berlin, meine Heimatstadt, überfriß dich nicht, es könnte schlimmerer Schaden als nur ein ‚Durchmarsch' die langfristige Folge sein."

Von dem Verfasser des Leserbriefes erhielt ich ein persönliches Schreiben, in welchem er unter anderem ausführte: „Zu den wohl irrwitzigsten Ideen der innerdeutschen Aufgeregtheiten dieser Tage gehört der Plan, den bundesdeutschen Regierungssitz (in einem geeinten Deutschland — und wer wollte dieses nicht) sozusagen in einer Haupt- und Staatsaktion für zweistellige Milliarden-DM-Beträge (ohne die Vermögensverluste im Bonner Raum gerechnet) von Bonn nach Berlin zu verlegen. Zwar sind wir arm an lebendigen Symbolen, doch nicht nur angesichts der ökonomischen Defizite bei der Bevölkerung der DDR wäre die Finanzierung eines solchen ‚Symbolismus' ein wahrlich frevelhafter Tanz um ein neues politisches, goldenes Kalb'... Warum eigentlich muß Berlin wieder Hauptstadt werden, wie es die innerdeutschen Damen und Herren des Deutschen Bundestages unlängst für sich beschlossen? Nach dieser Begründung frage ich mich als (gebürtiger) Berliner, und so fragen es sich viele Bürger. Ja, man fragt sich inzwischen sogar viel grundsätzlicher: Brauchen wir in Europa überhaupt noch Hauptstädte wie in der Postkutschenzeit? Da übertrifft sich in unseren Tagen einerseits die Kommunikationsindustrie mit immer neuen Teletechniken — und wir fangen andererseits an zu träumen von einer 1871 geborenen Reichs-Kapitale, die heute nichts anderes wäre als eine Verlagerung des Bundesregierungssitzes von der westlichen Peripherie an die östliche Peripherie — würde dadurch die Bundespolitik nur einen Deut effektiver werden? Wenn nicht immer neue Peripherien entstehen sollen in Europa, so ist handfeste Regionalisierung gefragt! Sie sollte zum Wohl der ansässigen Menschen weiterentwickelt werden. Es gibt doch — auch in der Politik — gute Anknüpfungspunkte dafür."

Ich glaube, daß hier Fakten und Probleme in unmißverständlicher Weise angesprochen werden. Das bedeutet, daß „Bonn" in Bonn bleiben sollte. Dabei muß aber Klarheit darüber bestehen, daß in der Stadt am Rhein inzwischen die obere Grenze der politischen Konzentration erreicht ist. Mehr geht nicht, darf nicht sein. Anderenfalls würde man gegen die Grundsätze verstoßen, die uns in unseren Ansichten seit 1946 bestimmt haben. (Aber wer waren wir schon? Eine unverbindliche Ansammlung von Individualisten, die sich Gedanken um die Zukunft unseres Landes gemacht haben!) Trotzdem bleibe ich dabei: Wir täten gut daran, das Wort Hauptstadt zu vergessen und dafür eine andere Vokabel zu erfinden.

Föderalismus und Dezentralisierung müssen schließlich in eine Regionalisierung einmünden, die die Grenzen in Europa für zukünftige Generationen noch überflüssiger macht als bisher. Denn nur ein regional verwurzeltes und gewachsenes Europa hat eine Zukunft. Mit Bonn und seiner Wahl hat man 1949 in dieser Hinsicht den richtigen Schritt getan. Er muß aber weitergeführt werden, die Dezentralisierung und Regionalisierung ist ein Prozeß, der ständige Aktivitäten verlangt. Ich war früher einmal der Ansicht, daß man Berlin von diesem Prozeß ausnehmen müsse, weil selbst die jetzt viel diskutierte Zuweisung von Teilzuständigkeiten des Bundes befürchten ließ, daß auf diese Weise der Berlinanspruch durch die Hintertür wieder aufs Tapet gebracht werden könnte und die Idee von der historischen Zäsur des Jahres 1945 langsam verschwinden würde. Diese Befürchtung habe ich heute nicht mehr. Wenn schon Regionalisierung, dann muß Berlin einbezogen werden. Ich hätte nichts mehr dagegen einzuwenden, wenn Bundespräsident und Bundesrat in Berlin ihr Domizil fänden, allerdings nur unter der Voraussetzung, daß die alte Hauptstadtidee endgültig zu den Akten gelegt wird.

Im Ausland sieht man der Entwicklung interessiert zu, wie ich mich im Gespräch mit Franzosen, Holländern und Engländern überzeugen konnte. Ich stellte Zurückhaltung im Urteil fest. Unter meinen Gesprächspartnern gab es Zentralisten, Föderalisten, aber auch solche, die nach neuen Formen Auschau halten und deshalb besonders neugierig sind. Ein polnischer Historiker und Journalist aus Posen hatte Angst vor einer Hauptstadt Berlin. „Wie will Berlin dieser Rolle gerecht werden, da es doch nur 70 km von der polnischen Grenze entfernt liegt? Die Grenznähe muß doch provokativ darauf hinweisen, daß früher die Grenze woanders lief. Das ist ein Feld der Versuchung. Und man soll Charakterstärke in der Politik nicht überschätzen."

Wir haben bisher schon Dezentralisierung und Regionalisierung versucht und praktiziert. Bundesgerichte z. B. befinden sich bereits in Karlsruhe, Kassel und Berlin (warum nicht neue dieser Art — oder neue Senate — in Leipzig oder anderswo in der DDR errichten?); Bundesbank und Bundesrechnungshof haben ihre Sitze in Frankfurt am Main, der Bundesfinanzhof in München (warum nicht neue [europäische] Finanzbehörden o. dergl. in Frankfurt an der Oder ansiedeln?); Bundesdruckerei und Bundesgesundheitsamt residieren in Berlin (West) (warum nicht neue Abteilungen dieser Behörden in Berlin (Ost) — also sogar innerhalb derselben Stadt etablieren?); das Bundesarchiv sitzt in Koblenz (warum nicht alte/neue Archive — und der Bedarf wächst — in Orten der DDR aufziehen?).

Das Bundesparlament arbeitet seit Adenauer in Bonn, da sollte es bleiben. Aber der Bundesrat, die Vertretung der Bundesländer, könnte nach Berlin gehen. Oder ist Weimar nicht noch sinnvoller? Die Bundesanstalt für Arbeit sitzt in Nürnberg, die BfA in Berlin, die landwirtschaftlichen Sozialversicherungsträger in Kassel — wir werden noch manche neue Institution in Deutschland und Europa benötigen: deren „Hauptsitze" könnten Dresden, Halle, Magdeburg, Rostock oder Leipzig werden. Im dritten Jahrtausend brauchen wir keine Hauptstädte mehr im alten Sinne. Das ist antiquierter Luxus. Auch in Bonn muß jetzt der Deckel drauf! Mehr sollte nicht sein, und was da ist, verdient jetzt Abrundung. Auf einiges wird man schon verzichten müssen. Die laut tönende Forderung aus Berlin nach allem, was mit Regierung und Politik zu tun hat, verrät eine beängstigende, von den historischen Tatsachen unbeleckte Fehleinschätzung der Realitäten. Die klärenden und aufklärenden Worte sind seitens der Politiker bisher ausgeblieben. Daß der Herr Bundespräsident zur falschen Zeit (in Berlin im Juli 1990) am falschen Ort Sympathien in die falsche Richtung hat erkennen lassen, erschwert alles. Er hätte der Sache mehr gedient, wenn er beim Finden eines neuen Begriffs für „Hauptstadt" behilflich gewesen wäre.

Zum Schluß noch ein klares und hartes Wort: Wenn Berlin Hauptstadt wird, wie es sich die Unermüdlichen beiderseits der Spree vorstellen, dann waren alle geistigen Anstrengungen im Ringen um ein ganz neues Deutschland für das dritte Jahrtausend vergeblich, dann wäre auch eine Chance für Europa, in dem Hauptstädte keine Rolle mehr spielen, vertan. In ihrer Geschichte wird den Völkern nur einmal die Chance eines solchen Umbruchs gewährt. Wer die Metropole Berlin zur Hauptstadt, zum Regierungssitz und zum Parlamentsplatz macht, muß wissen, daß er Restauration betreibt, die uns um Jahrhunderte zurückwirft.

Zum Wohle von Berlin

Von Eberhard Jäckel

Jede Diskussion wird einfacher, wenn geklärt ist, über was diskutiert werden soll. Was also ist eine Hauptstadt? Der Sitz der Regierung eines Landes. Was aber ist eine Regierung? Gehören alle Zentralbehörden dazu? In diesem Sinne hatten wir (außer in der DDR) nie eine Hauptstadt. Der Sitz des obersten Gerichtes, der dritten Staatsgewalt neben Legislative und Exekutive, war nie in der deutschen Hauptstadt. Das Reichsgericht saß von seiner Begründung im Jahre 1877 bis 1945 in Leipzig, das Bundesverfassungsgericht und der Bundesgerichtshof sitzen seit ihrer Begründung im Jahre 1951 in Karlsruhe. Die Bonner Republik ist in dieser Hinsicht noch viel weiter gegangen und hat zahlreiche Zentralbehörden im Lande verteilt. Sie sitzen in Frankfurt und Kassel, in Koblenz, Nürnberg und Wiesbaden, übrigens seit langem auch in Berlin. Niemand plädiert dafür, sie allesamt in einer Stadt zu konzentrieren, und es gibt in der Tat gar keinen Anlaß, diese föderalistische Tradition aufzugeben.

Die Frage kann also in Wahrheit nur sein, welche Zentralbehörden an welchen Orten angesiedelt werden sollen. Vor allem geht es darum, wo die obersten Verfassungsorgane ihren Sitz haben sollen. Das sind in der vom Grundgesetz festgelegten Reihenfolge der Bundestag, der Bundesrat, der Bundespräsident und die Bundesregierung. Sollen sie in Bonn bleiben oder nach Berlin verlegt werden? Darum geht es, und es wäre gut, nicht unklar von Hauptstadt (als dem Sitz der Zentralbehörden) zu reden, sondern vom Sitz der vier obersten Verfassungsorgane. Muß er in einer Stadt sein, oder ist auch eine Verteilung wie bei den Zentralbehörden denkbar und vielleicht sogar wünschenswert?

Was zunächst den Bundespräsidenten angeht, so hat er seit jeher auch einen Amtssitz in Berlin, im Schloß Bellevue, und es fragt sich nur, ob er ganz dorthin übersiedeln oder einen Teil seiner Amtsgeschäfte weiter in der Bonner Villa Hammerschmidt erledigen soll. Offenbar ist es leicht möglich, ihm weiterhin zwei Amtssitze zuzuweisen, wenn auch mit verändertem Rang, indem der Hauptsitz und damit auch der Sitz des Bundespräsidialamtes nach Berlin verlegt wird. Das wäre keine große Operation, zumal da der Bundespräsident ohnehin ständig im Lande herumreist.

Was die anderen Verfassungsorgane angeht, so wird man zuerst sagen müssen, daß Bundestag und Bundesregierung aus sehr praktischen Gründen am selben Ort sein müssen. Der Bundestag und zumal seine Ausschüsse brauchen den täglichen und unmittelbaren Kontakt zu den Ministerien. Vom Bundesrat wird man das nicht in gleicher Weise sagen können. Er braucht den Kontakt ebenso oder mehr zu den Landesregierungen. Daraus ergibt sich mein Vorschlag: Die Zentralbehörden sollten weiterhin im Lande verteilt bleiben, wobei nun natürlich auch Städte in der bisherigen DDR berücksichtigt werden müssen. Der Bundespräsident sollte den Rang seiner beiden Amtssitze ändern und vorrangig in Berlin amtieren. Bundestag und Bundesregierung sollten in Bonn bleiben. Der Bundesrat könnte nach dem Vorbild der Länderministerkonferenzen an wechselnden Orten tagen, und es wäre nur die nicht sehr wichtige Frage zu entscheiden, wo seine Verwaltung anzusiedeln ist. Vielleicht wäre dafür weder Bonn noch Berlin ein passender Ort, sondern etwa Frankfurt oder auch Dresden.

Für diesen Vorschlag nenne ich die folgenden Gründe, ohne damit eine Rangfolge zu verbinden:

Erstens: Wir brauchen so wenig Zentralismus wie möglich. Das vereinigte Deutschland wird mit seinen 78 Millionen Einwohnern das mit Abstand volkreichste Land in Europa sein. Es wird über 20 Millionen Einwohner mehr haben als die nächstgrößten Länder. Das schafft zwangsläufig, auch unter den Bedingungen der europäischen Integration, ein gewisses Ungleichgewicht, und wir sollten alles tun, um es nicht durch unnötige Zentralisierung noch zu vergrößern, nicht nur mit Rücksicht auf unsere Nachbarn, sondern auch um unser selbst willen. Deutschland wird eine Großmacht sein. Ich sage das nicht mit Stolz, sondern mit Sorge. Großmächte waren in der Vergangenheit in Versuchung, nach der Vorherrschaft zu streben. Das ist fast so etwas wie ein Gesetz der neueren europäischen Geschichte. Es ist eher unwahrscheinlich, daß es im alten Sinne noch gilt. Großreichsbildungen jedenfalls dürften der Vergangenheit angehören. Aber es gibt auch wirtschaftliche Vorherrschaft, und vor allem wissen wir nicht, was in einigen Jahrzehnten sein wird. Gegen Gefahren beugt man vor, auch wenn sie nur gering sind, und deswegen möchte ich, daß Deutschland so föderalistisch wie möglich wird. Wir haben mit dieser Tradition nicht zuletzt in unseren inneren Beziehungen immer gute Erfahrungen gemacht. Die Konkurrenz der Länder, der Pluralismus unserer Zentren hat immer ein Mehr an Freiheit gebracht. Jetzt haben wir die Möglichkeit einer Konkurrenz auch zwischen der größten Stadt und dem Regierungssitz, zwischen Berlin und Bonn. Sie kann nur heilsam sein, und deswegen sollten wir sie ergreifen.

Zweitens: Berlin ist bereits die weitaus größte deutsche Stadt. Es ist eine Kulturmetropole von hohem Rang und der Sitz vieler Behörden. All das wird zunehmen. Viele Wirtschaftsunternehmen werden nach Berlin zurückkehren. Viele nationale, europäische und internationale Einrichtungen werden und sollen dort ihren Sitz nehmen. Warum sollte es nicht etwa auch der Sitz der KSZE werden? Vor allem kann Berlin eine wichtige Brücke nach Osteuropa sein. Es braucht keine weiteren nationalen Zentralbehörden. Es wird ohnehin allenthalben als die deutsche Hauptstadt angesehen werden und es tatsächlich auch sein. Das braucht nicht ausdrücklich festgelegt zu werden. Keine deutsche Verfassung (wiederum außer in der DDR) hat jemals die Hauptstadt bestimmt. Es war immer der Gesetzgeber, der den Zentralbehörden ihren Sitz zugewiesen hat, und das war, wie wir gesehen haben, niemals ein einziger. Insofern widerspräche es unserer Tradition, nun irgendwo festschreiben zu wollen, Berlin sei die Hauptstadt Deutschlands. Es ist lediglich der Sitz der Verfassungsorgane und der Zentralbehörden zu bestimmen.

Drittens, und dies ist eigentlich mein wichtigstes Argument: Wir sollten Berlin diesen Zuzug ersparen. Die Stadt hat noch viel Grünfläche und vor allem in der bisherigen DDR noch ein weithin verschontes Umland. So verhängnisvoll die Umweltpolitik der DDR war, ein Gutes hat sie gehabt. Der wirtschaftliche Rückstand hat verhindert, daß das Umland von Berlin in gleichem Umfang zersiedelt wurde wie in den westdeutschen und europäischen Großstädten. Dies aber würde mit Sicherheit geschehen,wenn man die Bonner Ministerien mit ihrem Hunderttausendmannheer von Beamten, Angestellten und ihrem Gefolge nach Berlin verpflanzte. Es wäre, kurz und drastisch gesagt, ein ökologischer Unsinn von geradezu katastrophalen Ausmaßen, in Berlin nach den eher abschreckenden Beispielen von Paris oder London einen krakenartigen Wasserkopf entstehen und dafür in Bonn ein dann weitgehend nutzloses Regierungsviertel liegen zu lassen, oder, anders ausgedrückt, Bonn wie eine überflüssige Geisterstadt zurückzulassen und dafür die Berliner Wälder abzuholzen.

Gewiß gibt es sowohl in Bonn wie in Berlin lokale Interessen, die lautstark vorgetragen werden. Es muß deshalb nüchtern abgewogen werden, wer mehr gewinnt oder verliert. Bei objektiver Einschätzung scheint mir am wahrscheinlichsten, daß die Bonner durch den Abzug der Ministerien ebenso verlieren würden wie die Berliner durch den Zuzug. Daß Bonn verlieren würde, ist offensichtlich. Daß das aber auch für Berlin gilt, bedarf einer näheren Begründung. Die meisten Argumente, die für einen Zuzug nach Berlin angeführt werden, gehen an der Sache vorbei. Das gilt zunächst einmal für die emotionalen und die historischen Argumente. Die Frage sollte sachlich entschieden werden und nicht nach Gefühlen, Verdiensten oder Symbolen. Die Bonner haben sich ihre Hauptstadt sowenig verdient wie die Berliner, Symbolcharakter können beide Städte beanspruchen. Mit derlei Argumenten kann man zwar Gefühle anheizen, den Streit aber nicht gerecht und angemessen entscheiden.

Sachlich wird gesagt, in Berlin seien die Hauptstadtgebäude bereits vorhanden. Abgesehen davon, daß das für Bonn auch gilt, sind in Wahrheit jedoch sowohl der Reichstag wie die Volkskammer kaum mehr als ein Plenarsaal, während ein modernes Parlament vor allem Hunderte von Büros für die Abgeordneten braucht. Auch die Gebäude der Ministerien in Ost-Berlin reichen allenfalls für einen 16-Millionen-Kleinstaat. Vor allem aber würde ein Umzug der Ministerien Wohnraum erfordern, und daran mangelt es in Berlin schon jetzt. Das entscheidende Problem sind nicht die Amts-, sondern die Wohngebäude. Sie müßten gebaut werden, und die Berliner sollten sich nicht darüber täuschen, daß dies ihre Umwelt belasten würde. Man könne es, so wird ferner vorgebracht, den Menschen in der bisherigen DDR nicht zumuten, daß Berlin nicht die Hauptstadt, genauer: nicht der Sitz von Bundestag und Bundesregierung würde. Was für einen Gewinn aber hätten sie in Wahrheit davon? Kurzfristig gar keinen, denn der Umzug würde in jedem Falle mehrere Jahre beanspruchen. Wenn sie aber eine Ermutigung brauchen, dann brauchen sie sie jetzt. Im übrigen ist es eine sachfremde Vorstellung, den Regierungssitz zu verlegen, um einem Bevölkerungsteil einen Gefallen zu erweisen. Die Menschen in Ostdeutschland sind befreit worden, sie werden über kurz oder lang den gleichen Wohlstand erreichen wie die Westdeutschen. Sie brauchen den Regierungssitz so wenig, wie die Berliner ihn brauchen.

Geographisch liegen beide Städte ein wenig abseits, die eine etwas zu weit im Westen, die andere zu weit im Osten. Wenn wir auch hier einmal die Symbolik beiseite lassen, zumal da sie für beide ins Feld geführt werden kann, und davon ausgehen, daß wir ja wohl nicht eine dritte Hauptstadt in der Mitte des Landes bauen wollen, dann können wir sagen, daß einige immer etwas weiter werden reisen müssen als andere. Das aber ist bisher auch schon so und unter den modernen Verkehrs- und Kommunikationsbedingungen kein unüberwindliches Hindernis. Bonn, so heißt es weiter mit allerlei abfälligen Untertönen, sei ein Provinznest, Berlin hingegen ein kulturelles Zentrum. Ein Zentrum wie Paris oder London wird es nie werden, Hamburg und München werden immer auch Zentren bleiben. Das macht doch gerade unseren Reichtum aus, daß wir viele Zentren haben. Zweifellos aber ist Berlin das größte von ihnen. Doch warum soll es deswegen Regierungssitz sein? Damit die Abgeordneten ins Museum oder abends ins Theater gehen können? Sie werden in Berlin wie in Bonn ihre Arbeit tun und danach so schnell wie möglich in ihre Wahlkreise fahren. Vielleicht und hoffentlich werden sie auch oft nach Berlin kommen. Nichts spricht ja dagegen, daß der Bundestag und seine Ausschüsse, auch die Fraktionen wie bisher schon und mehr als früher einzelne Sitzungen in Berlin abhalten. Die Bundesversammlung wird den Bundespräsidenten in Berlin wählen können. Das an Quantität und Kosten entscheidende Problem bleiben immer die Ministerien und vor allem der Wohnraum, den sie für die in ihnen tätigen Menschen beanspruchen.

Davon sollte in erster Linie gesprochen werden, nicht gefühlig, sondern sachlich. Bonn würde veröden, und man sollte auch an die Menschen denken, denen man die Umsiedlung zumuten würde. Berlin hingegen wird in jedem Falle wachsen, blühen und gedeihen. Es würde aber wuchern und partiell verdorren, wenn man es überfrachtete. Unsere Umwelt ist ohnehin an der Grenze ihrer Belastbarkeit. Warum sollten wir sie ohne Not noch weiter herausfordern? Deswegen wünsche ich Berlin und den Berlinern, daß sie verschont bleiben möchten von den Lasten der Regierungszentrale, und uns allen, daß wir ein Land werden mit vielen Zentren. Hauptstadt und Regierungssitz müssen nicht am selben Ort sein. Dafür gibt es Vorbilder in anderen Ländern. In der Politik wie im Leben gibt es nicht viele Fragen, die frei entschieden werden können. Hier haben wir einmal die Wahl. Ich schlage vor, daß wir sie gründlich überlegen und dann treffen zugunsten von Bescheidenheit, Sparsamkeit und Vielfalt, von politischem und ökologischem Gleichgewicht und nicht zuletzt zum Wohle von Berlin.

Nur in Berlin werden wir eins

Von Richard von Weizsäcker

Zu den Zierden Deutschlands gehören seine Städte. Unter ihnen ist Berlin weder die älteste noch die schönste. Unerreicht aber ist seine Lebendigkeit. Stets hat es die Chancen zu materieller und geistiger Blüte ebenso entschlossen genutzt, wie es seine Vitalität gerade in Zeiten schwerster Belastung bewiesen hat. Die Stadtgeschichte ist von Weltoffenheit, Toleranz und Liberalität geprägt. Unzählige verfolgte Menschen haben hier eine neue Heimat gefunden. Unsere heutigen Grundsätze von einem freiheitlichen und sozialen Rechtsstaat sind das Ergebnis einer langen und kämpferischen Entwicklung. Sie hat auf Berliner Boden neben schweren Rückschlägen entscheidende Impulse empfangen, durch große Reformer und Pioniere, durch die Kunst und den kritischen Geist, vor allem aber durch den wachen Sinn der Bevölkerung selbst.

Fast auf noch stärkere Weise als früher rückte die Stadt nach dem Zweiten Weltkrieg in den Blickpunkt der Weltöffentlichkeit. Es kam die Leidenszeit der Teilung. So unterschiedlich die Lasten im Osten und im Westen der Stadt auch verteilt waren, so bewährte sich Berlin doch im Geist der Gemeinsamkeit. Für alle Deutschen aber blieb Berlin Unterpfand der Einheit der Nation. Die Mauer, die uns an eine endgültige Spaltung gewöhnen sollte, wurde nur immer stärker der tägliche Beweis unserer Zusammengehörigkeit, sonst hätte es ihrer ja nicht bedurft. Berlin selbst lebte von der Gewißheit, daß die Geschichte weitergehen und eines Tages die Teilung überwunden sein wird.

Nirgends als in Berlin begriffen die Menschen so gut, daß es keine zumutbare Alternative ist, sich entweder für die Freiheit oder für die Einheit zu entscheiden. Die Berliner setzten und vertrauten darauf, daß die Freiheit Maßstab für die Einheit sein muß, daß sie aber auch der Motor dafür sein wird. Als dann am 9. November 1989 die Mauer überwunden wurde, ging das Echo rund um den ganzen Erdball. An diesem Tag, wie vielleicht noch nie zuvor in der Geschichte, nahm buchstäblich die ganze Welt mit freudigem Herzen Anteil am Schicksal der Deutschen und insbesondere der Berliner. Eine geduldige, entbehrungsbereite und tapfere Freiheitsliebe hatte sich durchgesetzt.

Nun stellt die Stadt ihre Einheit wieder her. Im Vordergrund stehen die täglichen, praktischen Probleme der Menschen. Aber alle Fragen der Versorgung und des Verkehrs, der Wohnung, der Beschäftigung und der sozialen Sicherheit sind zentral davon beeinflußt, wie die zukünftige Aufgabe Berlins lautet. Was soll Berlin in Europa, was soll es vor allem in Deutschland selbst sein? Das ist die Kernfrage, die uns alle betrifft. Es ist die Frage nach der Hauptstadt. Klarheit darüber ist geboten. In den goldenen zwanziger Jahren hieß es, das Beste am Berliner Theaterleben sei die Kritik mit ihrer inspirierenden Wirkung für die Bühnen. Politik ist oft nicht so unterhaltsam wie Theater. Aber eine Bühne ist sie, und ihre Qualität bekommt jeder zu spüren. Es kann ihr nur nützen, inmitten des wachen, weltoffenen kritischen Publikums einer Metropole zu leben, anstatt dort, wo sie wirkt, nur sich selbst zu begegnen. Je mehr sie auch im gewöhnlichen Tagesablauf der Gesellschaft im ganzen ausgesetzt ist, desto besser für ihre Maßstäbe. Diese allgemeine Erfahrung gewinnt für uns Deutsche heute eine besondere Bedeutung. Mit der Vereinigung liegt eine Bewährungsprobe vor uns, die von uns allen in Ost und West neues, offenes Denken und Handeln erfordert. Materielle und geistige Aufgaben durchdringen einander wechselseitig.

Wirtschafts-, Sozial- und Umweltunion stehen jetzt mit Recht im Vordergrund. Wir werden sehr rasch auf die Probe gestellt, wie tragfähig unser Föderalismus gesamtstaatlich ist, das heißt, wie gut es gelingen wird, ein dauerndes materielles Gefälle zwischen verschiedenen Regionen zu vermeiden, eine Gefahr, die in manchen anderen europäischen Ländern, selbst ohne die Last einer politischen Teilung, bisher nicht gebannt werden konnte. Für diese Aufgabe ist es erforderlich, daß die Regierenden den ganz unterschiedlichen Realitäten in den beiden Teilen Deutschlands täglich konkret und praktisch begegnen. Erst recht gilt dies für die geistigen Prozesse. Dazu gehört die empfindsame Verarbeitung der Geschichte, zumal der letzten vierzig Jahre, mit ihren gänzlich unterschiedlichen Erfahrungen in Ost und West. Wie wir uns in dieser Aufgabe bewähren, wird wesentlich zur Antwort darauf beitragen, wie gut uns die Vereinigung gelingt und wer wir zusammen sein werden.

Die Lasten waren völlig ungleich verteilt. Jeder hat, so gut er es vermochte, sein Leben geführt. Nichts kann und darf als ungeschehen behandelt oder als vergeblich abgetan werden. Wer meint, vierzig

Jahre für sich oder bei anderen abschütteln zu können, der verleugnet das Leben. Bewunderung oder Vorwürfe über Kreuz sind wenig hilfreich. Dennoch gehören nun unser beider Erfahrungen uns gegenseitig und uns allen gemeinsam in Deutschland. Es ist für unsere Zukunft wichtig, daß sich aus einem so unterschiedlichen Gelingen zweier Vorgeschichten keine Dauerlasten für den einen Teil der Deutschen bilden. Auch im historisch-geistig-moralischen Sinne stimmt die Aussage, daß wir die Teilung nur überwinden, wenn wir teilen lernen. Es dürfen keine inneren Mauern zurückbleiben oder gar neue entstehen.

Deshalb müssen wir uns einander aussetzen, damit wir die Unterschiede besser verstehen. Es ist ganz gewiß keine menschliche und politische Herabsetzung der Bonner Atmosphäre, sondern eine nüchterne Lagebeschreibung, für die niemanden eine Schuld trifft, daß man dort dieser so notwendigen Begegnung zweier Realitäten unvergleichlich viel weiter entzogen ist als in Berlin.

Nirgendwo wurde die Teilung so erlebt wie in Berlin. Nirgends anders begegnen wir heute so nachdrücklich der Aufgabe, die uns die werdende Einheit stellt, nämlich dafür zu sorgen, daß auf die Dauer kein Nebeneinander zweier völlig unterschiedlich belasteter Bevölkerungsteile bestehen bleibt. Nur in Berlin kommen wir wirklich aus beiden Teilen und sind doch eins. Das ist die große Chance für ein gesundes, allmähliches Zusammenwachsen. Die Politik muß es täglich unmittelbar miterleben, denn sie trägt die Verantwortung dafür, daß unsere Vereinigung dauerhaft gelingt. Es mag wichtige äußere Gründe geben, eine Entscheidung für Berlin als Hauptstadt nicht sofort umzusetzen, sondern erst nach einiger Zeit, in ausgewogener Verteilung und schrittweise. Aber das darf unsere Volksvertretung nicht daran hindern, die Entscheidung so bald wie möglich zu treffen. Kleine und große, öffentliche und private Schritte müssen täglich unternommen werden, die im bewußten oder unbewußten Zusammenhang mit der Hauptstadtfrage stehen. Wer immer sie tut, hat Anspruch auf eine verbindliche politische Perspektive. Lediglich gegen die Stimmen der damaligen KPD hatte der Bundestag am 3. November 1949 beschlossen, daß die leitenden Bundesorgane ihren Sitz in die Hauptstadt Deutschlands Berlin verlegen, sobald allgemeine, freie, gleiche, geheime und direkte Wahlen überall durchgeführt sind.

Dieser Beschluß liegt lange zurück. Widerrufen wurde er nie. Sein Inhalt entspricht vielmehr der Haltung, die wir in der Bundesrepublik Deutschland und im ganzen Westen seit mehr als vierzig Jahren vertreten haben. Wir haben es getan, ohne zu wissen, ob es wieder zur deutschen Einheit kommen würde. Und nun, wo sie zu unserer tiefen Freude Wirklichkeit wird, soll nicht mehr stimmen, was alle Deutschen in der DDR ständig von uns gehört und worauf sie vertraut haben? Um der Geltung unser Worte und um unseres eigenen Interesses willen haben wir allen Grund, dieses Vertrauen jetzt zu honorieren. Denn mit Berlin handelt es sich um etwas vom Wertvollsten, was die DDR in die Vereinigung einzubringen hat.

Nach einer vierzigjährigen Trennung ist die werdende Einheit etwas historisch Großes und Neues, zu dem jeder das Seine zum Wohle des Ganzen beitragen soll. In Berlin haben wir, wie nirgends sonst, erfahren, was die Teilung bedeutet. In Berlin erkennen wir, wie nirgends sonst, was die Vereinigung von uns erfordert. Hier ist der Platz für die politisch verantwortliche Führung Deutschlands.

Der Irrtum des Präsidenten — Ein offener Brief

Von Peter Glotz

Sehr geehrter Herr Bundespräsident,

Sie haben sich in einer Rede anläßlich der Verleihung der Ehrenbürgerwürde des ganzen Berlin mit großer Klarheit und großer Wirkung auf die Frage eingelassen, ob Bonn die Hauptstadt unserer zweiten Republik bleiben oder ob Berlin an seine Stelle gesetzt werden sollte. Erinnern Sie sich an den berühmt gewordenen Artikel des Schweizer Publizisten Fritz René Allemann „Bonn ist nicht Weimar", der uns alle so beruhigt hat? Heute müßte man wohl formulieren: „Berlin ist nicht Bonn" — und wäre mit dieser Zeile für viele Millionen Europäer weniger beruhigend.

Ich finde es sehr verständlich, daß Sie sich als früherer Berliner Bürgermeister zur Hauptstadtfrage so dezidiert geäußert haben. Aber das ist gar nicht das Wichtige; verständlich ist vieles. Es ist vor allem Ihr gutes Recht, sich so zu äußern. Mir geht der Versuch, Bundespräsidenten zu würdigen Verkündern von Nichtigkeiten zu verkleinern, schon lange auf die Nerven. Ich wäre für die Volkswahl des Präsidenten; demzufolge auch für größere Kompetenzen. Ihre Rede aus der Berliner Nikolaikirche läßt mich an dieser Überzeugung keine Sekunde zweifeln. Ich finde, man muß Ihre Auffassung ganz und gar respektieren. Ich zolle dieser Rede Respekt, indem ich ihr widerspreche. Ich glaube nämlich, daß sie im Tenor, in der Grundtendenz, im Kern ihrer Argumentation falsch ist.

Dabei kann ich einigen Ihrer Bemerkungen natürlich wieder einmal nicht widerstehen. Sie haben absolut recht, wenn Sie die Berliner gegen den törichten Vorwurf des fortdauernden Wilhelminismus verteidigen. Was konnten die Malocher in Neukölln oder dem Wedding für die forsche Dummheit Wilhelms des II.? Was können die Professoren in Nikolassee, die Durchschnittsverdiener von der Freien Scholle und die Kids von Kreuzberg für die politische Kultur im Schöneberger Rathaus, die nun weiß Gott positiver ist als der Pomp aus der Kaiserzeit? Ja, ich stimme Ihnen zu: „Die Berliner beanspruchen keinen Sonderglorienschein. Aber was auch immer die Deutschen in ihrer jüngeren Geschichte auf sich geladen und erlitten haben — es ist unhistorisch und ungerecht, die Berliner stellvertretend für alle dafür haftbar zu machen."

Und noch etwas hat mir sehr gefallen. Erstens der Satz: „Politik ist oft nicht so unterhaltsam wie Theater." Das denke ich zweimal in der Woche. Und auch das, was Sie anschließend hinzusetzen, kann ich nicht bestreiten: „Aber eine Bühne ist sie" — schreiben Sie — „und ihre Qualität bekommt jeder zu spüren. Es kann ihr nur nützen, inmitten des wachen, weltoffenen, kritischen Publikums einer Metropole zu leben, anstatt dort, wo sie wirkt, nur sich selbst zu begegnen." Ich kann auch das nicht bestreiten: Der Charakter der mittleren Stadt, den Bonn nun einmal trägt, fördert die Abkapselung der politischen Klasse. Ich bin zwar nicht sicher, daß die Kanalarbeiter der Fraktionen in Berlin statt in den „Kessenicher Hof" in die „Schaubühne", in Karoline Müllers Ladengalerie oder zu den hitzigen Debatten in der Freien Universität gehen würden. Aber ich halte es nicht für ausgeschlossen, daß die Weltstadtatmosphäre, die Berlin bald wieder erfassen wird, auch auf Politiker, Diplomaten und Journalisten auf dem Weg der Osmose irgendwie ansteckend wirken könnte. Ich räume ein, daß das ein großer Vorteil wäre.

Aber im übrigen muß ich Ihnen widersprechen. Und da ich ein wenig nervös bin, wenn ich einem Bundespräsidenten widerspreche, wähle ich den Weg des Erstens, Zweitens, Drittens, den ich sonst gar nicht liebe. Das Leben ist so unsystematisch, daß man es vermeiden sollte, in seinen Reden allzu oft den Eindruck von Systematik zu erwecken. Aber heute will ich mich zusammenreißen. Also:

Erstens überzeugt mich Ihr Versuch, die Ängste der Föderalisten zu verscheuchen, ganz und gar nicht. Sie sagen: „Wer meint, nur mit dem kleinen Bonn lebe der Föderalismus fort, während ihm von der Metropole Berlin Gefahr drohe, enthüllt sich als ein Föderalist von höchst dürftigem Selbstbewußtsein." Je nun: Schlimmer als dürftiges Selbstbewußtsein bei dürftiger Lage ist ein allzu großes Selbstbewußtsein, das durch die Fakten nicht gedeckt wäre. Sind Sie wirklich sicher, daß der komplizierte Einigungsprozeß zwischen elf sehr unterschiedlichen Ländern den Bürgern auf die Dauer nicht auf die Nerven gehen wird? Halten Sie die Furcht vieler unserer Ministerpräsidenten, daß das Zusammenwirken von sechzehn Ländern im vereinigten Deutschland (darunter ein paar schwachbrüstige, kaum lebensfähige Länder) zur Zerstörung des Föderalismus führen könnte, für ganz unberechtigt? Und warum ziehen Sie die Geschichte, die Ihnen so gewärtig ist, in diesem Fall eigentlich gar nicht zu Rate? Was nach Bismarcks Reichsgründung passierte, hat der bedeutende Philosoph und Soziologe Helmut Plessner dargestellt. Ich halte es Ihnen entgegen: „Die Residenzstädte hatten ihre Rolle ausgespielt. Dresden und München, Darmstadt und Weimar konnten ihre modernen Ansätze, Brücke und Blauer Reiter, Mathildenhöhe und van de Velde gegen die Anziehungskraft Berliner Möglichkeiten nicht mehr weiter entwickeln.“ Warum ziehen Sie nicht in Erwägung, daß dasselbe demnächst wieder passieren könnte?

Zweitens finde ich die Generalisierungstendenz in Ihrem historischen Urteil befremdlich. „Die“ Stadtgeschichte Berlins, schreiben Sie, sei von Weltoffenheit, Toleranz und Liberalität geprägt. Unzählige verfolgte Menschen hätten hier eine neue Heimat gefunden. Da sprechen Sie vom preußischen Berlin, nicht vom deutschen, nicht von der Stadt nach 1871. Natürlich hatte Berlin beeindruckende Perioden. Ich denke an die Stadt der Aufklärung, die Zitadelle der Vernunft, aber auch an das Forum der zwanziger Jahre, die Metropole des Expressionismus und der Neuen Sachlichkeit. Aber ich denke halt genauso an die gesellschaftliche Labilität des Wilhelminismus, an die Stadt voll protestantischer Staats- und Militärphilosophie (denken Sie an den schrecklichen Fichte 1807/1808), an die Stadt, in der sich *civil society und Staat unversöhnlich gegenüberstanden. Ich hoffe, daß ich für mich sagen darf, daß ich Berlin genauso liebe wie Sie. Aber ich muß eben auch einräumen, daß das Berlin nach 1871 eine — im Gegensatz zu Wien — ethnisch homogene (und auf diese Homogenität auch noch stolze) Metropole war. Im Berlin des späten neunzehnten und frühen zwanzigsten Jahrhunderts wurden die zu Friedrich Wilhelms Zeiten freundlich empfangenen Juden zu der* anderen Nationalität. Die Folgen dieser schlimmen Tendenz haben Sie ja in vielen Reden immer wieder dargestellt und gegeißelt. Dürfen wir diese Ambivalenz verschweigen?

Drittens hadere ich mit Ihrer (ohne Erwägung der Konsequenzen zweifellos richtigen) Feststellung, daß man in Bonn der so notwendigen Begegnung „zweier Realitäten“ — der Realität der DDR und der Bundesrepublik — unvergleichlich viel weiter entzogen sei als in

Berlin. Ich stimme ja zu: Bonn ist eine Stadt der Bundesrepublik, das Berlin ohne Mauer ist eine neue Realität: nicht mehr Frontstadt, nicht mehr Niemandsland, nicht mehr „Freie Stadt", sondern ein höchst spannendes Experiment. Aber täusche ich mich, wenn ich sage, daß allen Romantikern der behutsamen Kommunikation zwischen zwei Identitäten gerade von der erdrückenden Mehrheit der Bürger der DDR eine herbe Absage bereitet worden ist? Dort wollte man doch gerade nicht die „Begegnung zweier Realitäten"; dort wollte man das Bekenntnis zum Westen, zur Marktwirtschaft, zur Bundesrepublik. Die Inkarnation der Bundesrepublik aber ist nicht Berlin, die Inkarnation der Bundesrepublik ist Bonn. Man kann nicht von früh bis spät die Logik des Artikels 23 des Grundgesetzes und damit den Willen zum „Beitritt" zu dieser Republik beschwören, um dann bei einer Frage — der Hauptstadtfrage — die Republik, der man beitreten möchte, popelig zu finden. Es hat zwei Wege gegeben: den des Beitritts und den der behutsamen, lange überlegten, von Konzessionen auf beiden Seiten begleiteten Zusammenfügung. Wenn ich die letzten Monate richtig begriffen habe, hat sich die Mehrheit der Bürger in der DDR für die erste Alternative, für den Beitritt entschieden. Dann aber bitte mit allen Konsequenzen.

Und *viertens* und letztens will ich schließlich noch auf die unwichtigste Frage kommen; auf die 80 Milliarden, die — nach einer Ausrechnung der unbestreitbar seriösen Landesregierung von Nordrhein-Westfalen — der Umzug von Bonn nach Berlin kosten würde. Ich räume ein: Der Senat von Berlin hält die Transaktion für billiger. Aber aus langer föderalistischer Erfahrung halte ich die Rechenkünste der Leute von Rhein und Ruhr für besser als die Rechenkünste der Berliner. Und im übrigen stimme ich Ihnen ja zu: „Wer die Finanzierbarkeit seiner Politik nicht ernst nimmt, der handelt verantwortungslos. Wer sich aber allein von den Kosten für seine politischen Grundsätze leiten läßt, der hat keine." Allein von den Kosten sollten wir uns keineswegs leiten lassen. Aber ich fürchte, ein paar Milliarden hin oder her werden in den nächsten fünf Jahren in Deutschland eine große Rolle spielen. Und was mir an Demokratien immer besonders gefallen hat, war die freche Dreistigkeit der Bürger, die sich nicht scheuten, ihren Oberen die Staatsaktionen auf Heller und Pfennig nachzurechnen.

Soweit meine Gegenargumente. Am Schluß möchte ich mich noch bedanken. Ich teile Ihre Meinung zur Hauptstadtfrage nicht; ich möchte, daß wir bescheiden bleiben, daß wir die Nachbarn möglichst wenig ärgern, daß wir mit *understatement* auftreten. Deswegen bin ich für Bonn. Aber obwohl ich zu einem anderen Ergebnis komme als Sie, bin ich Ihnen dankbar dafür, daß sie das klassisch-konservative Argument gegen Berlin nicht nur nicht gebrauchen, sondern nicht einmal erwähnen. Es ist das Argument Konrad Adenauers. Der hat in seiner ersten politischen Grundsatzrede vor einem großen Publikum in der Aula der halbzerstörten Kölner Universität im Sommer 1949 gesagt: „Deutschland ist eines der religionslosesten und unchristlichsten Völker Europas. Das war es schon vor 1914. Trotzdem die Berliner manche wertvolle Eigenschaften aufweisen, habe ich damals schon immer in Berlin das Gefühl gehabt, in einer heidnischen Stadt zu sein." Ich weiß, daß die CSU heute nicht anders denkt als Adenauer damals; die fürchten sich vor allem vor den respektlosen Intellektuellen Berlins — im westlichen wie im östlichen Teil der Stadt. Und vor den akademischen Arbeitslosen; auch hier vor denen im Westen und denen im Osten. Es ist gut zu wissen, daß wir einen Bundespräsidenten haben, der mit solchen Argumenten nichts, aber auch gar nichts im Sinn hat.

Was Adenauer betrifft, kann ich mir aber ein zweites Zitat nicht verkneifen. Ich entnehme es der Biographie des Bonner Professors Hans-Peter Schwarz. Adenauer, so berichtet Schwarz, habe Jakob Kaiser schon 1949 gesagt, „daß es für den Westen und für den Süden Deutschlands ganz ausgeschlossen sei, daß nach einer Wieder errichtung Deutschlands die politische Zentrale des neuen Deutschlands in Berlin ihren Sitz finde. Dabei sei es ganz gleichgültig, ob und von wem Berlin und der Osten besetzt sei." Ich räume ihnen ein: Öffentlich haben viele Politiker, gleichgültig welcher Partei, das gerade Gegenteil gesagt. Verständlich, daß solche „Versprechen" jetzt eingeklagt werden sollen. Aber sollte man sich nicht trotzdem überlegen, ob der alte Adenauer mit seiner Rücksicht auf Westen und Süden nicht recht hatte? Ich weiß ja, daß ich meiner eigenen Partei in den Rücken falle — aber manchmal habe ich — gerade in den letzten Monaten — den Eindruck, daß Adenauer in den „nationalen" Fragen öfter auf der richtigen Seite war, als uns Sozialdemokraten lieb sein kann.

Ich bitte Sie sehr herzlich, mir meine Widerworte nicht allzu übel zu nehmen. Mit unverminderter, auch ungekünstelter Verehrung bin ich wie immer Ihr ergebener

Peter Glotz

Aus: Neue Gesellschaft/Frankfurter Hefte 8/1990

Lebensfern? Bonn? Irrtum!

Von Thomas Kielinger

Man müßte Richard von Weizsäcker schlecht kennen, wenn man glaubte, ein Mann seines Zuschnitts, mit diesem Willen zur historischen Prägung, würde sich ausgerechnet in einer Frage zurückhalten, die so tief das deutsche Selbstverständnis tangiert wie die Debatte um den Regierungssitz des vereinten Deutschlands. Der Bundespräsident riskiert lieber eine weitere Abkühlung der Beziehungen zum Kanzler, nimmt den Vorwurf auf sich, er habe die Hände der Regierung oder anderer Verfassungsorgane — etwa des Bunderates — gebunden, als daß er schweigt und diese Grundsatzdiskussion an sich vorbeigehen läßt. Im Sinne solcher Entschiedenheit des Einsatzes möchten auch die hier folgenden Zeilen verstanden werden: als Beitrag zu einer noch lange nicht beendeten Partie, deren Ausgang wir erst akzeptieren, wenn der Schlußpfiff ertönt ist.

Wie recht der Präsident und alle Berlin-Befürworter haben, wenn sie an dieser Stadt den Überlebenswillen der Deutschen, ihren Wunsch nach Einheit festmachen! Das ist überhaupt nicht strittig. Nicht umsonst hat die Bundesrepublik Deutschland seit ihrer Gründung mehr als 190 Milliarden DM an Förderungsgeldern Westberlin und seiner Bevölkerung zukommen lassen. Fügt man die verschiedenen Transferleistungen an die alte DDR hinzu, so muß man die Investition in die deutsche Einheit, mit Berlin im Zentrum, weitaus höher ansetzen. Nicht nur die DDR „bringt" also Berlin in die Wiedervereinigung „ein" — es ist auch unser Geschenk, gehört auch zur westdeutschen Mitgift für die gesamtdeutsche Hochzeit. Mit der Hauptstadtfrage aber hat das alles herzlich wenig zu tun. Berlin geht in jedem Fall einer unvergleichlichen Blüte entgegen. Das spürt schon heute jeder Besucher. Das sah unlängst auch Horst Kramp, der Präsident der Industrie- und Handelskammer Berlin, der in einem Vortrag über den „Wirtschaftsstandort Berlin" vorhersagte: „Berlin wird zur wichtigsten Wirtschaftsmetropole zwischen Atlantik und Ural" (zitiert nach „General-Anzeiger" vom 20.6.1990). Ein realistisches Wort, das ohne den Versuch auskommt, die Fragen des Zusammenwachsens Berlins oder der beiden deutschen Territorien unter dem Blickwinkel der Hauptstadtdiskussion abzuhandeln. Die Chance der allmählichen Durchdringung der einst geteilten Hälften von einer Berlin-Lösung als *conditio sine qua non* abhängig zu machen — käme das nicht fast einer Geiselnahme der deutschen Geschichte gleich? Wir halten daher jene herzbewegenden Passagen in der Rede des Präsidenten, wo er vor den Folgen einer Nicht-Verlagerung des Regierungssitzes nach Berlin warnt, für nicht durch die Realität und ihre normative Kraft gedeckt. Soziale Probleme, Wirtschaftsgefälle, Ungleichgewicht zwischen den Regionen, wie man es in anderen Ländern Europas erleben könne — unterschätzt diese dunkle Prophetie nicht die große Wirtschaftsdynamik der Deutschen, ihren Erfolgswillen gegenüber allen zukünftigen Hürden? Diese Gesellschaft hat eine solche Anpassungsfähigkeit und Mobilität erreicht, daß es schwerfällt, zu glauben, zur weiteren Blüte und Entfaltung bedürfe es nun der Entscheidung für Berlin als Regierungszentrale. Das könnten und würden umgekehrt auch nicht die Bonn-Befürworter sagen. Das Verschmelzen der Deutschen geschieht eh.

Zu viel in dem Berlin-Plädoyer des Präsidenten klingt daher nach pädagogischer Überanstrengung des Begriffs. In Berlin soll die deutsche Politik „der Gesellschaft im ganzen ausgesetzt“ sein; „täglich konkret und praktisch begegnen“ sollten die Regierenden in Berlin den unterschiedlichen deutschen Realitäten; in Bonn sei man ja „dieser so notwenigen Begegnung zweier Realitäten unvergleichlich viel weiter entzogen als in Berlin“.

So? Wo ist denn das Tempo der deutschen Einheit, die Unvermeidbarkeit dieses Pozesses als erstes begriffen worden? In Bonn, wo man den Realitäten dieser Welt so weit entzogen ist. Wo ist die Währungsunion, die Sozialunion, der „Deutschland-Fonds“ von 115 Milliarden DM ausgearbeitet, konzipiert worden, damit eben kein Gefälle sich einzurichten beginnt zwischen den beiden deutschen Gebieten? In Bonn, mit seiner bekannten Entzogenheit von den Realitäten des Lebens. Wo wurde nach 1949 der Grundstein gelegt zu einem einzigartigen Wiederaufbau der deutschen Politik, mit ihrer beträchtlichen Entfaltung in Europa und Übersee? In Bonn, der von den Realitäten diese Welt so unvergleichlich weit entzogenen Regierungszentrale. Und wo wurde der Sozialstaat ausgefeilt, mit seinem weltweit beneideten Niveau an Gerechtigkeit? In Bonn, dieser Käseglocke mit dem berühmten Berührungsverlust zur realen Welt. Viele Befürworter der Regierungszentrale Berlin — sicherlich nicht der Bundespräsident — verwechseln ihr ästhetisches

Bedürfnis nach Kulisse, Pracht und Prunk mit der Substanz der Frage selber. Sie dichten Berlin magische politische Kräfte zu, womit sie die Rolle Bonns unter- und ihre eigene Sehnsucht nach „Größe“ überbewerten. Sie stoßen damit die große Mehrheit der nachgewachsenen Generation ab, die sich von der Idee nationaler Versammlung an einem bestimmten Ort längst verabschiedet und die Wahrheit der deutschen europäischen Einbettung tief in sich aufgenommen hat. Diese Grundorientierung der Nachwachsenden — die Politik hat sie ihr lange genug eingebläut — muß in ihrem Realitätsgehalt weitaus ernster genommen werden als eine nicht zu Ende gedachte nationale Nostalgie.

Der Jugend imponiert das Argument der „Provinzialität“ der mit Bonn assoziierten politischen Kultur ohnehin nicht; denn unter solcher „Provinzialität“ ist diese Jugend zu einem mit sich und der Welt ausgesöhntem Bewußtsein herangewachsen, an das auch das andere Deutschland bald anknüpfen wird. Berlin dagegen mit sämtlichen Funktionen der nationalen Politik auszustopfen hieße, sich erneut deutscher Wichtigtuerei anheimzugeben. Die Internationalität, die mit dem „System Bonn“ eintrat, würde von deutscher Nabelschau überlagert — welch ein Tausch! Das hat Deutschland, haben seine Bewohner, haben auch die Berliner nicht mehr nötig. Mögen London und Paris mächtige Zentralen bleiben — mächtig an politischer Befangenheit. Wollen wir das Rad unserer Geschichte zurückdrehen?

Die Frage Berlin sollte man daher auch nicht als eine Frage des Vertrauens der DDR-Bürger „in unser Wort“ deuten. Nicht für Berlin als Regierungssitz haben die Deutschen drüben revoltiert, sondern für die Freiheit und die Selbstbestimmung. Berlin verliert nichts, wenn es neben der kommenden Ausstrahlung als einer europäischen Metropole von überragendem Rang nicht auch noch die Funktion der nationalen Exekutive erhält. Aber Deutschland würde sich Gewalt antun, wenn es seine neue Entfaltung mit dem Herausreißen einer in 40 Jahren gewachsenen und bewährten Stabilität zelebrierte.

In: Rheinischer Merkur/Christ und Welt vom 6. Juli 1990

Nur keine Neuauflage preußisch-deutscher Mystik!

Von Horst Ehmke

In der Hauptstadt-Diskussion der letzten Monate begann sich ein Konsens dahin zu bilden, daß wir die Frage ausdiskutieren sollten, statt sie übers Knie zu brechen. Der auch von mir unterstützte Vorschlag, im vereinten Deutschland Berlin zur repräsentativen Hauptstadt mit dem Sitz des Bundespräsidenten und des Bundesrates zu bestimmen, Sitz von Parlament und Regierung aber in Bonn zu belassen, gewann mehr und mehr Zustimmung. Diesen Prozeß der Konsensbildung hat Richard von Weizsäcker unterbrochen. Er machte die Verleihung der Ehrenbürgerschaft des noch geteilten Berlins an ihn zur Gelegenheit, ein massives Votum für Berlin auch als Sitz von Parlament und Regierung abzugeben. Er hat sich damit ins öffentliche Gemenge begeben und muß es daher ertragen, daß ihm auch öffentlich geantwortet wird.

In Richard von Weizsäckers Rede zu Berlin ist von der Sensibilität und Ausgewogenheit, die seine großen Reden ausgezeichnet haben, wenig zu finden. Die Rede wirkt, mit Ausnahme einer schönen Liebeserklärung an Berlin, in jeder Hinsicht forciert: hinsichtlich ihres Stils ebenso wie hinsichtlich ihres Zeitpunktes und auch in der Begründung des Votums selbst. Die Erklärung kann nur als Versuch verstanden werden, die allein dem gesamtdeutschen Parlament und dem gesamtdeutschen Bundesrat zustehende Entscheidung der Hauptstadtfrage durch eine präsidiale Verlautbarung zu präjudizieren. Das halte ich vom politischen Stil her für ebensowenig zulässig wie eine Präjudizierung durch einen Zweiten Staatsvertrag mit der DDR oder eine mit diesem verbundene Entschließung des auslaufenden Bundestages, durch die nicht nur das gesamtdeutsche Parlament präjudiziert, sondern auch der Bundesrat ausgeschlossen würde.

Der gewählte Zeitpunkt der Weizsäcker-Rede ist geeignet, die Hauptstadtfrage zum Wahlkampfthema zu machen. Das wird kaum zu ihrer Versachlichung beitragen. Dabei haben wir doch ausreichend Zeit: Kein politisch Verantwortlicher darf doch daran denken, die Hauptstadt eines vereinten Deutschlands in eine Stadt zu legen, die noch unter dem Vorbehalt der Siegermächte steht und noch von den in der DDR stationierten sowjetischen Truppen umgeben ist. Das Argument schließlich, man müsse der betroffenen Menschen wegen schnell entscheiden, ist fadenscheinig. Die Betroffenen wollen vor allem, daß vernünftig entschieden wird, und das heißt, daß nicht Zehntausende von Familien von Bonn nach Berlin und — bei einem Austausch von Bundeseinrichtungen zwischen Bonn und Berlin — auch von Berlin nach Bonn umsiedeln müssen.

Am erstaunlichsten ist aber das Votum für Berlin selbst, das in dem Satz gipfelt: „Hier ist der Ort für die politisch verantwortliche Führung Deutschlands.“ Diese Sprache überrascht bei Richard von Weizsäcker. Was soll der Satz eigentlich bedeuten: einen Präsidialerlaß, eine Beschwörung oder eine Tatsachen-Behauptung? Wann ist denn Deutschland von Berlin aus politisch verantwortlich regiert worden? Die Antwort muß leider lauten: selten oder nie.

Bismarck, der Europa den verspäteten deutschen Nationalstaat durch „Blut und Eisen“ abtrotzte, war innenpolitisch so kurzsichtig, die Einheitsfrage im Interesse konservativer Machterhaltung zur Spaltung zu benutzen: Die Polen, die Katholiken und die Sozialdemokraten wurden zu Reichsfeinden erklärt. So trug das Kaiserreich, das auf vielen anderen Gebieten Großes hervorgebracht hat, den politischen Todeskeim schon in sich, bevor noch der bramarbasierende Wilhelminismus es in den Ersten Weltkrieg und in die Niederlage schliddern ließ. Die Weimarer Republik, der erste große Versuch einer deutschen Demokratie, zerbrach am Haß und der Feindschaft der konservativen Kräfte, die für das Scheitern des Kaiserreiches verantwortlich gewesen waren. Die Weimarer Demokratie starb aber auch an der Indifferenz des deutschen Bürgertums, das Bismarck — so Max Webers bekannte Klage — ohne politische Erziehung gelassen hatte. Über die Verbrechen des Nazi-Regimes hat Richard von Weizsäcker in seiner großen Rede vom 8. Mai 1985 alles Erforderliche gesagt. Auch in der Beurteilung des Ost-Berliner SED-Regimes sind wir einig.

Politisch verantwortliche Regierung für Deutschland nur in Berlin? Warum soll Deutschland nur in Berlin, warum soll Deutschland denn nicht auch von Frankfurt, Weimar oder Bonn aus verantwortlich regiert werden können? Was soll diese Neuauflage preußisch-deutscher Mystik? Daß die preußische Hauptstadt 1871 Hauptstadt des Reiches wurde, entsprang übrigens weder dem Willen der deutschen Fürsten noch gar dem der demokratischen Nationalbewegung. Es entsprang allein dem Willen Bismarcks.

Auf diesem historischen Hintergrund ist es aber fragwürdig, zu behaupten, Berlin müsse wieder Hauptstadt, einschließlich Regierungs- und Parlamentssitz werden, weil es Hauptstadt des ersten deutschen Nationalstaates war. Ich dachte, wir wären uns alle darin einig, daß wir weder ein neues Deutsches Reich, noch auch nur einen neuen Nationalstaat wollen, daß ein vereintes Deutschland viel mehr als gleichberechtigtes Glied eines vereinten Europas dem Frieden der Welt dienen soll. Warum dann Berlin als alte nationalstaatliche Hauptstadt restaurieren? Müßte dies nicht die verhängnisvolle Tendenz verstärken, im heutigen Einigungsprozeß Fehler des ersten deutschen Einigungsprozesses zu wiederholen und damit die innere Einheit erneut zu verfehlen?

Mit Berlin als alt/neuer Nationalhauptstadt wäre die Umwertung der großen historischen Ereignisse dieser Jahre komplett: Eine Freiheitsbewegung, die zu unserer Freude mit der Teilung Europas auch Deutschlands Teilung aufgehoben hat, wird umfunktioniert in einen nationalen Einigungsprozeß mit demokratischen und europäischen Aspekten. Richard von Weizsäcker weist, wie andere vor ihm, auf die Bedeutung einer Hauptstadt Berlin für die „Identität" der Bürger der früheren DDR hin. Ich halte das Argument schon angesichts von vierzig Jahren Ost-Berliner SED-Regime für zwiespältig. Wieviel positive Symbolkraft Berlin als Hauptstadt aber auch immer haben mag: Sie hängt nicht davon ab, daß im vereinten Deutschland auch Parlament und Regierung nach Berlin gehen. Der Bundespräsident wird in Berlin residieren. Die west- und ostdeutschen Länder werden sich in Berlin im Bundesrat treffen, der Bundestag wird bei bedeutenden Anlässen in Berlin zusammentreten. Mit der gesamtdeutschen Realität werden wir nicht nur in Berlin, sondern in ganz Deutschland konfrontiert sein.

Der DDR-Ministerpräsident de Maizière, einer der eifrigsten Berlin-Befürworter, hat die Hauptstadtfrage in den größeren Zusammenhang eines vereinten Deutschland gestellt, das „östlicher und protestantischer" sein werde. Das stimmt tendenziell. Nur sollte Herr de Maizière nicht vergessen, daß der demokratische Erfolg der Bundesrepublik ein westdeutscher Erfolg ist, und daß wir für die allmähliche Demokratisierung der DDR nach 57 Jahren Diktatur die Kraft der westdeutschen Demokratie noch sehr brauchen werden. Als ostdeutscher Protestant, der das katholische Rheinland kennen- und schätzengelernt hat, kann ich im übrigen nur sagen: Wenn wir nicht nur äußere, sondern auch innere Einheit erreichen wollen, laßt uns um Gottes Willen nicht noch einmal den preußischen Protestantismus gegen den süd- und westdeutschen Katholizismus ausspielen oder umgekehrt.

Der Vorschlag, die Hauptstadt-Funktionen zwischen Bonn und Berlin zu teilen, wird dieser Notwendigkeit, innere Einheit zu finden, gerecht. Auf diesem politisch-geistesgeschichtlichen Hintergrund muß auch das föderalistische Plädoyer für Bonn als Parlaments- und Regierungssitz verstanden werden, zu dem sich die Ministerpräsidenten von Nordrhein-Westfalen, Hessen und Bayern parteiübergreifend zusammengefunden haben. Strukturpolitische Argumente kommen zu dieser politischen Grundsatzposition hinzu.

Zum Schluß ein Wort zu den Kosten. Richard von Weizsäcker beantwortet die Kostenfrage mit dem Hinweis auf die großen Aufgaben, vor die uns die Geschichte heute stelle, und mit dem lakonischen Hinweis, keine Lösung sei kostenlos. Das will mir etwas dürftig erscheinen. Ich habe in langen Jahren schmerzlich gelernt, wie schwer es in unserem reichen Lande ist, genügend Mittel etwa für die Drogen- oder die Aids-Hilfe zusammenzubringen, von der Unterstützung der Dritten Welt ganz zu schweigen.

Für die deutsche Einheit gilt das offensichtlich nicht. Ihre Kosten werden von der Bundesregierung, die den kostspieligsten Weg zur Einheit gewählt hat, systematisch bagatellisiert, um vor den Wahlen nicht über die Kostenverteilung Rechenschaft geben zu müssen. Wer die Kosten letztendlich zu tragen haben wird, liegt allerdings für den gesunden Menschenverstand auf der Hand; die westdeutschen Steuerzahler. Und jetzt soll es auch auf 60 bis 80 Milliarden Umzugskosten von Bonn nach Berlin und eventuell auch von Berlin nach Bonn nicht ankommen? Auch insoweit: Widerspruch, Euer Ehren.

Erschienen im Generalanzeiger am 11. Juli 1990

Aus rechtlicher Sicht sieht vieles anders aus

Von Markus Heintzen

Das Grundgesetz meidet den Begriff „Hauptstadt“ und verwandte Formulierungen wie „Regierungssitz“ oder „Sitz der Bundesregierung“. Es enthält weder eine Festlegung auf Bonn noch ein Bekenntnis zu Berlin. Als wichtigste Ursache für die Enthaltsamkeit des Verfassungstextes gilt die besondere Lage, in der sich Deutschland und die neu gegründete Bundesrepublik 1949 befunden haben. Ein Blick in die deutsche Verfassungslandschaft zeigt jedoch, daß deutsche Verfassungen auch ohne solchen Zwang gegenüber dem Regelungsthema „Hauptstadt“ eher zurückhaltend waren und sind.

Die Weimarer Reichsverfassung gebraucht den Begriff nur einmal und eher beiläufig. In Art. 71 heißt es: „Reichsgesetze treten ... mit dem vierzehnten Tage nach Ablauf des Tages in Kraft, an dem das Reichs-Gesetzblatt in der Reichshauptstadt ausgegeben worden ist.“ Es wird nicht gesagt, welche Stadt Reichshauptstadt sein soll. Das war in der Bismarckschen Reichsverfassung vom 16. April 1871 noch anders. Auch sie erwähnt die Hauptstadt nur als Erscheinungsort des Reichsgesetzblattes. Art 2 Satz 3 der Reichsverfassung von 1871 lautet aber: „Sofern nicht in dem publizierten Gesetze ein anderer Anfangstermin seiner verbindlichen Kraft bestimmt ist, beginnt die letztere mit dem vierzehnten Tage nach dem Ablauf desjenigen Tages, an welchem das betreffende Stück des Reichsgesetzblattes in Berlin ausgegeben worden ist.“ Der Weimarer Verfassungsgeber hat die Bestimmung der Bismarck-Verfassung also mit der einen Ausnahme übernommen, daß „Berlin“ durch „Reichshauptstadt“ ersetzt worden ist. Die Weimarer Staatsrechtslehre hat diese Änderung, gestützt auch auf Materialien der Nationalversammlung, als Absage an eine verfassungskräftige Festschreibung der Hauptstadtrolle Berlins aufgefaßt.[1)]

Die Paulskirchenverfassung, die erste freiheitliche Verfassung für Gesamtdeutschland, hat einen besonderen Erkenntniswert für die aktuelle Hauptstadtfrage. Denn in zwei für diese Frage wichtigen Punkten ist sie den Verhältnissen in einem wiedervereinigten Deutschland gemäßer als die Verfassung des Bismarckreiches: Sie ist föderalistischer[2)], und sie ist nicht die Resultante preußischer

Machtpolitik. Gemäß § 71 Abs. 3 der Paulskirchenverfassung bleiben die Bestimmungen über den Sitz der Reichsregierung, der zugleich Versammlungsort des Reichstags ist, einem Reichsgesetz vorbehalten. Die Entscheidung für eine bestimmte Stadt wird damit in das Ermessen des Gesetzgebers gestellt; sie ist prinzipiell offen. Daß an Berlin als Sitz der Reichsregierung nicht gedacht war, ergibt sich aber aus zwei anderen Bestimmungen. § 71 Abs. 1 Satz 2 ordnet an, daß der Kaiser wenigstens während der Dauer des Reichstages am Sitz der Reichsregierung bleibend residieren werde; § 71 Abs. 2 ergänzt, daß, sooft sich der Kaiser nicht am Sitz der Reichsregierung befinde, einer der Reichsminister in seiner unmittelbaren Umgebung sein müsse. Vor dem Hintergrund, daß der preußische König deutscher Kaiser werden sollte, kann man diese beiden Regelungen nur als konkludente Absage an eine Reichshauptstadt Berlin deuten. Diese Interpretation läßt sich anhand der Materialien der Paulskirchen-Versammlung belegen: „In unserem aus so verschiedenen Staaten bestehenden Deutschland wird sich unter der Form des Bundesstaates der durch Erfahrung von Nord-Amerika nachgewiesene Vortheil bewähren, daß, während bei den größeren Staaten der Sitz der Regierung gleichsam die Hauptsache ist, und die entfernteren Provinzen verlassen sind, während der Geist der Centralisation die unzerstörbar wirkenden localen Elemente zu vernichten droht, und daher wie in Frankreich beständiges Ankämpfen gegen den übermächtigen Mittelpunkt erzeugt; in einem Bunde verschiedener Staaten dagegen jeder Einzelstaat ein kleiner Mittelpunkt der Cultur, der Wissenschaft und Kunst ist; und während den localen Bedürfnissen Rechnung getragen werden kann, geht zugleich die Verbesserung an die kleinsten Einzelheiten, bei dem Bürger wächst die Lust, Opfer für die nächste Heimath zu bringen, und entfaltet sich bei rascher Bewegung mehr Lebensfähigkeit in allen kleinen Kreisen, mehr Genuß der Freiheit und leichterer Widerstand; und so macht sich ein Wettkampf der Einzelstaaten geltend in Verbesserung, Bildung, Sorge für Localinteressen innerhalb weiser, durch die Macht der Bundesgewalt und Verwirklichung der Gesamtinteressen gezogener Schranken." Das Zitat entspringt nicht irgendeinem Diskussionsbeitrag eines Deputierten. Es stammt aus den Motiven, die die Abgeordneten Mittermaier und Droysen als Berichterstatter des Verfassungsausschusses dessen Verfassungsentwurf beigefügt haben.[3)]

In den Verfassungen der deutschen Bundesländer kommt das Wort „Landeshauptstadt“ nicht vor. Die Festlegung auf eine bestimmte Stadt wird durchgängig vermieden. Nur der Staatsgerichtshof des Landes erhält zuweilen einen bestimmten Sitzort zugewiesen, der aber nicht notwendig die Hauptstadt sein muß.[4] Einige Verfassungen ordnen an, daß der Landtag am Sitz der Landesregierung zusammentritt, bestimmen aber nicht, wo die Landesregierung ihren Sitz hat.[5] In manchen Ländern ist die Zurückhaltung des Verfassungsgebers verständlich. Da mehrere Städte sich um den Status der Landeshauptstadt stritten, so in Hessen Darmstadt, Frankfurt, Kassel und Wiesbaden, in Rheinland-Pfalz Koblenz und Mainz, in Schleswig-Holstein Kiel und Schleswig, erschien eine definitive Regelung in der Verfassung nicht opportun; die nötigen Mehrheiten wären vielleicht auch nicht zusammengekommen. Zumindest im Fall von München hilft diese Erklärung aber nicht weiter. Den negativen Befund wird man daher auch im Sinne einer gewissen Vorsicht der Verfassunggeber gegenüber Festlegungen in der Hauptstadtfrage deuten müssen.

Klare Aussagen zur Hauptstadtfrage enthalten dagegen die alten Verfassungen der DDR. Sowohl die Verfassung von 1949 (Art. 2 Abs. 2) als auch die Verfassung von 1968/74 (Art. 1 Abs. 2) bestimmen Berlin zur Hauptstadt, und zwar die erste Verfassung in gesamtdeutscher Absicht zur Hauptstadt der Republik, ihre Nachfolger zur Hauptstadt der Deutschen Demokratischen Republik. Unterschwellig und in langfristiger Perspektive statuiert allerdings auch in Art.1 Abs. 2 der Verfassung von 1968/74 einen sozialistisch eingefärbten gesamtdeutschen Hauptstadtanspruch für Berlin.[6] Für den Wiedervereinigungsprozeß kommt dieser Vorschrift rechtlich keine Bedeutung zu. Sie wird spätestens mit dem Beitritt der DDR zur Bundesrepublik gemäß Art. 23 Satz 2 GG absolet, weil mit diesem Akt der Staat, auf den sie allein bezogen ist, die Deutsche Demokratische Republik, untergeht. Es ist nicht möglich, Art. 1 Abs. 2 der DDR-Verfassung von 1968/74 im Sinne einer Verpflichtung der derzeitigen DDR-Regierung zu verstehen, dafür einzutreten, daß Berlin die Hauptstadt eines wiedervereinigten Deutschlands werde. Abgesehen davon, daß die Verfassung des SED-Regimes mit der Revolution vom November 1989 ihre Gültigkeit insgesamt verloren hat, wäre es widersprüchlich, ja absurd, einzelne Bestimmungen dieser Verfassung, die sich bewußt zur Zweistaatlichkeit bekennt und aus der die Vorstellung von der Einheit der deutschen Nation 1974 vollständig eliminiert worden ist, nun plötzlich gesamtdeutsch umzuinterpretieren. Die jetzige DDR-Regierung wird von dem für ihr Handeln geltenden DDR-Recht folglich nicht gehindert, einer gesamtdeutschen Hauptstadt Bonn zuzustimmen. Bisher haben die beiden deutschen Staaten in ihrem gegenseitigen Verhältnis — vor der Vereinigung — die Hauptstadtfrage gemieden. Art. 8 Abs. 1 Satz 2 des Grundlagenvertrages bestimmt, daß die Ständigen Vertretungen „am Sitz der jeweiligen Regierung“ errichtet werden.[7)]

Wechselt man — innerhalb der Bundesrepublik Deutschland — von der Ebene des Verfassungsrechts auf die Ebene des Gesetzesrechts, so ändert sich an dem dürftigen Befund nur wenig. Das Hauptstadtgesetz, das in der Rechtswissenschaft sub specie Verbandskompetenz (ungeschriebene Gesetzgebungskompetenz des Bundes für die Bundeshauptstadt kraft Natur der Sache) und Organkompetenz (Organisationsgewalt der einzelnen Verfassungsorgane, insbesondere der Regierung versus Zugriffsrecht des Parlaments) reges Interesse findet, gibt es weder im Bund noch in einem Bundesland. Soweit der Gesetzgeber den Hauptstadtbegriff rezipiert, setzt er den Hauptstadtstatus als anderweit begründet voraus und schreibt ihn nicht selbst konstitutiv fest. Beispiele für Regelungen, die an die von den obersten Staatsorganen aufgrund ihrer Organisationsgewalt getroffene Hauptstadtwahl anknüpfen, liefern das Bannmeilenrecht und das kommunale Namensrecht. Weiteres Anschauungsmaterial findet man in Planungs- und Neugliederungsgesetzen.

Die Stadt Bonn wird weder vom Bundes- noch vom nordrhein-westfälischen Landesgesetzgeber mit der Bezeichnung „Bundeshauptstadt“ bedacht. § 1 Abs. 1 Satz 2 des Gesetzes zur kommunalen Neugliederung des Raumes Bonn vom 10. 6. 1969 bestimmt: „Die Stadt erhält den Namen Bonn.“[8)] Eine aufgrund von § 53 des Städtebauförderungsgesetzes erlassene Verordnung des Landes Nordrhein-Westfalen ist überschrieben mit „Verordnung über die Festlegung des städtebaulichen Entwicklungsbereichs Bonn — Parlaments- und Regierungsviertel“.[9)] Andere Bezeichnungen als die Bezeichnung „Stadt“ wurden schon nach der nordrhein-westfälischen Gemeindeordnung vom 28. 10. 1952 nicht mehr verliehen.[10)] Zwar dürfen überkommene Bezeichnungen weitergeführt werden, wozu man auch die Bezeichnung „Landeshauptstadt" rechnet, die die Stadt Düsseldorf als Namenszusatz führt.[11] Da die Bezeichnung „Bundeshauptstadt" sich für Bonn aber erst in den 70er Jahren eingebürgert hat, kann die Stadt sich auf Bestandsschutz nicht berufen. Zudem ist fraglich, ob das Land Nordrhein-Westfalen im Rahmen seiner Kompetenz für das kommunale Namensrecht der Stadt Bonn die Bezeichnung „Bundeshauptstadt" überhaupt verleihen darf. Eine bundesgesetzliche Regelung der Namensfrage existiert nicht. § 1 Satz 1 des Bannmeilengesetzes des Bundes spricht von dem „Gebiet der Städte Bonn und Beuel", ist also noch nicht einmal auf dem Stand der kommunalen Neugliederung. Inzwischen wird Bonn freilich nicht mehr nur als vorläufiger Sitz der Bundesregierung angesehen[12], sondern als „Bundeshauptstadt" oder „Hauptstadt der Bundesrepublik Deutschland", so in dem sogenannten „Bonn-Vertrag", der 1970 erstmals auf 10 Jahre abgeschlossen und 1980 und 1990 jeweils um 10 Jahre verlängert wurde und der der Stadt Bonn auf der Grundlage von Art. 106 Abs. 8 GG einen finanziellen Ausgleich für die Sonderbelastung gewährt, die sie als Bundeshauptstadt zu tragen hat[13], ferner in zahlreichen Regierungserklärungen der Bundeskanzler Brandt, Schmidt und Kohl.[14] Das Beiwort „vorläufig" ist allmählich in den Hintergrund getreten.

Zu einer objektiv rechtsverbindlichen Festlegung auf Bonn als Bundeshauptstadt ist es zwar nicht gekommen.[15] Einen Rechtssatz, der besagt, daß Bonn nicht mehr als ein Provisorium sei, gibt es aber auch nicht. Die Berlin-Befürworter machen es sich zu leicht, wenn sie nur auf solche amtlichen Verlautbarungen des Bundes hinweisen, die den Hauptstadtanspruch Berlins bekräftigen. Spätestens seit Beginn der 70er Jahre war die Haltung des Bundes in der Hauptstadtfrage in Wahrheit zweideutig. Das Bekenntnis zu Berlin wurde nie widerrufen; gleichzeitig hat der Bund sich aber für Bonn als nicht mehr bloß vorläufigen Regierungssitz entschieden und den Ausbau der Stadt zügig vorangetrieben. Gerade in den letzten Jahren hat der Bund in Bonn eine Vielzahl hauptstädtischer Bauaktivitäten entfaltet. Einige Bauvorhaben sind noch nicht abgeschlossen, so der Neubau des Plenarsaales des Deutschen Bundestages, der Bau eines Hauses der Geschichte und einer Kunst- und Ausstellungshalle, andere wurden gerade in Angriff genommen, so ein Erweiterungsbau für die Bundestagsverwaltung und die städtebauliche Aufwertung der Verbindungsstraße zwischen Bonn und Bad Godesberg („Diplomaten-Rennbahn"). Der Versuch, diese Bauten zu stoppen, ist abgewiesen worden. Jede Entscheidung in der Hauptstadtfrage ist daher in gewisser Hinsicht inkonsequent: Die Entscheidung für Bonn ist mit den programmatischen Erklärungen über die Hauptstadtfunktion Berlins unvereinbar, und die Entscheidung für Berlin steht im Widerspruch zu den Realitäten, die mit dem Ausbau Bonns zur Bundeshauptstadt geschaffen worden sind. Im übrigen sollte darauf hingewiesen werden dürfen, daß bis kurz vor Öffnung des Eisernen Vorhangs das Bekenntnis zu Berlin als Hauptstadt von vielen als formelhaftes Ritual angesehen wurde. Die Wiedervereinigung entwertet die Argumente, die zu einer solchen Einschätzung geführt haben, keineswegs vollständig. Die aufgezeigten Inkonsequenzen haben freilich keine juristische Qualität; sie betreffen politische Planungen und Proklamationen, die jederzeit geändert und widerrufen werden können und deren Fortbestand deswegen kein Gegenstand schutzwürdigen Vertrauens sein kann.

Der Hauptstadtanspruch Berlins ist nirgends rechtsverbindlich fixiert, sieht man von der Präambel der Verfassung von Berlin, die rechtliche Wirkung aber nur im Binnenbereich dieses Landes zeitigen kann. Wohl gibt es zur künftigen Hauptstadtstellung Berlins in einem wiedervereinigten Deutschland einige programmatische, über den jeweiligen Rechtsgehalt hinausweisende Äußerungen des Gesetzgebers. Die Bundesbank nimmt nach § 2 Satz 3 des Bundesbankgesetzes ihren Sitz am Sitz der Bundesregierung und, solange sich dieser nicht in Berlin befindet, in Frankfurt am Main. Die Vorschrift bestimmt Berlin nicht zur Hauptstadt. Sie verpflichtet den Bund auch nicht, darauf hinzuwirken, daß Berlin Sitz der Bundesregierung wird. Solches anzuordnen kann nicht die Aufgabe des Organisationsstatus der Notenbank sein. Die rechtliche Aussage des § 2 Satz 3 BBankG erschöpft sich in der Bestimmung des Sitzes der Bundesbank, wobei die Norm an die anderweit zu treffende Hauptstadtentscheidung auf ihrer Tatbestands-, nicht auf ihrer Rechtsfolgenseite anknüpft.[16)] Die mittelbare Aussage über die künftige Hauptstadtrolle Berlins, die die Vorschrift enthält, ist eine programmatische Erklärung des historischen Gesetzgebers ohne verpflichtende Kraft, die ihre Erledigung auch in einem politischen, nicht notwendig in einem juristischen actus contrarius finden kann. Ähnliches wird man für § 16 Abs. 2 des 3. Überleitungsgesetzes sagen müssen: „Die Bundeshilfe (für Berlin; der Verf.) ... soll so bemessen sein, daß das Land Berlin befähigt wird, die durch seine besondere Lage bedingten Ausgaben zur wirtschaftlichen und sozialen Sicherung seiner Bevölkerung zu leisten und seine Aufgaben als Hauptstadt eines geeinten Deutschlands zu erfüllen." In der ursprünglichen Fassung des Gesetzes war von der künftigen Hauptstadtfunktion Berlins noch nicht die Rede.[17)] § 16 Abs. 2 ist nachträglich am 11. 5. 1956 geändert worden[18)], also in der Phase einer vom Unbehagen an Adenauers Politik der Westintegration gespeisten Berlin-Euphorie, auf die mit der Berlin-Krise 1958/59 die Ernüchterung folgte.[19)] § 16 Abs. 2 des 3. Überleitungsgesetzes ist im Hinblick auf die Hauptstadtrolle Berlins Programmsatz. Soweit die Norm dem Land Berlin schon vor einer Wiedervereinigung Haupstadtfunktion zuweist, steht sie im Widerspruch zur Realität. Berlin ist derzeit mangels ständiger Präsenz oberster Staatsorgane nicht Hauptstadt und darf es aus besatzungsrechtlichen Gründen nicht sein.[20)] Es ist auch nicht erkennbar, welche vom Bund zu ersetzenden Kosten Berlin aus einer solchen Hauptstadtfunktion erwachsen sollen. Daß § 16 Abs. 2 des 3. Überleitungsgesetzes Programmsatz ist, soweit er die Hauptstadtrolle Berlins betrifft, zeigt sich schon an der wenig durchdachten Formulierung: Hauptstadt können allenfalls die Stadt, nicht aber das Land Berlin sein. Soweit das 3. Überleitungsgesetz Berlin eine Hauptstadtfunktion für die Zeit nach einer Wiedervereinigung verleihen will, unternimmt es den untauglichen Versuch, Rechtsfolgen jenseits seines eigenen zeitlichen Geltungsrahmens zu setzen.

Zusammenfassend darf man sagen, daß im positiven Recht, von programmatischen Aussagen über die künftige Rolle Berlins abgesehen, der Begriff „Hauptstadt" nur selten vorkommt.[21)] Die ausdrückliche Nennung einer bestimmten Stadt in der Verfassung ist die politisch motivierte Ausnahme. Das Gesetzesrecht trifft die Entscheidung über die Hauptstadt regelmäßig nicht selbst, sondern knüpft an die anderweit getroffene Wahl einer bestimmten Stadt nur weitere Rechtsfolgen.

„Hauptstadt" ist zugegebenermaßen allenfalls in zweiter oder dritter Linie ein juristisches Phänomen. Auf der anderen Seite sagt die bescheidene Rolle, die der Hauptstadtbegriff in der Rechtsordnung spielt, auch etwas über den Stellenwert aus, den man in Deutschland dem Phänomen „Hauptstadt" generell einzuräumen bereit ist. Es wird viel darüber geredet, doch vor förmlichen Entscheidungen scheut man sich.[22] Nur im Kaiserreich, also in einer Zeit preußischer Hegemonie, vermochte es eine Stadt, die preußische Metropole Berlin, ihren Hauptstadtanspruch verfassungskräftig zu verankern. Danach und auch zuvor schon in der Paulskirchenverfassung haben die Verfassungsgeber des föderalistischen Deutschlands sich nicht auf eine bestimmte Stadt festlegen wollen.

Die Hauptstadt ist der Ort, an dem die obersten Organe eines Staates ihren ständigen Sitz haben, oder, kurz gesagt, das politische Entscheidungszentrum eines Staates. Der Hauptstadtstatus hängt nicht davon ab, daß an diesem Ort alle obersten Organe des Staates versammelt sind. Mindestvoraussetzung ist die Präsenz der Regierung und, als Regelfall[23], der Volksvertretung. Die weiteren Staatsorgane können an anderen Orten ansässig sein. So hat im Deutschland die räumliche Distanz zwischen den politischen Leitungsorganen und dem Verfassungsgerichtshof seit der Weimarer Zeit Tradition.[24] Sie findet sich auch in einigen Bundesländern[25] und in der Schweiz.[26] Die Trennung von Regierung und Notenbank durch § 2 Satz 3 des Bundesbankgesetzes hat sich nachträglich aus Gründen als sinnvoll erwiesen, die dem Gesetzgeber ursprünglich nicht bewußt waren. Im Gründungsstadium der Bundesrepublik wurde sogar erwogen, nur die Regierungsspitze nach Bonn zu verlegen und die Verwaltung in Frankfurt zu belassen.[27] Dieser Vorschlag ging freilich an die Substanz dessen, was man sich unter einer Hauptstadt gemeinhin vorstellt. Die Aufteilung der Kernfunktionen einer Hauptstadt etwa in der Weise, daß die Regierung in der einen Stadt, das Parlament in einer anderen angesiedelt ist, empfiehlt sich schon aus Praktikabilitäts- und Kostengründen nicht. Der Aufteilung haftet zudem und vor allem etwas Willkürliches an. Eine symbolische Aussage beinhaltet sie nicht, es sei denn der Hauptstadtdualismus könnte auf eine lange und bewahrenswerte Tradition zurückblicken. Es läßt sich kaum begründen, warum ein bestimmtes Staatsorgan gerade in der einen und nicht in der anderen Stadt seinen Sitz nimmt. Die Folge dürfte ein hartnäckiges und beständiges Tauziehen zwischen den beteiligten Städten um Hauptstadtfunktionen sein. Die Konstruktion der geteilten Hauptstadt erinnert in gewisser Weise an die Lehre vom dreigliedrigen Bundesstaat, die den Gliedstaaten den Oberstaat und den Gesamtstaat, letzteren als das die Gliedstaaten und den Oberstaat repräsentierende Ganze, gegenüberstellte. Auf die Frage, welche der im Grundgesetz genannten Staatsorgane dem Ober- und welche dem Gesamtstaat zuzurechnen seien, hat diese Lehre, wie kaum anders zu erwarten, eine befriedigende Antwort nie geben können. Allenfalls der Bundespräsident läßt sich mit einiger Plausibilität einem vom Oberstaat, dem Bund, zu unterscheidenden Gesamtstaat, der Bundesrepublik Deutschland, zuordnen. Nicht anders verhält es sich bei dem Plan, die Hauptstadtfunktion zwischen Bonn und Berlin zu teilen. Auch hier tritt Verlegenheit ein, wenn angegeben werden soll, wer mit dem Bundespräsidenten von Bonn nach Berlin umziehen soll.

Die Hauptstadt ist der ständige Sitz der obersten Staatsorgane. Gelegentliche Tagungen an anderen Orten[28] oder die vorübergehende Verlegung des Regierungssitzes[29] lassen den Hauptstadtstatus unberührt. Mit „vorübergehend" ist die kurze Zeitspanne gemeint, in der die Hauptstadt z.B. wegen eines Bürgerkrieges als Regierungssitz nicht in Betracht kommt. Das anfängliche Hauptstadtprovisorium Bonn ist inzwischen mehr als der bloß vorläufige Sitz der Bundesregierung, es ist die Bundeshauptstadt. Gelegentliche Tagungen des Bundestages oder des Bundesrates in Berlin oder ein Berliner Zweigsitz des Bundespräsidenten stünden dem nicht entgegen. Der Hauptstadtbegriff ist staatsbezogen. In einer Konföderation oder einem Staatenbund tut man sich mit dem Titel „Hauptstadt" schwer und zieht unverfänglichere Bezeichnungen wie „Sitz der Bundesorgane" vor. Einem Bundesstaat sind eher Begriffe wie „Bundesstadt" oder „Bundeshauptstadt" gemäß, während „Reichshauptstadt" einen deutlich unitarischen Beigeschmack hat. Eine internationale Organisation, auch eine supranationale Gemeinschaft, hat ebenfalls keine Hauptstadt; ihre Organe haben vielmehr einen Sitz. In dem Maße, in dem der europäische Einigungsprozeß vorankommt, erlangt die Frage nach einer europäischen Hauptstadt aber einen konkret greifbaren Sinn.[30] Der Rechtsstreit um den Sitz des Europäischen Parlaments ist im Kern um die Frage geführt worden, ob die Festlegung des Sitzes eines Gemeinschaftsorgans schon Betätigung europäischer Organisationsgewalt sein kann oder noch eine Angelegenheit der Mitgliedstaaten ist.[31]

Der Begriff „Hauptstadt" ist nicht identisch mit den Begriffen „Metropole" oder „Weltstadt". Die Hauptstadt ist national, die Weltstadt international. Die Hauptstadt als Zentrum der politischen Macht kann, muß aber nicht zugleich der wirtschaftliche, gesellschaftliche und kulturelle Mittelpunkt des Landes sein. In föderalistisch verfaßten Staaten ist sie es in der Regel nicht. Weder Bern noch Bonn, weder Canberra, Ottawa oder Washington[32] sind die größte und führende Stadt ihres Landes. In Eckermanns Gesprächen mit Goethe heißt es: „Wenn man aber denkt, die Einheit Deutschlands bestehe darin, daß das sehr große Reich eine einzige Residenz habe, und daß diese eine große Residenz, wie zum Wohl der Entwicklung einzelner großer Talente, so auch zum Wohl der großen Masse des Volkes gereiche, so ist man im Irrtum. ... Gesetzt wir hätten in Deutschland seit Jahrhunderten nur die beiden Residenzstädte Wien und Berlin, oder gar nur eine, da möchte ich doch sehen, wie es um die deutsche Kultur stände? ja auch um einen überall verbreiteten Wohlstand, der mit der Kultur Hand in Hand geht!"[33] Constantin Frantz, ein vielzitierter Föderalismus-Theoretiker des 19. Jahrhunderts, versteigt sich sogar zu dem Ausruf: „Vielmehr muß die Idee einer deutschen Hauptstadt als geradezu *undeutsch* gelten."[34]

Der Föderalismus ist freilich radizierte, nicht universale Staatsidee. Allgemeine, weltweit gültige Regeln für den föderativen Staatsaufbau, eine Theorie des Bundesstaates also, gibt es nicht. Folglich gibt es auch keine generelle Regel, daß Bundesstaaten nur kleine Hauptstädte vertragen; es kommt stets auf die Besonderheiten des jeweiligen Staatswesens an. Vergleiche mit anderen Bundesstaaten, die in der aktuellen Hauptstadtdiskussion gezogen werden, sind darauf zu prüfen, ob diese Staaten mit der durch den Beitritt der DDR vergrößerten Bundesrepublik Deutschland überhaupt vergleichbar sind. Entwicklungs- und Schwellenländer der Dritten Welt, deren staatliche Existenz mitunter wenig verfestigt ist und in denen zentralistische Verwaltungsstrukturen aus der Kolonialzeit nachwirken, wie z. B. Argentinien oder Mexiko, taugen nicht als Vergleichsobjekte; dasselbe gilt für vom Auseinanderfallen bedrohte Vielvölkerstaaten wie Jugoslawien oder die Sowjetunion, die eine dominante Hauptstadt möglicherweise brauchen, um die zentrifugalen Kräfte im Schach zu halten. In sozialistischen Staaten sind bundesstaatliche Verfassungsstrukturen bloßer

Schein, lettre morte — solange die Zentralen der kommunistischen Staatsparteien ihren Führungsanspruch behaupten können; er läßt eine echte Dezentralisation der politischen Macht nicht zu.[35] Andererseits ist es zu eng, nur Kanada und Australien als vergleichbare Bundesstaaten anzuerkennen.[36] Vor diesen beiden Ländern sind zwei andere zu nennen, deren gesellschaftliche Struktur mit der der Bundesrepublik Deutschland vergleichbar ist und deren bundesstaatliche Ordnung dem deutschen Föderalismus seit über 100 Jahren Spiegelbild ist, das zur Überprüfung und Verbesserung des eigenen Modells anregt: die Schweiz und — vor allem — die Vereinigten Staaten von Amerika. Österreich dagegen ist kein gutes Beispiel; die Bundesstaatlichkeit ist dort nicht zuletzt wegen der überragenden Stellung Wiens sehr schwach ausgeprägt. Es ist sogar gesagt worden, daß Österreich nur deshalb Bundesstaat sei, weil die Bürgerlichen auf dem Land Angst vor einer Majorisierung durch das „rote Wien" hätten.[37]

Bezogen auf die klassischen Bundesstaaten unter den westlichen Industrieländern, die Vereinigten Staaten, die Schweiz, Kanada und Australien, hat die Unterscheidung zwischen „Hauptstadt" und „Metropole" aber in der Tat eine durch verfassungspolitische Erfahrungen belegte Berechtigung. Die Sogwirkung einer Metropole läßt sich durch föderale Machtbalancierung nur schwer ausgleichen. Die weltstadtische Hauptstadt verstärkt die in modernen Industriegesellschaften ohnehin vorhandenen Unitarisierungstendenzen. Umgekehrt kann eine kleine Hauptstadt, eine Bundeshauptstadt, stabilisierendes Element im innerstaatlichen Kräftegefüge sein. Die vier Städte Bern, Canberra, Ottawa und Washington sind keine historisch gewachsenen Zentren, sondern Kompromißlösungen, die für alle Gruppierungen — seien sie regionaler, konfessioneller, ethnischer Art — akzeptabel sind und keine zu sehr begünstigen. Daß dagegen der Name „Berlin" mit Bezeichnungen wie „Bundeshauptstadt" oder „Bundesstadt" eine glückliche Verbindung soll eingehen können, ist kaum anzunehmen.[38]

Zu dem bundesstaatlichen Argument treten regionalpolitische Bedenken gegen eine Hauptstadt Berlin hinzu. Der Aufstieg Berlins zur Metropole birgt erhebliche Nachteile für die Stadt und darüber hinaus. Die Infrastruktur, etwa im Verkehrsbereich, ist den an sie gestellten Anfoderungen schon jetzt kaum noch gewachsen.

Die These, Berlin würde zum Moloch, unter dessen Sogwirkung ganz Deutschland zu leiden hätte, ist nicht aus der Luft gegriffen. Die Verlegung der Hauptstadt vom Rhein an die Spree würde solchen Entwicklungen zusätzlichen Auftrieb verleihen. In anderen Ländern, die von großen Metropolen aus regiert werden, etwa in Frankreich und Großbritannien, ist man, weil die mit der Konzentration aller Kräfte auf eine Stadt verbundenen Nachteile zu groß werden, ständig um Dezentralisation bemüht, und zwar zuvörderst um Dezentralisation im politisch-administrativen Bereich. Diese Bemühungen sind aber vielfach zum Scheitern verurteilt, weil es an einer Alternative zu der einen Metropole — Paris oder London, Athen oder Wien — fehlt. In Brasilien haben sie zur Verlegung der Hauptstadt geführt; in Argentinien wird Ähnliches erwogen. Die Bundesrepublik Deutschland ist demgegenüber in der glücklichen Lage, zwei geschichtlich gewachsene politische Entscheidungszentren zu besitzen: Bonn und Berlin. Diesen Vorteil verspielt, wer mit deutscher Gründlichkeit selbst den letzten Schreibtisch, der in einem Bonner Ministerialbüro steht, nach Berlin verfrachtet. Ein böses Erwachen könnte die Folge sein. Es wäre unklug, Bonn als politisches Entscheidungszentrum aufzugeben, ohne zu wissen, wie Berlin, sei es als Hauptstadt oder sei es „nur" als größte Stadt und wirtschaftliches wie kulturelles Zentrum, sich in das wiedervereinigte Deutschland eingefügt. Regionalpolitische Überlegungen sprechen deshalb dafür, an dem Hauptstadtstandort Bonn zumindest bis auf weiteres festzuhalten und allenfalls gewisse politische Leitungsfunktionen nach Berlin auszulagern.

Das Bundesstaatsargument wird in der Hauptstadtrede, die Bundespräsident von Weizsäcker am 29. Juni 1990 in Berlin gehalten hat, leichter Hand beiseitegeschoben mit Suggestivfragen — „Müßte er (der Föderalismus; der Verf.) so viel Angst vor einer großen eigenständigen Metropole als Hauptstadt haben, daß er auf die verfassungsrechtliche Schlüsselstellung, die er den Ländern in Bundesangelegenheiten gibt, nicht vertrauen dürfte?"[39] — und mit Einschüchterungsrhetorik — „Wer meint, nur mit dem kleinen Bonn lebe der Föderalismus fort, während ihm von der Metropole Berlin Gefahr drohe, enthüllt sich als ein Föderalist von höchst dürftigem Selbstbewußtsein."[40] Zutreffend wird festgestellt: „Ein ausgewogener Föderalismus ohne Vorherrschaft durch eines der Länder ist heute das besondere Markenzeichen unseres staatlichen Aufbaus."[41] Diese Feststellung ist aber unvollständig. Mit derselben Berechtigung kann das Fehlen einer die anderen Städte eindeutig überragenden, diese zur Provinz degradierten Metropole als Grund für die Ausgewogenheit des bundesdeutschen Föderalismus angeführt werden; die Vorherrschaft eines Landes dokumentiert sich in der Regel ja auch in der Dominanz einer Stadt. Der deutsche Föderalismus lebt von realen Voraussetzungen, zu denen insbesondere ein Pluralismus großstädtischer Zentren gehört; er läßt sich nicht allein, wie von Weizsäcker meint, durch staatsorganisationsrechtliche Verfassungsgarantien sichern. Die bundesstaatliche Kompetenzordnung des Grundgesetzes büßt an normativer Kraft ein, wenn die tatsächlichen Kräfteverhältnisse von den rechtlich vorgezeichneten zu stark abweichen. In der Verfassungsrechtslehre spricht man hier von Verfassungsvoraussetzungen und Verfassungserwartungen. So wird eine parlamentarische Demokratie, sie mag verfassungsgesetzlich noch so perfekt ausgestaltet sein, nicht funktionieren, wenn es an Demokraten fehlt oder wenn sie mit einem sozialistischen Wirtschaftssystem gekoppelt ist. Die Garantie der richterlichen Unabhängigkeit muß ihren Zweck verfehlen, wo die Richterschaft noch ganz dem Geist sozialistischer Parteilichkeit verpflichtet ist. Entsprechend steht die Entscheidung für den Bundesstaat auf schwachen Füßen, wenn der Einfluß zu schwach ist, den die Länder auf das politische, wirtschaftliche und kulturelle Leben realiter haben. Die Argumentation von Weizsäckers greift darum in zwei Punkten zu kurz. Die bundesstaatliche Kompetenzordnung vermag den Föderalismus allein nicht zu schützen; sie muß sich vielmehr mit den tatsächlichen Kräfteverhältnissen einigermaßen decken. Die relative Ausgewogenheit des Kräfteverhältnisses zwischen den Ländern ist bedingt duch das Fehlen einer gesamtstaatlich dominanten Metropole.

Wer für Berlin als Hauptstadt ist, schwächt — man kann es drehen und wenden, wie man will — den Föderalismus. Die Frage kann nur lauten, ob man bereit ist, diesen Preis zu zahlen. Die westdeutschen Bundesländer sind dazu aus naheliegenden Gründen mit großer Mehrheit nicht bereit. Wie die in der DDR neu zu gründenden Länder sich zu der Frage äußern werden, ist ungewiß; ungewiß ist derzeit auch, ob man ihnen überhaupt Gelegenheit geben wird, sich dazu zu äußern, oder ob man sie vor vollendete Tatsachen stellt.

Die Kluft zwischen dem staatsrechtlichen Hauptstadtbegriff und Begriffen wie „Metropole“ oder „Weltstadt“ hat man vermittels eines integrationspolitischen Hauptstadtbegriffes zu überwinden versucht[42]: Nur eine Metropole als politisches, geistiges und kulturelles Zentrum vermöge ein Volk zu politischer Einheit zu integrieren. Davon abgesehen, daß der Terminus „Integration“ den jahrhundertewährenden Prozeß der Staatwerdung in Frankreich und Großbritannien, die kürzere Perspektive der Smendschen Integrationslehre und die Besonderheiten der politischen Lage im geteilten Deutschland in etwas buntschillernder Weise amalgamiert, werden damit Ursache und Wirkung vertauscht. Auf das Hauptbeispiel des integrationspolitischen Hauptstadtbegriffes bezogen bedeutet das: Berlin ist zwar eine der Klammern, die Deutschland in der Zeit der Teilung rechtlich zusammengehalten haben[43], und zwar unabhängig von seinem „Hauptstadtanspruch“. Berlin symbolisiert die deutsche Teilung und die Freiheit des westdeutschen Teilstaats. Das Symbol entfaltet aber keine eigene politische Kraft; es lebt von alliierter Militärpräsenz und Bonner Finanzhilfe. Auch nach dem Fall der Mauer hat das geteilte Berlin sich nicht an die Spitze einer deutschen Einigungsbewegung gestellt. Das Berliner Abgeordnetenhaus hat am 19. 1. 1990 sogar die Formel gestrichen, mit der sein Präsident seit Jahrzehnten die Parlamentssitzungen eröffnet und in der es geheißen hatte: „Ich eröffne . . . und bekunde unseren unbeugsamen Willen, daß . . . Deutschland mit seiner Hauptstadt Berlin in Frieden und Freiheit wiedervereinigt werden muß.“[44] Anders als im Kaiserreich wäre Berlin in einem wiedervereinigten Deutschland eine Hauptstadt ohne oder mit einem vergleichsweise schwachen, durch die politische Vergangenheit belasteten gliedstaatlichen Unterbau. Integrationsmotor im jetzt eingetretenen Falle der Wiedervereinigung unter den Vorzeichen des Art. 7 Abs. 2 des Deutschland-Vertrages ist die ihrerseits in die Europäische Gemeinschaft und das atlantische Bündnis integrierte Bundesrepublik Deutschland. Die Wirkrichtung der politischen Kräfte würde in ihr Gegenteil verkehrt, wenn im Gefolge der durch sie realisierten Vereinigung die Hauptstadt vom Westen an die Ostgrenze[45] und in eine Umgebung verlegt würde, die erst am Anfang ihrer freiheitlich-demokratischen Entwicklung stünde. Es wäre ziemlich oberflächlich, auf diese Bewertung der politischen Kräfteverhältnisse zu erwidern, den Anstoß zur Wiedervereinigung habe die „friedliche Revolution“ in der DDR gegeben. Diese „friedliche Revolution“ ist erst möglich geworden durch die Reformpolitik Gorbatschows, die ihrerseits die Konsequenz aus der Tatsache ist, daß die Sowjetunion den kalten Krieg verloren hat. Konrad Adenauers „Politik der Stärke“ erweist sich damit nachträglich als der richtige Weg zur Wiedervereinigung.

Gegen die These, nur die Metropole Berlin vermöge Deutschland zu integrieren, sprechen drei weitere Argumente.

Erstens: In einem Bundestaat kann es eher desintegrierend wirken, die größte Stadt zur Hauptstadt zu bestellen. Das regionale, parteipolitische und konfessionelle Kräfteverhältnis ist in ihm komplizierter und störungsanfälliger als in einem Einheitsstaat. Ein Bundesstaat ist daher nicht in der gleichen Weise in der Lage, die Schwerpunktbildung zu verkraften, die die Entscheidung für die Metropole als Hauptstadt bedeutet. Insbesondere Berlin würde eine Reihe von inneren Konfliktherden eines wiedervereinigten Deutschlands eher schüren als neutralisieren, so die Reibungen zwischen dem Norden und dem Süden, die parteipolitische Sektionierung und die konfessionellen Unterschiede. Wer gegen eine künftig gesamtdeutsche Bundeshauptstadt Bonn einwendet, Bonn sei durch seine Funktion als Hauptstadt der Bundesrepublik Deutschland „belastet“ und seine Wahl würde in den Deutschen aus der DDR das Gefühl des „Anschlusses“ hervorrufen, verleugnet die politische Kraft, die die Vereinigung ermöglicht hat und realisieren wird: die von der Bonner Republik verkörperte Idee des freiheitlichen Verfassungsstaats, und verkennt, daß der Einwand, denkt man ihn zu Ende, auf Berlin mit seiner fast sechzigjährigen Tradition als Hauptstadt einer Diktatur und als das in West- und Süddeutschland schon immer argwöhnisch betrachtete Zentrum preußisch-protestantischer Hegemonie in einem noch viel stärkeren Maße zutrifft.

Zweitens: Mit dem Integrationsgedanken ist eine national-introvertierte Betrachtung verknüpft, die internationale Belange an den Rand drängt. Die Zeiten aber, in denen der Staatsrechtler Heinrich Triepel ausrufen konnte, das deutsche Volk brauche bei der Gestaltung der Form seiner Verfassung keine Rücksicht auf das größere oder geringere Gefallen fremder Mächte zu nehmen, sind vorbei.[46] Berlin ist das Symbol der deutschen Teilung und der Freiheit des westlichen Teilstaates. Beide Symbolfunktionen finden mit der Wiedervereinigung ihre Erledigung. Nach ihrem Wegfallen dürfte der Blick gerade eines ausländischen Betrachters sich verstärkt auf einen anderen Symbolgehalt richten, der auch mit dem Namen Berlin verbunden ist: das Deutsche Reich als hegemoniale Macht in Europa.[47] Die Schaffung eines funktionierenden Verfassungsstaates auf deutschem Boden und die gelungene Integration der Bundesrepublik Deutschland in die westliche Staatengemeinschaft sind und bleiben dagegen mit dem Namen Bonn verknüpft. Berlin kann Bonn zwar in dieser Rolle beerben. Das Vertrauen in eine Hauptstadt Berlin, die die naheliegende Option einer Mittlerrolle zwischen Ost und West zugunsten fester Einbindung in die westliche Staatengemeinschaft zurückstellt, müßte jedoch erst aufgebaut werden. Immerhin ist bemerkenswert, daß die Polen die Berliner Hauptstadtpläne noch nicht als Bedrohung ihrer Westgrenze stigmatisiert haben.

Drittens: Für Berlin wird vorgebracht, daß die Entscheidung für diese Stadt die Integration der Deutschen aus der DDR in den bundesdeutschen Staatsverband erleichtere. „Nur in Berlin kommen wir wirklich aus beiden Teilen und sind doch eins. Das ist die große Chance für ein gesundes, allmähliches Zusammenwachsen.“[48] Diese Variante des Integrationsargumentes ist einseitig und unschlüssig. Sie ist einseitig, weil eine Hauptstadt ein gesamtstaatlicher Integrationspunkt sein muß, sie dies aber nicht sein kann, wenn bei der Hauptstadtwahl die als solche verständlichen Belange und Interessen von Teilgebieten des Gesamtstaates im Vordergrund stehen. Um diese Probleme zu lösen, sollte man nicht die Hauptstadt verlegen. Zur Integration der DDR wäre dies auch ein untaugliches Mittel, da es zu lange dauert. Die Übersiedlung des Parlaments- und Regierungsapparates von Bonn nach Berlin wird optimistischen Schätzungen zufolge vier bis fünf Jahre in Anspruch nehmen. Bis dahin dürfte die Eingliederung der Noch-DDR in die Bundesrepublik Deutschland ein gutes Stück vorangekommen sein, so daß der Zweck, dem die Hauptstadtverlegung dienen soll, schon anderweit erfüllt sein wird.

Es gibt gute Gründe, in einem Bundesstaat in der außenpolitischen Lage der Bundesrepublik Deutschland an der Kargheit eines juristisch-staatsorganisationsrechtlichen Hauptstadtbegriffes festzuhalten. Insbesondere von integrationspolitischen Überhöhungen in Richtung Großstadt sollte man den Begriff freihalten. Man könnte sonst der Versuchung erliegen, einen Hauptstadtanspruch auf nichts anderes zu gründen als auf den Mythos der Großstadt. Jedem Hauptstadtanspruch haftet zwar letztlich etwas Irrationales an, doch sollte man dies nicht überhandnehmen lassen. Eine nachträgliche Verklärung der Hauptstadtrolle, die Berlin von 1871 bis 1945 gespielt hat, ist unangemessen. Berlin war seinerzeit heftig angefeindet und keineswegs der nationale Integrationspunkt, als der es heute hingestellt wird.[49)]

Bei realistischer Betrachtung ergab sich die Berliner Hauptstadtstellung aus der hegemonialen Position Preußens. Diese ist unwiederbringlich verloren. Preußen wurde durch das Kontrollratsgesetz Nr. 46 vom 25. Februar 1947 aufgelöst. Damit war der deutsche Föderalismus von seiner größten Hypothek befreit. Als Garant der staatlichen Einheit Deutschlands hatte Preußen schon vorher ausgedient. Das noch in den 20er Jahren perhorreszierte Nebeneinander föderaler „Mittelmächte“ hat sich, als es in der Bundesrepublik Deutschland seine historische Chance erhielt, auch ohne föderale Führungsmacht als stabil und funktionsfähig erwiesen. Der Hauptstadtanspruch Berlins ist in dieser Perspektive das letzte real wirksame Überbleibsel der preußischen Hegemonie; die These, nur Berlin könne Deutschland zur Einheit zusammenfügen und zusammenhalten, ist die letzte Rückzugsposition des einstigen, inzwischen historisch widerlegten Führungsanspruchs Preußens.

Als politisches Symbol wäre eine Hauptstadt Berlin zunächst ein unbeschriebenes, wenn auch durch die Nachwirkungen des SED-Staates eingegilbtes Blatt. Die Frage wäre dann, welcher politischen Kraft es gelänge, als erste ihre Handschrift auf dieses Blatt zu setzen. Eine Hauptstadt Berlin wäre insofern ein Neubeginn, ein Bruch mit der staatlichen Kontinuität der Bundesrepublik Deutschland. Das Provisoriumsargument, das dem Hauptstadtanspruch Bonns entgegengehalten wird, trifft deshalb in letzter Konsequenz die Bundesrepublik Deutschland. Bonn kann nicht provisorischer sein als die Bundesrepublik Deutschland selbst, da Berlin als Hauptstadt der Bundesrepublik nie ernsthaft in Betracht gekommen ist. Wer dafür eintritt, daß ein wiedervereinigtes Deutschland in der Kontinuität der Bundesrepublik steht, muß auch, das liegt in der Logik politischer Symbole, den Hauptstadtanspruch Bonns unterstützen. Es bedarf daher keiner großen Prophetengabe, vorherzusagen, daß die Chancen Bonns, Hauptstadt zu bleiben, bei einer Beitrittslösung gemäß Art. 23 Satz 2 GG größer sind als bei einer Wiedervereinigung über Art. 146 GG, und es ist auf der anderen Seite kein Zufall, daß die derzeitige DDR-Regierung nicht nur eine gesamtdeutsche Hauptstadt Bonn kategorisch abgelehnt, sondern auch bei den anderen Staatssymbolen eines wiedervereinigten Deutschlands, etwa bei der Nationalhymne oder dem Staatsnamen, möglichst viel an staatlicher Kontinuität der Bundesrepublik Deutschland beim Vollzug der Wiedervereinigung zerstören will.

Die Bestimmung des Sitzes eines staatlichen Organs ist ein Akt von Organisationsgewalt. Die Zuständigkeit zur Bestimmung des Sitzes der verfassungsunmittelbaren Staatsorgane Bundestag, Bundesrat, Bundesregierung und Bundespräsident liegt zunächst bei diesen Organen selbst. Der Verfassungs- und der Gesetzgeber können aber die Entscheidung über den Sitz dieser Organe an sich ziehen.[50)] In einem förmlichen Gesetz hätte der Hauptstadtbegriff die Funktion, den obersten Staatsorganen, auch dem Bundestag selbst, den Sitz verbindlich zuzuweisen. Dem Bundespräsidenten steht in der Hauptstadtfrage keine eigene Entscheidungskompetenz zu, auch nicht kraft seiner sogenannten Symbolgewalt.[51)]

Die Hauptstadtfrage kann in einem Staatsvertrag zwischen der Bundesrepublik Deutschland und der Deutschen Demokratischen Republik geregelt werden. Ein solcher Vertrag bedürfte der Zustimmung durch die gesetzgebenden Körperschaften des Bundes. Rechtliche Bedenken gegen ein solches Vorgehen bestehen nicht; von gutem politischem Stil zeugt es freilich aus zwei Gründen nicht. Bei der Abstimmung über einen völkerrechtlichen Vertrag, dem eine Vereinbarung mit der Deutschen Demokratischen Republik insofern gleichsteht, herrscht im Parlament eine sogenannte Ratifikationslage. § 81 Abs. 4 Satz 2 der Geschäftsordnung des Deutschen Bundestages bestimmt: „Über Verträge mit auswärtigen Staaten und ähnliche Verträge gemäß Art. 59 Abs. 2 des

Grundgesetzes wird im ganzen abgestimmt.“ § 82 Abs. 2 ergänzt: „Zu Verträgen mit auswärtigen Staaten und ähnlichen Verträgen, welche die politischen Beziehungen des Bundes regeln oder sich auf Gegenstände der Bundesgesetzgebung beziehen (Art. 59 Abs. 2 des Grundgesetzes), sind Änderungsanträge nicht zulässig.“ Wenn also das Parlament mit der Regelung, die die Bundesregierung mit der DDR-Regierung in Sachen Hauptstadt ausgehandelt hat, nicht einverstanden ist, kann es seinem entgegenstehenden Willen nur Geltung verschaffen, indem es den Staatsvertrag insgesamt ablehnt. Bundestag oder Bundesrat werden die Wiedervereinigung aber schwerlich an der Hauptstadtfrage scheitern lassen wollen. Durch eine staatsvertragliche Regelung der Hauptstadtfrage zugunsten Berlins werden sie politisch massiv unter Druck gesetzt, ihre wenig berlinfreundliche Haltung aufzugeben. Zum zweiten nimmt eine Hauptstadtregelung im 2. Staatsvertrag den in der DDR neu zu gründenen Ländern die Möglichkeit, auf die Entscheidung in einem rechtlich geordneten Verfahren Einfluß zu nehmen. Es ist nicht sicher, daß Länder wie Sachsen oder Thüringen ihre neu gewonnene Freiheit aus DDR-Solidarität sogleich wieder zugunsten einer stärker unitarisierend wirkenden Hauptstadt Berlin einschränken werden.

Die aufgezeigten Bedenken betreffen nicht die rechtliche Zulässigkeit einer staatsvertraglichen Hauptstadtregelung. Sie führen jedoch zu der Frage, ob Bundestag und Bundesrat nach vollzogenem Beitritt der DDR eine so zustande gekommene Regelung mit einfacher Mehrheit wieder ändern können. Beitritt der DDR heißt staatsrechtlich, daß die DDR als Rechtssubjekt untergeht und die Bundesrepublik Deutschland, vergrößert um das Gebiet der vormaligen DDR, fortbesteht. Der Beitritt führt also dazu, daß ein Vertragspartner des Staatsvertrages untergeht. Das wiederum hat zur Folge, daß die bilateralen Verträge, die zwischen der Bundesrepublik Deutschland und der DDR geschlossen worden sind, erlöschen. Übrig bleibt im Fall des Staatsvertrages das nur staatsintern wirksame Zustimmungsgesetz, das die gesetzgebenden Körperschaften des Bundes gemäß Art. 59 Abs. 2 des Grundgesetzes erlassen haben. Dieses unterliegt, sobald die völkerrechtliche Vertragsbindung durch den Untergang eines Vertragspartners entfallen ist, der jederzeitigen Verfügung von Bundestag und Bundesrat. Beide gemeinsam könnten deshalb grundsätzlich eine staatsvertragliche Hauptstadtregelung nach dem Beitritt der DDR mit einfacher Mehrheit ändern, sofern nicht diese Regelung vorher in das Grundgesetz aufgenommen worden wäre.

Bei föderalen Eingliederungsverträgen räumt das Bundesverfassungsgericht den Gebietsnachfolgern eines untergegangenen Landes, in der Regel kommunalen Gebietskörperschaften, die Möglichkeit ein, Rechte, die der Eingliederungsvertrag dem durch die Eingliederung untergehenden Land gewährt, gegenüber dem aufnehmenden Land geltend zu machen. Diese Rechtsprechung kann auf die hier interessierende Frage jedoch nicht derart übertragen werden, daß den aus der DDR hervorgehenden Ländern das Recht zustehen soll, vom Bund zu verlangen, daß dessen Parlaments- und Regierungssitz in Berlin sein soll. Die erwähnte Rechtsprechung ist zunächst nur zu föderalen Streitigkeiten im Sinne von Art. 93 Abs. 1 Nr. 3 und 4 GG ergangen[52]; Streitigkeiten zwischen der Bundesrepublik Deutschland und der DDR wird man hier kaum einordnen können. Sodann setzt die Rechtsprechung des Bundesverfassungsgerichts voraus, daß ein Recht geltend gemacht wird, das dem untergegangenen Land, hier der DDR, in unmittelbarem Zusammenhang mit seinem Untergang gewährt worden ist.[53] Auch das trifft nicht zu. Die Hauptstadtregelung kann nicht im Sinne eines Anspruchs der DDR gedeutet werden, welcher darauf gerichtet ist, daß Berlin die Hauptstadt eines wiedervereinigten Deutschlands, rechtlich genauer: der Bundesrepublik Deutschland, sein soll. Mit der Integrationsfunktion und dem Symbolgehalt einer Hauptstadt ist es unvereinbar, einem anderen Staat das Recht zu geben, zu bestimmen, wo diese liegen soll. Schließlich ist zu beachten, daß ein staatsvertragliches Recht der DDR, seine Existenz unterstellt, grundsätzlich nur von allen auf ihrem Territorium gebildeten Ländern gemeinsam geltend gemacht werden könnte.[54]

Festzustellen ist, daß eine im 2. Staatsvertrag erfolgende Hauptstadtregelung einen gesamtdeutschen Gesetzgeber nicht zu präjudizieren vermöchte. Die bei der Verabschiedung des Staatsvertrages bestehende Ratifikationslage hindert Bundestag und Bundesrat auch nicht daran, dem Vertrag eine Präambel voranzustellen, in der sie erklären, daß die darin getroffene Hauptstadtregelung nur vorläufigen Charakter habe und nach vollzogenem Beitritt einer Revision durch einen dann gesamtdeutsch gewählten Bundestag und einen gesamtdeutsch beschickten Bundesrat bedürfe.

Vielfach wird Berlin ein sogenannter „Hauptstadtanspruch“ zugebilligt. Sofern damit gemeint ist, daß es in der Konsequenz der deutschen Geschichte sinnvoll und notwendig sei, Berlin zur Hauptstadt eines wiedervereinigten Deutschlands zu bestellen, ist gegen diese Wortwahl nichts einzuwenden. Überwiegend wird das juristisch vorgeprägte Wort „Anspruch“ aber mit dem Vorsatz gewählt, die Hauptstadtrolle Berlins für die Zukunft rechtsverbindlich vorzuschreiben.[55)] Auf die deutsche Verfassungstradition kann ein solcher Hauptstadtanspruch sich nicht berufen. Die Weimarer Reichsverfassung ließ die Hauptstadtfrage offen. Die Paulskirchenverfassung verhielt sich ablehnend zu einer Berliner Hauptstadtrolle. Der in Art. 2 Satz 3 der Bismarckschen Reichsverfassung positivierte Hauptstadtstatus Berlins beruhte auf der preußischen Hegemonie, die es heute nicht mehr gibt. Dem Berliner Hauptstadtnaturrecht fehlt mithin die verfassungshistorische Grundlage. Aus dem alliierten Besatzungsrecht und dem Vier-Mächte-Status Berlins Aufschluß über eine künftige Hauptstadtrolle der Stadt zu erwarten, geht an den Realitäten vorbei. Der besondere Status Berlins erklärt sich zwar daraus, daß Berlin die Hauptstadt des Deutschen Reiches war. Das für Berlin geltende Sonderregime vermag aber dessen Hauptstadtstatus nicht über die mehr als 40 Jahre hinweg zu konservieren, in denen in dieser Stadt weder eine gesamtdeutsche Regierung noch ein gesamtdeutsches Parlament ihren Sitz hatten. Die Alliierten können und wollen zudem nicht regeln, welche Stadt die Hauptstadt Deutschlands sein soll.

Die zahlreichen Bundestagsbeschlüsse, die sich zu Berlin als Hauptstadt bekennen, stellen schlichte Parlamentsbeschlüsse dar, denen auch bei ständiger Wiederholung rechtliche Verbindlichkeit abgeht. Ihnen kommt allein politische Relevanz zu, insofern das Parlament mit ihnen der Regierung seinen Willen signalisiert. Diese Bedeutung verlieren sie jedoch durch Zeitablauf, und zwar spätestens dann, wenn der Bundestag, der sie beschlossen hat, am Ende der Legislaturperiode auseinandergeht. Eine rechtsverbindliche, insbesondere eine gesetzliche Festlegung auf Berlin als Hauptstadt ist dagegen unterblieben. Wenn man dies bedenkt, nimmt sich die Serie unverbindlicher Äußerungen für Berlin weit weniger imposant aus. Zu einer verbindlichen Entscheidung hat es in 40 Jahren Bundesrepublik Deutschland nicht gereicht, und just seit dem Moment, von dem an die deutsche Einheit wieder auf der politischen Tagesordnung steht, findet sich im Bundestag noch nicht einmal mehr eine Mehrheit für eine Bekräftigung der unverbindlichen Bekenntnisse für Berlin.

Es bleibt also nur das Grundgesetz der Bundesrepublik Deutschland, um den Hauptstadtanspruch Berlins rechtlich zu konstruieren. Das Grundgesetz erwähnt Berlin in den Artikeln 23 Satz 1 und 145 Abs. 1. Der dort verwendete Begriff „Groß-Berlin" bezieht sich jedoch auf die durch das preußische Gesetz vom 27. April 1920 geschaffene Stadtgemeinde Berlin, also auf den kommunal rechtlichen Status Berlins und gibt folglich für die Hauptstadtfrage nichts her. Das Wiedervereinigungsgebot ist ebenfalls unergiebig. Die Frage, welche Stadt Hauptstadt eines wiedervereinigten Deutschlands sein soll, liegt jenseits seines zeitlichen Geltungshorizonts.[56] Es liefe auf den Zirkelschluß hinaus, hiergegen einzuwenden, daß die Wiedervereinigung erschwere, wer vor ihrer Vollendung den Hauptstadtstatus Berlins preisgebe. Preisgeben kann man nur etwas, was vorhanden ist. Hauptstadt ist Berlin aber derzeit nicht, auch nicht in der abgeschwächten Form der Hauptstadt im Wartestand.[57] Dem Hauptstadtbegriff haftet ein faktisches Moment insoweit an, als die Hauptstadt der Sitz der obersten Staatsorgane ist. Wenn es solche Organe nicht gibt, und das Deutsche Reich besitzt seit 1945 keine institutionalisierten Organe mehr[58], gibt es auch keine Hauptstadt. Die völkerrechtlichen Grundsätze der Staatenkontinuität, mit denen das Fortbestehen des Deutschen Reiches begründet wird, sind auf die Hauptstadt nicht übertragbar. Die Hauptstadtqualität einer Stadt ist mit der staatlichen Existenz nicht so eng verbunden, daß sie nur zusammen mit dieser untergehen kann.[59] Die Hauptstadtfunktion ist mithin nicht Bestandteil des Rechtsstatus Berlins, den zu ändern in der Tat gegen das Wiedervereinigungsgebot verstoßen kann.[60]

Bei näherem Hinsehen erweisen sich die Versuche, die künftige Hauptstadtrolle Berlins jetzt schon juristisch in Form eines Anwartschaftsrechts festzuschreiben, also als zirkelschlüssig. Sie setzen an irgendeiner Stelle in der juristischen Beweisführung das voraus, was eigentlich bewiesen werden soll. Besonders offenkundig ist dies in der Präambel der Berliner Verfassung, wo der Wunsch Berlins dokumentiert ist, die Hauptstadt eines neuen geeinten Deutschlands zu bleiben. Man kann nicht bleiben wollen, was man noch gar nicht ist. Aus bundesdeutscher Sicht ist der Hauptstadtanspruch Berlins mithin politisch-historischer Natur. Hinter ihm steht die Vorstellung, daß in einem wiedervereinigten Deutschland überhaupt nur Berlin ernsthaft als Hauptstadt in Betracht kommt.[61] Über die Richtigkeit dieser Vorstellung kann man natürlich streiten. Bonn hat sich in der nun mehr als vierzigjährigen Geschichte der Bundesrepublik Deutschland einen eigenen Hauptstadtanspruch erworben. Die Stadt ist nicht mehr der bloße Stellvertreter, der unaufgefordert zu weichen hätte, sobald Berlin die Hauptstadtrolle wieder übernehmen kann und will. Es war folgerichtig, daß am 18. 1. 1973 der damalige Bundeskanzler Brandt in einer Regierungserklärung Bonn erstmals offiziell als Bundeshauptstadt bezeichnete.[62] Der langjährige italienische Botschafter in Bonn Ferraris hat das, was Bonn Berlin voraushat, kürzlich so formuliert: „Aber das unprätentiöse, bescheidene Bonn ist wahrhaftig besser geeignet, die Solidarität eines neuen Deutschlands, das Teil Europas und keine Großmacht ist und sein will, zu vertreten: Bleiben wir in Bonn!“[63] Dieser Anspruch würde in einem wiedervereinigten Deutschland fortwirken, da dieses gemäß den Verpflichtungen, die die Bundesrepublik Deutschland in Art. 7 Abs. 2 des Deutschland-Vertrages übernommen hat, nur in der Kontinuität der freiheitlichen Demokratie der Bundesrepublik vorstellbar und erstrebenswert ist. Welcher Stadt der Vorzug zu geben ist, müssen die zuständigen gesamtdeutschen Staatsorgane entscheiden[64], ohne an rechtliche Vorgaben gebunden zu sein. Diese Entscheidung ist offen. Es ist keineswegs von vornherein ausgemacht, daß die um West-Berlin vergrößerte, um Groß-Berlin gruppierte Osthälfte zum neuen Kernland eines Staates werden muß, dessen politische Strukturen und wirtschaftliche Grundlagen in der Westhälfte errichtet worden sind, ja es bedürfte schon einer gehörigen Portion bundesdeutscher Staatsvergessenheit, diese Tatsachen bei der Hauptstadtwahl zu übergehen. Solange eine Wiedervereinigung in weiter Ferne schien, hatte man wenig Veranlassung, sich Gedanken darüber zu machen, ob der im wesentlichen aus der Zeit vor 1933 seine Legitimation beziehende, auf den Schlachtfeldern von Königgrätz und Sedan erworbene Hauptstadtanspruch Berlins auch nach 60 Jahren unverändert aufrechterhalten werden kann. Daß man bisher den Hauptstadtanspruch Berlins politisch immer wieder deklamiert hat[65], will nicht viel heißen, da diese Deklamationen nicht vom Ernst einer konkret anstehenden Entscheidung getragen waren und sie durch die rasante politische Entwicklung in den letzten Monaten ebenso wie vieles andere in Frage gestellt worden sind.

Es ist verständlich, daß Berlin so sehr auf die Erfüllung seines Hauptstadtanspruchs pocht: Der status quo spricht für Bonn; die Argumentationslast des Veränderers trifft Berlin. Derzeit gibt es in Deutschland zwei Hauptstädte: Bonn als Hauptstadt der Bundesrepublik Deutschland und Ost-Berlin als Hauptstadt der DDR. Das — aufgrund umstrittener Rechtskonstruktion — dachtheoretisch im Verhältnis zur Bundesrepublik Deutschland verselbständigte Deutsche Reich hat mangels institutionalisierter Organe seit 1945 keine Hauptstadt mehr. Nach dem Beitritt gehen die DDR als Rechtssubjekt und zusammen damit der Hauptstadtstatus Ost-Berlins unter. Bonn bleibt dann als einzige Hauptstadt übrig. Die Frage, ob eine Hauptstadt Berlin in das Bild von einem wiedervereinigten Deutschland paßt, das sich aufgrund der Ereignisse in den letzten Monaten konkret abzeichnet, stellt sich darum mit um so größerer Eindringlichkeit. Staatsrechtliche Prüfsteine für ihre Beantwortung sind insbesondere die bundesstaatliche Ordnung und die Westintegration eines wiedervereinigten Deutschlands. Ob Berlin die Westintegration genauso glaubwürdig repräsentieren wird wie Bonn, läßt sich derzeit nicht sagen; dahingehende Bedenken sind aber auszuräumen. Anders verhält es sich mit dem Bundesstaatsargument. Eine Entscheidung für Berlin impliziert fast zwangsläufig eine Schwächung des Föderalismus.[66]

Anmerkungen

1) Anschütz, Die Verfassung des Deutschen Reiches, 14. Aufl., 1933, Art. 71, Anm. 1; Giese, Die Verfassung des Deutschen Reiches, 8. Aufl., 1931, Art. 71, Anm. 1; Poetzsch-Heffter, Handkommentar der Reichsverfassung, 3. Aufl., 1928, Art. 71, Anm. 1. Kritisch zu der Entscheidung des Weimarer Verfassunggebers: Apelt, Geschichte der Weimarer Verfassung, 2. Aufl., 1964, 90.

2) Insofern sie das deutsch-preußische Problem nicht im Sinne des hegemonialen Bundesstaates löst; zu diesem Problem siehe F. Meinecke, Weltbürgertum und Nationalstaat, 6. Aufl., 1922, 537 ff.; H. Triepel, Die Hegemonie, 1938, 541-578.

3) Ausschußbericht über die deutsche Reichsverfassung (Berichterstatter Abg. Mittermaier und Droysen), in: Stenographischer Bericht über die Verhandlun-

gen der deutschen constituirenden Nationalversammlung zu Frankfurt am Main, hrsg. von Franz Wigard, 1848, Bd. 4, 2717 (2723).

4) So in Art. 68 Abs. 1 BayVerf und 96 Abs. 2 SaarVerf.

5) Art. 83 Abs. 1 HessVerf; 83 Abs. 2 Rhl.-Pf. Verf; ähnlich Art. 135 Abs. 2 Satz 4 Rhl.-Pf. Verf, wonach der Staatsgerichtshof seinen Sitz am Sitz des Landesverwaltungsgerichts, also des OVG Koblenz, hat.

6) So auch S. Mampel, Die sozialistische Verfassung der Deutschen Demokratischen Republik, 4. Aufl., 1982, Art. 1, Rn. 73 ff.; R. Scholz, Die Hauptstadt, in: Politik und Kultur, Heft 4/1987, 33 (45 f.); zu Ost-Berlin als DDR-Hauptstadt siehe Rexin, Deutschland-Archiv 1989, 644.

7) Dazu Rexin, Deutschland-Archiv 1989, 649.

8) GVBl. NW 1969, 236.

9) GVBl. NW 1975, 46.

10) Vgl. Odenbreit/Hensel, Gemeindeordnung Nordrhein-Westfalen, 13. Aufl., 1968, § 10, Anm. 5.

11) Kottenberg/Rehn/Cronauge, Gemeindeordnung für das Land Nordrhein-Westfalen, Losebl., § 10, Anm. IV 2 (1984); Pappermann in: Rauball u. a., Gemeindeordnung für Nordrhein-Westfalen, 3. Aufl., 1981, § 10, Rn. 13.

12) So in dem Beschluß des Parl. Rates, 11. Sitzung vom 10. 5. 1949, Sten.Ber., S. 264, und in dem Beschluß des 1. Deutschen Bundestages vom 3. 11. 1949, Sten. Ber., S. 343 (vgl. dazu die Anträge in BT-Drucksache I/4 und 19). Zusammenfassend R. Pommerin, Von Berlin nach Bonn, 1989.

13) Dazu Müller-List in: Höroldt (Hg.), Geschichte der Stadt Bonn, Bd. 4, 1989, 639 (663 ff.); Schöpe, Demokratische Gemeinde 1980, 964. Der Text der Vereinbarung ist nicht veröffentlicht.

14) Nachweise bei Klein, Die Staatssymbole, in: Isensee/Kirchhof (Hg.), Handbuch des Staatsrechts der Bundesrepublik Deutschland, Bd. 1, 1987, § 17, Rn. 14, Fn. 37.

15) Ebenso Klein in: Bonner Kommentar zum Grundgesetz, Art. 22, Rn. 102 (1982); Stern, Das Staatsrecht der Bundesrepublik Deutschland, Bd. 1, 2. Aufl., 1984, 282.

16) Vgl. Gramlich, Bundesbankgesetz..., 1988, § 2, Rn. 12; von Spindler/Bekker/ Starcke, Die Deutsche Bundesbank, 4. Aufl., 1973, S. 189 f., die beide auch noch darauf hinweisen, daß die räumliche Distanz zum Regierungssitz die Unabhängigkeit der Notenbank unterstreicht.

17) BGBl. 1952 I S. 1. Unrichtig insoweit Scholz (N 6), 48.

18) BGBl. 1956 I S. 420.

19) Dazu Dann, die Hauptstadtfrage nach dem 2. Weltkrieg, in: Schieder/Brunn (Hg.), Hauptstädte in europäischen Nationalstaaten, 1983, 35 (54 ff.); ferner Hennig, Die Bundespräsenz in West-Berlin, 1976, 50 ff.

20) Zu letzterem Scholz, Der Status Berlins, in: Isensee/ Kirchhof (N 14), § 9, Rn. 42.

21) Der Befund steht in einem gewissen Widerspruch zu der Feststellung von Carlo Schmid, Erinnerungen, 1979, 398, daß in Bundesstaaten die Hauptstadtfrage in der Verfassung geregelt werde. Doch kennt die von Schmid postulierte Regel auch so schon zahlreiche Ausnahmen; sie trifft auf Australien nur bedingt und auf die Vereinigten Staaten von Amerika und die Schweiz nicht zu.

22) Ähnlich Stürmer, Furcht vor einer Hauptstadt: Bonn oder Berlin?, FAZ-Magazin vom 18. Mai 1990, 34 ff.

23) Eine Ausnahme bildet Südafrika, wo die Regierung in Pretoria sitzt und das Parlament in Kapstadt tagt.

24) Das Reichsgericht hatte seinen Sitz schon im Kaiserreich in Leipzig; vgl. Brunn, Die deutsche Einigungsbewegung und der Aufstieg Berlins zur deut-

schen Hauptstadt, in: Schieder/ders. (N 19), 15 (24 mit N 32); Triepel, Unitarismus und Föderalismus im Deutschen Reiche, 1907, S. 48.

25) Vgl. §§ 1 Abs. 3 Nds. StGHG, 1 VerfGHG NRW, 135 Abs. 2 S. 4 Rhl.-Pf. Verf; ausdrücklich anders die §§ 1 StGHG BW und 1 Hess StGHG.

26) Häfelin/Haller, Schweizerisches Bundesstaatsrecht, 1984, 185/187. Der Schweizer Bundesverfassung ist der Begriff „Hauptstadt" zudem fremd. In Art. 115 ist vom „Sitz der Bundesbehörden" die Rede.

27) Morsey, Der politische Aufstieg Konrad Adenauers, in: ders./ Repgen (Hg.), Adenauer-Studien, Bd. 1, 1971, S. 20 (48 m. w. N.).

28) So kann z. B. der Präsident des Bundestages den Ort des Zusammentritts der Bundesversammlung bestimmen; § 1 des Gesetzes über die Wahl des Bundespräsidenten (BGBl. 1959 I S. 230).

29) Vgl. Anschütz (N 1), Art. 71, Anm. 1, zur Verlegung des Sitzes der Reichsregierung nach Dresden und Stuttgart im Jahr 1920.

30) Wie hier Scholz (N 6), 33 f.

31) EuGH Slg. 1983, 255; 1984, 1945. Abgeschwächt: EuGH NJW 1990, 1411.

32) Zu Washington: Lang/Horlacher, Bundeshauptstadt Washington, in: Wendehorst/Schneider (Hg.), Hauptstädte, 1979, 113 ff.; Mahnke, Die Hauptstädte und führenden Städte der USA, Diss. 1970, 46 ff.

33) Eckermann, Gespräche mit Goethe, in: J.W. Goethe, Artemis-Gedenkausgabe, Bd. 24, 1948, 703 f.

34) Frantz, Der Föderalismus, 1879 (Nachdruck 1962), 265.

35) Autorenkollektiv, Staatsrecht der DDR, 2. Auflage., 1984 255 ff.

36) So Bundespräsident von Weizsäcker in der Ansprache zur Verleihung der Ehrenbürgerwürde von Berlin vom 29. 6. 1990, Manuskript, S. 6.

37) Kafka, Diskussionsbeitrag, VVDStRL 21 (1964), 109.

38) Bedenken auch bei Ehmke, Was soll diese Neuauflage preußisch-deutscher Mystik?, General-Anzeiger vom 11. Juli 1990, S. 11.

39) S. 6 f. des Redemanuskripts (oben N 36).

40) Ebd., S. 7.

41) Ebd., S. 7.

42) Scholz (N 6), 36; zum Bundesstaat ebd., 38 f., mit dem in sich widersprüchlichen Konstrukt einer „polyzentrischen Metropole".

43) Scholz (N 20), Rn. 1; ders., DöV 1987, 364 f.

44) FAZ vom 20. 1. 1990, S. 4. Würde Berlin trotzdem Hauptstadt eines wiedervereinigten Deutschlands, so wiese dieser Prozeß Parallelen mit den historischen Vorgängen auf, die Rom 1871 ohne sein Zutun zur Hauptstadt Italiens haben werden lassen, nur daß die Idee von der „Roma capitale" auf eine viel längere Tradition zurückblicken konnte und Rom aufgrund seiner geographischen Lage zwischen dem industrialisierten Norden und dem Süden vermitteln kann; zur Hauptstadtwerdung Roms siehe Goez in: Wendehorst/Schneider (N 32), 61 (71 ff.); Lill in: Schieder/ Brunn (N 19), 71 (78 ff.).

45) Schon in der Weimarer Republik galt Berlin als Grenzstadt; vgl. Herzfeld, FS Friedrich Meinecke, 1952, 149, 161.

46) Triepel (N 24), 120 f., ferner 79 f.

47) Wenn Bahners, FAZ vom 16.2.1990, S. 33,meint, Berlin könne ja aus seinen Fehlern lernen, so ist dem entgegenzuhalten, daß die Bundesrepublik Deutschland diesen Lernprozeß schon erfolgreich durchlaufen hat. Für eine Neuauflage besteht keine Veranlassung; sie kann bestenfalls zum status quo führen, birgt also nur Risiken. Der neue Nationalismus, der eine der Triebfedern für die Hauptstadt Berlin als das jedem „Verfassungspatriotismus" anholde Zentrum „Mitteleuropas" ist, camoufliert seine wahren Aspirationen einstweilen mit nett vorgetragenem Spott auf das Biedermeier-Idyll Bonn.

48) von Weizsäcker (N 36), S. 13.

49) Siehe Brunn (N 24); Herzfeld (N 45); ferner Craig, Über die Deutschen, 1982, 312 ff.

50) Klein, Bonner Kommentar zum Grundgesetz, Art. 22, Rn. 102 (1982); ders. (N 14), § 17, Rn. 20; Stern (N 15), S. 282. Maunz in: Maunz/Dürig, GG, Art. 22, Rn. 34 (1966), hält dagegen das Selbstorganisationsrecht von Bundesregierung, Bundesrat und Bundespräsident für parlamentsfest.

51) Dazu Klein, Bonner Kommentar zum Grundgesetz, Art. 22, Rn. 102 (1982).

52) BVerfGE 3, 267 (278 f.).

53) Kriterien nach BVerfGE 3, 267 (278 f.); 4, 250 (267 f.); 34, 216 (226 f.); 38, 231 (237); 42, 345 (355); 49, 10 (15).

54) BVerfGE 22, 221 (232 f.); 34, 216 (226 f.).

55) Siehe z. B. Klein (N 14), § 17, Rn. 14; Scholz (N 20), § 9, Rn. 42.

56) So im Ergebnis auch Bothe, Alternativ-Kommentar zum Grundgesetz, 2. Aufl., 1989, Bd. 1, Art. 22, Rn. 12; a.A. Scholz (N 6), 48 f.

57) A.A. Scholz (N 20), § 9, Rn. 42.

58) BVerfGE 36, 1 (16).

59) A.A., aber ohne Begründung: Grewe, FAZ vom 9. Juli 1990, S. 8. Zur argumentativen Funktion der Parallele zu dem Verhältnis von Polen und Warschau, die in manchen Deutschlandtheorien anzutreffen ist, vgl. Burley, Foreign Affairs 68 (1989/90), Heft 5, S. 69.

60) Zum Wiedervereinigungsgebot Geiger in: Haack (Hg.), Das Wiedervereinigungsgebot des Grundgesetzes, 1989, 121; Klein, FS Geiger, 1989, 132.

61) Scholz (N 6), 50.

62) Nachweis bei Klein (N 14), § 17, Rn. 14, Fn. 37.

63) Luigi Vittorio Ferraris, Berlin ist weit entfernt vom Kern des heutigen Deutschlands, General-Anzeiger vom 12. 1. 1990, S. 4.

64) Sofern nicht die Beharrungskraft des größeren Beamtenheeres oder der Unwille der Steuerzahler, milliardenschwere Symbolakte zu finanzieren, den Ausschlag geben. Zu letzterem Heidemann in: Rhein. Merkur vom 2. 2. 1990, S. 4.

65) Vgl. das Grundsatzprogramm der CDU von 1978, Ziff. 134; zurückhaltender das Grundsatzprogramm der SPD von 1989, S. 14.

66) Die Arbeit ist auf dem Stand vom 15. Juli 1990.

Die Tiefstapelei als Tugend sehen

Von Peter Scholl-Latour

Die Erklärung Richard von Weizsäckers zugunsten Berlins als Hauptstadt und Regierungssitz des geeinten Deutschlands wirkt zweifellos wie eine Präjudizierung der endgültigen Entscheidung. Es wird jetzt viel schwerer sein, gegen den Strom zu schwimmen. Wir sollten den mühseligen Streit darüber vermeiden, ob es tatsächlich zu den Prärogativen eines deutschen Bundespräsidenten gehört, mit so richtungsweisendem Nachdruck in eine schwebende Debatte einzugreifen. Allenfalls können wir uns fragen, ob diese Hauptstadtdiskussion dermaßen akut und eilig ist, daß sie gewissermaßen über das Knie gebrochen wird.

Die deutsche Einheit vollzieht sich in einem atemberaubenden Tempo, und das ist gut so, denn jede verlorene Woche könnte angesichts der ökonomischen und sicherheitspolitischen Ungewißheiten verhängnisvoll werden. Soll jetzt auch noch ein verfrühter Disput darüber entbrennen, ob Berlin oder ob Bonn den Zuschlag erhält? Muß die ohnehin schwer zu verkraftende nationale Problematik zusätzlich belastet werden? Solange eine gewaltige sowjetische Streitmacht auf dem Boden Ostdeutschlands stationiert bleibt, kommt eine Übersiedlung von Regierung und Parlament an die Spree ohnehin nicht in Frage, es sei denn, man wolle sich in die Rolle von Geiseln begeben. Unzweifelhaft ist jedoch, daß schon in den letzten Wochen vor der Währungsumstellung die ehemalige Reichshauptstadt auf beiden Seiten des Brandenburger Tores eine eindrucksvolle Dynamik an den Tag legte, die — gemessen an anderen Lokalitäten Deutschlands — ihre singuläre Bedeutung unterstreicht.

Wie so mancher Bürger der Bundesrepublik habe auch ich „einen Koffer in Berlin". Im Herbst 1943 habe ich dort die schweren Bombenangriffe erlebt, und ich kehrte an einem sonnigen Tag vom Wannsee zurück, als mich die Nachricht vom Aufstand des 20. Juli 1944 traf. Ich fühle mich wohl in Berlin, und dennoch plädiere ich nicht dafür, die ehemalige Reichshauptstadt zum Regierungssitz des vereinigten Deutschlands zu machen. Es gibt viele Möglichkeiten, Berlin wieder Glanz und Bedeutung zu verleihen. Hier könnte sich der Sitz für eine internationale Behörde etablieren, die in systematischer Weiterentwicklung der KSZE für die strategische Sicherheit und Ausgewogenheit unseres Kontinents bürgen würde. Mag sein, daß der Bundespräsident seine Residenz an der Spree aufschlägt und daß der gesamtdeutsche Bundestag gelegentlich zu Sondertagungen in das alte Reichstagsgebäude kommt. Doch der permanente Sitz von Regierung und Parlament des vereinten Deutschland sollte besser in Bonn am Rhein bleiben.

Es geht hier nicht nur um die viel zitierten Kosten im Falle eines Umzugs. Tatsächlich ließe sich mit den Ausgaben einer solchen Verlagerung die Restaurierung von zwei Großstädten der DDR finanzieren. Es handelt sich auch um grundsätzliche Überlegungen. Das Argument, Deutschland müsse ähnlich wie Frankreich über eine Regierungsmetropole mit Prestige und kosmopolitischem Flair verfügen, verfängt nur bei jenen, die nicht wissen, wie sehr unsere westlichen Nachbarn — bei allem Stolz auf ihre „Capitale" — über diesen Moloch stöhnen, wie sehr dort die notwendige wirtschaftliche Regionalisierung unter dem Gewicht dieses zentralistischen Klotzes leidet. Weder New York in USA noch Sydney in Australien empfinden es als Zurücksetzung, daß die jeweiligen Regierungsgeschäfte in Washington bzw. in Canberra abgewickelt werden.

Das vereinte Deutschland wird die übermächtige Zentralmacht des Kontinentes sein. Das ist für die übrigen europäischen Staaten schwer zu verkraften. Die politische Klugheit gebietet deshalb den Deutschen, mit größter Bescheidenheit aufzutreten, ein „low profile" zu bewahren, aus der Tiefstapelei eine Tugend zu machen. Eine solche Linie der nationalen Zurückhaltung läßt sich in Bonn, „a small town in Germany", besser einhalten als im Bannkreis wilhelminischer und anderer Erinnerungen. Gewiß, das Bundeshaus am Rhein läßt sich nicht mit dem Monumentalgebäude des Berliner Reichstages vergleichen, aber zumindest gehen in Bonn keine Gespenster um.

Im übrigen gründet sich der politische und wirtschaftliche Erfolg der Bunderepublik zu wesentlichen Teilen auf die geglückte Praktizierung des Föderalismus. Eine allzu potente Hauptstadt käme schnell in die Versuchung, die regionalen Prärogativen der Länder zu beschneiden.

Es stimmt auch nicht, daß Bonn — gemessen an Berlin — eine periphäre Situation einnehme. Das Gegenteil ist der Fall. Beide Städte sind etwa siebzig Kilometer von der Grenze entfernt, von Belgien oder von Polen. Während man jedoch am Rhein in unmittelbarer Nachbarschaft florierender Regionen lebt — das Ruhrgebiet liegt nebenan, Brüssel, Antwerpen, Paris befinden sich in Reichweite —, sieht das geographische Umfeld der Spree-Metropole weit weniger verlockend aus. Wenn man von Berlin nach Osten geht, heißt die erste Großstadt Lodsch. Irgend jemand hat sogar behauptet, man täte Polen und den übrigen Osteuropäern einen Gefallen, wenn sich der Schwerpunkt Deutschlands wieder in die Nähe der Oder verlagerte. Das ist purer Unsinn angesichts der Tatsache, daß die sukzessiven Amputationen und Aufteilungen Polens zu einem wesentlichen Teil von Berlin aus betrieben wurden. Es ist auch keineswegs erwiesen, daß die Sachsen mit einer Bevorzugung Berlins sonderlich glücklich wären. Der alte Antagonismus zwischen „Sachsens Glanz und Preußens Gloria" dürfte hier fortwirken — ganz zu schweigen von der systematischen Privilegierung der Hauptstadt der DDR durch die Bonzokratie der SED.

Es ist ja kein Zufall, daß heute noch ein knappes Drittel der Ost-Berliner Wähler für die Nachfolge-Organisation der Kommunisten stimmt. Man muß sich allen Ernstes fragen, ob eine Stadt, die im Westen durch ihre extrem-alternativen Chaoten und im Osten durch eine Vielzahl unbelehrbarer Marxisten-Leninisten von sich reden macht, der vortrefflichste Nährboden für eine harmonische Entfaltung Gesamt-Deutschlands wäre. Das Land Nordrhein-Westfalen, in dessen Bereich Bonn sich befindet, könnte darauf verweisen, daß es mehr Einwohner zählt als die ganze DDR und daß sein Wirtschaftspotential eine ganz andere Dimension besitzt. Aber diese Umstände wollen wir beiseite lassen. Es geht vielmehr darum, daß von der deutschen Bescheidung auf Bonn eine symbolisch Wirkung, ein Signal ausgeht.

Das vereinte Deutschland würde mit der Belassung des Regierungs- und Parlamentssitzes am Rhein aller Welt und vor allem den übrigen Europäern zu verstehen geben, daß seine Priorität, seine feste Verankerung weiterhin im Westen bleiben. Das Schwergewicht unseres Kontinents situiert sich nun einmal im Raum jener Europäischen Gemeinschaft von Brüssel, deren phänomenaler Aufschwung wie ein Magnet nach Osten wirkt und im ehemals sowjetischen Einflußgebiet den Maßstab für Wohlstand und Demokratie setzt.

Erschienen im Bonner Generalanzeiger vom 9. Juni 1990

Berlins Charme ist international

Von Margarita Mathiopoulos

Erinnern wir uns: Im Juni 1987 forderte der damalige amerikanische Präsident Ronald Reagan vor dem Brandenburger Tor den sowjetischen Generalsekretär auf: „Herr Gorbatschow, öffnen Sie dieses Tor. Herr Gorbatschow, reißen Sie diese Mauer nieder." Damals zeigte sich Moskau über Reagans Rede sehr enttäuscht und ließ durch das ZK-Mitglied Valentin Falin verlauten, hätte man keinen Kalender vor Augen, könnte man beim Hören der Worte des Präsidenten glauben, man stecke bis zum Hals im Kalten Krieg. Nur zwei Jahre später sind, zum Staunen der Weltöffentlichkeit und der Deutschen selbst, Reagans Worte zur „self-fulfilling prophecy" geworden: die Mauer öffnete sich. Und das Leben bestrafte all diejenigen, die zu spät begriffen und zu spät handelten. Nicht nur Ronald Reagans, sondern auch Michail Gorbatschows Vorausschau traf ein.

Berlin als Schlüssel der deutschen Frage, einst „Frontstadt" des Kalten Krieges, seit Jahren Drehscheibe zwischen Ost und West, ist bereits Prototyp politischer, wirtschaftlicher und kultureller Annäherung zwischen dem ehemaligen Ost-Block und der freien Welt. Berlin ist auf dem Weg, zur Modellstadt in einem zukünftigen europäischen Haus zu werden. Gerade in Berlin, wo die Politik der Schlußakte von Helsinki in einem langwierigen, aber erfolgreichen Prozeß den Fall der Mauer systematisch vorbereitete, wäre die Institutionalisierung der KSZE historisch gerechtfertigt. Eine KSZE-Hauptstadt Berlin wäre ein wichtiges Symbol für die deutsche Einheit. Damit ist Deutschland nicht nur in der NATO und EG eingebettet, sondern auch in der KSZE, wobei es hier sogar eine verantwortungsvolle Vorreiterrolle bei der Architektur Gesamteuropas ausüben würde. Gerade von Berlin aus, wo die Freiheit der Ostdeutschen ihren Anfang nahm, könnten Impulse für eine europäische Konföderation ausgehen, die eines Tages in die Vereinigten Staaten von Europa mündet. Warum nicht eine Synthese wagen zwischen der Idee eines europäischen Hauses und der Vision von den Vereinigten Staaten von Europa? So günstig war die Zeit noch nie.

Wir befinden uns in einer Phase der Auflösung der seit 1945 bestehenden Machtblöcke USA/UdSSR, der bipolaren Sicherheitskonstruktion und der damit einhergehenden Ost-West-Strukturen. Die von Berlin aus entfesselte Dynamik muß jetzt konstruktiv kanalisiert und eingebettet werden in den europäischen wirtschaftlichen und politischen Einigungsprozeß, soll nicht ein multilaterales Nationalismus-Denken das bipolare internationale System ablösen.

Die deutsche Frage, die das 20. Jahrhundert einleitete, zwei Weltkriege und Hitler hervorbrachte, mag in der letzten Dekade dieses Jahrhunderts einer friedlichen Lösung zustreben. „Solange das Brandenburger Tor geschlossen ist", sagte einst Bundespräsident Richard von Weizsäcker, „bleibt die deutsche Frage offen." Nun ist das Brandenburger Tor auf, ist die deutsche Frage jetzt abgeschlossen? Nein, sie ist offener denn je. Die deutsche Geschichte ist weitergegangen, dank Gorbatschow. Doch die deutsche Frage hat den Deutschen nie allein gehört. Nationale Alleingänge der Deutschen sind — wie die Geschichte des 20. Jahrhunderts zeigt — mörderisch ausgegangen. Heute, wo Ost- und Westeuropa dabei sind zusammenzuwachsen und die Überwindung der Krise Europas möglich wird, kann auch die Teilung Deutschlands im Rahmen der Gespräche 2 + 4 Schritt für Schritt abgebaut werden.

Die Öffnung der Berliner Mauer wäre ohne Moskaus neues Denken nicht denkbar geswesen. Seit Michail Gorbatschow 1985 die politische Weltbühne betreten hat, ist die europäische Nachkriegsordnung ins Wanken geraten. Gorbatschows mutiges innenpolitisches Programm, mit glasnost und perestroika die russische Gesellschaft für einen „sozialistischen Pluralismus" zu öffnen und sein riskantes außenpolitisches Konzept, die Idee eines „gemeinsamen europäischen Hauses", zu proklamieren, stehen am Anfang der dramatischen Entwicklungen und Umwälzungen in Osteuropa während der letzten Jahre. Michail Gorbatschow dachte von Anbeginn seiner Amtszeit gesamteuropäisch. Drei Motive wurden dabei offenkundig, die bis heute ihre zentrale Bedeutung behalten haben: Zunächst spielten wirtschaftliche Erwägungen eine entscheidende Rolle. Dem Kremlchef war immer bewußt, daß die Sowjetunion in einer Welt, die durch rasanten technischen Fortschritt und eine zunehmende Internationalisierung der Märkte gekennzeichnet ist, nur dann eine Großmacht bleiben konnte, wenn sie Anschluß an die technologische und ökonomische Leistungskraft des Westens finden würde.

Es geht Moskau, seit Gorbatschow im Amt ist, nicht mehr um Bedrohung oder Besetzung des Westens, sondern um Benutzung seines Know-how. Wie stark ökonomische Zielsetzungen die These vom europäischen Haus beeinflussen, verdeutlicht Gorbatschows Buch PERESTROIKA: „Der Aufbau des ‚europäischen Hauses' erfordert ein reales Fundament . . . Das wirtschaftliche, wissenschaftliche und technische Potential Europas ist gewaltig. Es ist zwar verzettelt... Dennoch sind der gegenwärtige Stand der Dinge in wirtschaftlicher Hinsicht sowohl im Westen als auch im Osten sowie die realen Aussichten so, daß sie es durchaus ermöglichen, einen Weg für eine Verknüpfung von ökonomischen Prozessen in beiden Teilen Europas zum Wohle aller zu finden . . . Sicherlich würde all das die gegenseitige Abhängigkeit der europäischen Staaten untereinander erhöhen, doch das wäre zum Vorteil aller und würde zu größerer Verantwortung und Selbstbeherrschung beitragen."

Ferner ging und geht es Gorbatschow um den Abbau der Milliardenverschlingenden Rüstungen, um so die finanziellen Spielräume zur Modernisierung seines Landes auszuweiten und die vorhandenen gewaltigen Ressourcen sinnvoller anzulegen. Die Idee des europäischen Hauses, verbunden mit fast monatlichen Abrüstungsinitiativen, sollte die Entspannungspolitik unumkehrbar machen, im Westen Vertrauen schaffen und ihm die Angst nehmen, mit der Intensivierung der ökonomischen Kooperation solle letztlich nur ein gefährlicher Gegner gestärkt werden. Die Kehrtwendung Moskaus in der Frage der Mittelstreckenraketen, die schließlich das INF-Abkommen ermöglichte, die vom Warschauer Pakt signalisierte Bereitschaft, Asymmetrien im Bereich der konventionellen Rüstung wegzuverhandeln, der Abzug der Roten Armee aus Afghanistan, die konstruktive Haltung des Kreml in regionalen Konflikten sowie die Duldsamkeit gegenüber den Reformbewegungen in Osteuropa, d.h. die wohl endgültige Abkehr von der Breschnew-Doktrin — das waren eindrucksvolle Signale einer neuen sowjetischen Disengagementpolitik, auf die der Westen reagieren mußte.

Schließlich diente der Gedanke vom europäischen Haus dem Ziel, die Sowjetunion bewußt als europäische Macht darzustellen, um auf diese Weise die brisanten Nationalitätenprobleme der Sowjetrepubliken in den Griff zu bekommen. Gorbatschow ist fest entschlossen, durch die Europäisierung der Sowjetunion den russischen Vielvölkerstaat zusammenzuhalten: Den Bündelstaat soll nicht das gleiche Schicksal des allmählichen Zerfalls ereilen, das das Osmanische und Habsburger Reich erleiden mußten. Für Gorbatschow, am Rande Asiens (Stawropol) geboren, scheint diese Frage von größter Wichtigkeit zu sein — das europäische Bewußtsein der verschiedenen russischen Nationalitäten unter einem europäischen Dach wiederaufleben zu lassen, um somit Macht und Einfluß über sie aufrechtzuerhalten. In diesem Kontext läßt sich auch die Aufwertung der orthodoxen Kirche sowie die Audienz beim Papst erklären: Um europäisches Traditionsbewußtsein zu dokumentieren, empfing Gorbatschow den Patriarchen und stattete dem Papst in Rom einen Besuch ab. Über das europäische Erbe der Sowjetunion läßt der Generalsekretär keinen Zweifel: „Wir sind Europäer. Das alte Rußland war durch das Christentum mit Europa verbunden, und die Tausendjahrfeier seiner Verbreitung im Land unserer Vorfahren hat das Jahr 1989 gekennzeichnet. Die Geschichte Rußlands ist ein elementarer Bestandteil der großen Geschichte Europas. Die Russen, Ukrainer, Weißrussen, Moldauer, Litauer, Letten, Esten, Karelier und andere Volksstämme unseres Landes haben in beträchtlichem Maße zur Entwicklung der europäischen Kultur beigetragen. Deshalb betrachten sie sich zu Recht als deren rechtmäßige Erben."

Dennoch, die Frage bleibt und stellt sich angesichts der aufflammenden Abspaltungs- und Nationalitätenprobleme im Baltikum und im Kaukasus neu, ob und inwieweit die Sowjetunion von ihrer Geschichte und Kultur her eine europäische Macht ist; ob die UdSSR zum „mitteleuropäischen Kulturkreis" zu zählen ist oder ob man sie in eine „unzivilisierte" asiatische Tradition und „barbarische Gegenkultur" stellen muß, die den Rechten des Menschen und dem Liberalismus europäischer Prägung feindlich gegenübersteht, wie im September 1983 in Wien der damalige Vize-Präsident George Bush bei einer Rede betont hatte. Eindringlich hatte Bush damals darauf hingewiesen, daß Rußland an den drei großen geistesgeschichtlichen Strömungen Europas — Reformation, Renaissance, Aufklärung — nicht beteiligt gewesen sei. Erst im April 1987 ging Gorbatschow in Prag auf diesen Aspekt ein: „Im Europa vom Atlantik bis zum Ural wurde die Weltzivilisation durch die Ideen der Renaissance und der Aufklärung bereichert, die humanistische Tradition und die Lehre vom Sozialismus eine machtvolle Entwicklung."

Der wirtschaftliche, der sicherheitspolitische und der kulturelle Aspekt des europäischen Haus-Ansatzes Gorbatschows wurden zu mächtigen Faktoren. Sie brachten den Westen in die Defensive und stärkten das Ansehen der angeschlagenen Sowjetunion. Sie entwikkelten aber auch eine Eigendynamik. Revolutionäre Freiheitsbewegungen entstanden in Osteuropa, der Ostblock öffnete sich und schließlich stürtzten in den ehemaligen „Satellitenstaaten" die kommunistischen Führungen. Das Konzept des europäischen Hauses war Gorbatschow aus der Hand geglitten und hatte eine stärkere Kraft entfaltet, als es der Kremlchef gewollt haben durfte: 1989/90 zeichnete sich erstmals die Chance ab, die Teilung und Krise Europas zu überwinden. Die Idee des europäischen Hauses ist — schneller und anders als konzipiert — von der fernen Zukunftsvision zum realen politischen Ziel geworden.

Es besteht die Chance zum großen Wurf, eine Chance, die die Geschichte nur selten bietet. Wir sind nicht, wie ein Philosoph aus dem State Department jüngst schrieb, am Ende der Geschichte angelangt, sondern wir befinden uns am Anfang einer neuen europäischen Geschichte, die nicht mehr durch Ideologien getrennte Wege gehen muß. Wird diese Chance aber gesehen und genutzt? Bisher sieht es nicht so aus. Der Westen reagiert halbherzig, ohne Führung und Zukunftsentwurf. Man antwortet auf die neue Situation mit der Forcierung des (west)europäischen Binnenmarktes und der Währungsunion, man streitet über die Bedingungen einer deutschen Wiedervereinigung und in der Bundesrepublik über die Gültigkeit der polnischen Westgrenze! Wo europäische Vision gefragt ist, beginnt nationaler Streit. So werden die Staatsmänner Europas den Möglichkeiten der geschichtlichen Situation nicht gerecht. Dabei gibt es zum Beispiel das Modell der Vereinigten Staaten von Europa, das die großen Europäer der Nachkriegszeit so sehr bewegte. Warum nicht anknüpfen an den Gedanken Jean Monnets? Schon damals war er sich mit anderen europäischen Politikern über die Notwendigkeit der Wahrung des europäisch-abendländischen Ideenguts und zur demokratischen Bewältigung zukünftiger Herausforderungen im klaren. Aus den europäischen Bruderkriegen und der schrecklichen Zerstörung wollte man eine neue gemeinsame europäische Zukunft bauen. „Ein starkes Europa setzt voraus", so Monnet damals, „daß Europa geeint ist, und zwar nicht nur in einer Kooperation, sondern durch eine von den europäischen Nationen gebilligte Übertragung von Souveränität auf eine zentrale Union, eine Union, die die Macht hätte, Zollbarrieren abzubauen, einen großen europäischen Markt zu schaffen und das Wiederaufleben des Nationalismus zu verhindern."

Unter den damaligen politischen und geistigen Bedingungen konzentrierte sich europäisches Denken nahezu ausschließlich auf Westeuropa, Osteuropa dagegen wurde ausgeblendet, als grauer, eintöniger „Ostblock" aus dem Bewußtsein verdrängt, die Unterschiedlichkeit der Länder und Kulturen, ihr gemeinsames europäisches Kulturerbe weitgehend verwischt. Man blickte nach Westen und vergaß den Osten.

Der 9. November änderte dies. Plötzlich ist allerorten eine Osteuphorie erwacht, die Nachrichten berichten ausführlich über die Reformprozesse innerhalb des Warschauer Paktes, die Ökonomen sprechen von einer neuen „Gründerzeit" in Osteuropa. Der Binnenmarkt 1992 und die Atlantische Allianz scheinen zweitrangig geworden zu sein. Der Osten wird als wirtschaftlicher und kultureller Teil Europas wiederentdeckt. Nun erscheint auch die Verwirklichung der Vereinigten Staaten von Europa nicht mehr utopisch, der Stalinismus ist besiegt, die Völker Osteuropas haben ihr Schicksal in die eigenen Hände genommen, das Zeitalter der Ideologien ist vorläufig vorbei. Die Völker Europas aus Ost und West haben aus der Vergangenheit gelernt, was auch durch die Friedlichkeit und Vernunft der Umwälzungen in den ehemaligen kommunistischen Diktaturen belegt wird.

Nachdem die totalitären Ideologien ihre Kraft verloren haben, kann der europäische Friede nur noch durch eine Neuauflage des Nationalismus-Denkens und einer unzeitgemäßen Überhöhung des Begriffs der Nation bedroht werden. Um dem zuvorzukommen, muß nun die Vision Monnets von den Vereinigten Staaten von Europa als analoges Modell zur Vision Gorbatschows vom gemeinsamen europäischen Haus revitalisiert werden. Eine Synthese beider Modelle kann heute Wirklichkeit werden. Die Voraussetzungen und Instrumentarien sind vorhanden. Europa, nicht der Nationalstaat muß das Ziel sein!

Dabei darf das Schwergewicht nicht in der westeuropäischen Integration, in der Schaffung des Binnenmarktes allein liegen, sondern in der Öffnung der EG nach Osten. Nur so können die Deutschen in Europa gehalten werden, nur so bieten sich reale Perspektiven für die mittel- und osteuropäischen Staaten. Eine Konzentration auf die Vollendung der Westintegration würde angesichts der großen Chancen unserer Zeit als rein defensives Konzept wirken, Mittel- und Osteuropa im luftleeren Raum ohne Zukunft lassen und den Deutschen die verhängnisvolle Alternative aufzwängen: Wiedervereinigung oder Westbindung.

Weise entschied Konrad Adenauer, der Note Stalins von 1952 hinsichtlich einer deutschen Wiedervereinigung zum Preis der Neutralität zu widerstehen. Damals war keine Rede vom Selbstbestimmungsrecht der Deutschen, keine Rede von einem Referendum. Der „Alte“ entschied sich ohne „Wenn und Aber“ für die Westbindung der Bundesrepublik. Nichts wäre fataler für die Zukunft Europas, als wenn sich die Deutschen heute entschließen würden, einen nationalen Sonderweg zu gehen, und sich von der gesamteuropäischen Entwicklung abzukoppeln. Bundespräsident Richard von Weizsäcker und Außenminister Hans-Dietrich Genscher haben wiederholt deutlich gemacht, daß sie nicht daran denken, die engen Bindungen Bonns an den Westen aufzugeben. Aber bleibt es auch so im „doppelten Wahljahr“? Wird man der Versuchung widerstehen, die Auseinandersetzungen mit der nationalen Frage zu emotionalisieren? Werden die westlichen Partner Bonns für ihr vermeintliches oder tatsächliches Zögern in der Einheitsfrage öffentlich an den Pranger gestellt, so wie es in manchen deutschen Medien heute bereits geschieht? Wie soll der Westen reagieren?

Es wäre gewiß ein Grundfehler, den Deutschen das Gefühl zu geben, als hätten sie aus übergeordneten geographischen Gründen oder wegen der Hitler-Barbarei heute weniger als alle anderen Völker ein Recht auf Selbstbestimmung. Der Westen würde sich unglaubwürdig machen, wenn er die Forderungen der Deutschen nach Freiheit, Selbstbestimmung und Überwindung der Teilung nicht fördern würde. Aber wie die Deutschen das Recht auf Unterstützung ihres Wunsches nach Selbstbestimmung haben, so haben die Nachbarn und Alliierten Deutschlands ein Recht auf Mitbestimmung über die konkrete Form und die Zeitabläufe einer möglichen deutschen Einheit. *No self-determination without consultation*. Die deutsche Frage ist ein europäisches Thema. Es gibt nicht nur eine volonte allemande, sondern auch eine volonte europeenne. Die Architektur im Herzen Europas, die damit verbundenen Sicherheitsfragen — das geht alle an. Die Deutschen sollten deshalb die Bedenken und Vorbehalte der Nachbarn ernst nehmen. Dabei kommt es nicht nur darauf an, ob die Ängste in Frankreich, Holland, Italien, England oder den USA vor einem wiedervereinigten Deutschland heute reale Hintergründe haben, ob ein solches Deutschland tatsächlich eine neue Bedrohung darstellt. Es reicht das subjektive Empfinden, um seit 1945 gewachsene Beziehungen und Vertrauen zu beeinträchtigen. Konrad Adenauer hatte 1949 mit Blick auf Frankreich auf diese „psychologischen" Aspekte hingewiesen: „Es nützt nichts, daß wir tatsächlich ungefährlich sind, sondern es kommt darauf an, ob Frankreich uns für gefährlich hält . . . Auch wenn Frankreich sich im Irrtum befindet, so ist sein Verlangen nach Sicherheit doch psychologisch vorhanden und also eine politische Tatsache, mit der wir zu rechnen haben."

Die deutsche Frage läßt sich nicht allein von den Deutschen lösen, oder wenn, dann nur unter großen Gefahren für den Frieden in Europa. Es gilt, die deutsche Frage zu europäisieren und sie ins europäische Gleichgewicht zu bringen. Das beste Instrument dazu stellt der KSZE-Rahmen dar. All diejenigen, die bis vor drei oder vier Jahren — zumal in den USA — den KSZE-Prozeß zu einer Spielwiese der Europäer zu degradieren versuchten — haben damals noch nicht übersehen, daß die KSZE-Schlußakte von 1975 sich als das wichtigste historische Dokument der europäischen Nachkriegspolitik herausstellen würde. Es ist die Charta der europäischen Friedensordnung, die Hausordnung des europäischen Hauses. Sie ist die Grundlage der internationalen Politik, die die Umwälzungen in Osteuropa stimulierte, sie aber auch zu beherrschen vermag. Sie ermöglicht es den Europäern, Selbstbestimmung und Souveränität mit Zusammenwachsen und Partnerschaft zu verbinden und dies als große Lerngemeinschaft zu begreifen.

Der Weg zur KSZE-Schlußakte von Helsinki wurde durch die Ost- und Deutschlandpolitik von Willy Brandt gebahnt. Rückblickend läßt sich feststellen, daß der KSZE-Prozeß nichts anderes ist als die Umsetzung der klassischen außenpolitischen Maxime der Ära Brandt: WANDEL DURCH ANNÄHERUNG. Hatten die Amerikaner in den 70er Jahren die Bedenken, daß die KSZE zur allmählichen Auflösung der NATO führen könnte, so hat sich gezeigt, daß der KSZE-Prozeß im Gegenteil dazu beigetragen hat, den „Ostblock“ aufzuweichen und die Teilung des Kontinents durch Abbau der Konfrontation, friedliche Konfliktregelung, konstruktive Zusammenarbeit und menschliche Erleichterungen zu überwinden. Der KSZE-Prozeß ist nichts anderes als die politische Konkretisierung des friedlichen Wandels zur Freiheit in Europa. Gerade durch die mit der KSZE verbundene Anerkennung des europäischen status quo und der Festlegung der internationalen Spielregeln und Grenzen wurde die Voraussetzung für Wandel geschaffen. Außenpolitische Entspannung führte zu innenpolitischer Entkrampfung. Nun geht es um die politische Beherrschung dieses Wandels und die Verhinderung des Auflebens neuer nationalistischer Gefühle und Konzepte durch die Forcierung einer umfassenden gesamteuropäischen Perspektive. Dabei wird sich aufgrund der Unterschiedlichkeit der Länder und vor allem des erheblichen West-Ost-Gefälles ein Europa mehrerer Geschwindigkeiten zunächst nicht vermeiden lassen. Ein interessanter Entwurf hierzu entstand im Bonner Kanzleramt im letzten Sommer. Es geht in diesem Konzept um die Ordnung der zahlreichen europäischen Integrationszusammenhänge in einem „System konzentrischer Kreise“. Herzstück dieser Konstruktion sind die Vereinigten Staaten von Europa, also ein europäischer Bundesstaat, der zunächst das alte Europa der Sechs umfassen könnte, zuzüglich jener Staaten, die sich gleichfalls zu einem solchen Aufbruch entscheiden. In dem zweiten „Kreis“ ist die Europäische Gemeinschaft als europäischer Staatenbund skizziert, die auch die Vereinigten Staaten von Europa umfassen würde. Diese Stufe entspricht in etwa dem gegenwärtigen Europa der Zwölf, eventuell erweitert durch Norwegen und Österreich. Der dritte „Kreis“, der wieder die beiden vorherigen umschließt, bildet eine „Assoziation europäischer Staaten“. Sie orientiert sich an der heutigen EFTA und steht Staaten wie Finnland, Schweden oder der Schweiz genauso offen wie z. B. Ungarn, Polen oder der CSFR.

Der größte „Kreis“ schließlich wird durch das gemeinsame europäische Haus gebildet, das mit einer zukünftigen europäischen Friedensordnung und dem KSZE-Europa deckungsgleich ist, also auch für die USA und Kanada eine „Wohnung“ bietet. Das jüngste Plädoyer des Philosophen und Physikers Carl Friedrich von Weizsäker für eine Wiedervereinigung Europas von San Francisco bis Wladiwostock trifft hier ins Schwarze.

Ziel europäischer Politik muß sein, um bei dem Konzept aus dem Kanzleramt zu bleiben, die „Kreise“ immer kleiner werden zu lassen, also immer weiter zu „europäisieren“, so daß alle Staaten Europas sich auf das Herzstück der Vereinigten Staaten von Europa zubewegen und eines Tages ein Europa von Portugal bis Polen Wirklichkeit wird. In einem auf diese Weise zusammenwachsenden Europa sollen die nationale und regionalen Eigenheiten nicht „wegharmonisiert“ werden; im Gegenteil, unter dem Dach der Vereinigten Staaten von Europa soll sich ein lebendiger Föderalismus entfalten können. Dieses Konzept ist Vision, Zukunftsvorgabe. Aber genau danach fragen die Menschen in Zeiten der Umwälzungen und Orientierungslosigkeit. Warum nicht die Synthese von der einstigen Vision Jean Monnets, den Vereinigten Staaten von Europa, und der heutigen Vision Michail Gorbatschows, dem gemeinsamen europäischen Haus, wagen? Die konkrete europäische Zukunftsperspektive ist notwendiger denn je — und sei es nur, um das Aufkeimen eines Neo-Nationalismus mit seiner altbekannten zerstörerischen Kraft zu verhindern.

Wenn man davon ausgeht, daß Brüssel möglicherweise einmal die Hauptstadt der Vereinigten Staaten von Europa werden wird, so sollte Berlin, wo der Geist von Helsinki schließlich die Mauer zu Fall gebracht hat, die KSZE-Hauptstadt werden, quasi das politische Trainingslager der westlichen und östlichen Staaten auf dem Weg zu den Vereinigten Staaten von Europa nach Brüssel.

Berlin ist bereits europäische Metropole, kulturell und zunehmend auch im wirtschaftlichen Bereich. Die Olympischen Spiele werden, wie in Malta von Präsident Bush und Präsident Gorbatschow angeregt, hier im Jahre 2000 oder 2004 abgehalten — warum die internationale Metropole wieder zum nationalstaatlichen Zentrum degradieren? Nein, der Name Berlin muß sich im ausgehenden 20. Jahrhundert mit Europa verbinden! George Kennan, der große alte Mann der amerikanischen Diplomatie, hat kürzlich vor dem außenpolitischen Ausschuß des Senats gesagt, die deutsche Einheit solle so lange warten, bis die USA, die Sowjetunion und die europäischen Nachbarn Deutschlands sich auf einen Rahmen dafür geeinigt hätten. Als ersten Schritt auf dem Weg zu einer Einheit Deutschlands schlug er eine Wiedervereinigung der beiden Teile Berlins unter einer gemeinsamen Stadtverwaltung vor. Dafür sollten die Schutzmächte USA, Frankreich, Großbritannien und

UdSSR die Voraussetzungen schaffen. Das ist eine wichtige und realistische Idee.

Hier war die „Frontstadt des Kalten Krieges“, später „Drehscheibe zwischen Ost und West“, und hier kann nun die „Metropole des europäischen Hauses“ entstehen. In einer KSZE-Hauptstadt Berlin könnte das Netzwerk der drei Körbe von Helsinki regelmäßig gepflegt, gefördert und überwacht werden. Es könnte ein weltweit positives Signal gesetzt werden, wenn in Berlin die Verhandlungen über einen europäischen Friedensvertrag im Rahmen der KSZE stattfinden würden. Der Berliner Senat könnte ein KSZE-Forschungsinstitut gründen, das den europäischen Einigungsprozeß wissenschaftlich begleitet. Konkrete Vorstellungen sind von Berliner Wissenschaftlern bereits entwickelt worden. Ein europäisches Ost-West-Umweltamt könnte ferner in Berlin seinen Hauptsitz finden, von wo aus die Weichen für das „große Saubermachen“ in den 90er Jahren gestellt werden. Außerdem bietet sich an, in Berlin ein internationales Sprachen-Zentrum für östliche und westliche Sprachen einzurichten, eine internationale Management-Schule für östliche Führungskräfte zu gründen sowie ein internationales Datenbank-Zentrum zu errichten, an das sich östliche Firmen und Institutionen Schritt für Schritt online anschließen können.

Berlin eignet sich deshalb so gut für diese Aufgaben,

— weil es geographisch in der Mitte Europas liegt;

— weil es lange Jahre als geteilte Stadt Ost und West gleichermaßen in sich versöhnt;

— weil es durch den 4-Mächte Status sowieso eine internationale Stadt geworden ist;

— weil hier die Amerikaner besonders verankert sind, ohne die es auch zukünftig in Europa keine Sicherheit geben wird;

— weil die Berliner nach Jahrzehnten der Trennung der Idee der Überwindung der Teilung von Stadt, Land und Kontinent stark verbunden sind;

— weil durch die Verbindung des Namens Berlin als neuer KSZE-Hauptstadt mit einer europäischen Friedensordnung (und nicht deutscher „Reichshauptstadt“) ein Signal gesetzt wird;

— weil die Deutschen so in den europäischen Prozeß eingebunden werden.

Berlin war lange Zeit für viele Menschen in aller Welt mit schrecklichen Assoziationen verbunden, in der Hitler-Zeit stand die Stadt für nationalen Größenwahn. Nun könnte die Stadt, die sich in den letzten 40 Jahren unter so schweren Bedingungen behauptet hat und die viel demokratische Glaubwürdigkeit zurückgewonnen hat — nicht zuletzt durch die demokratische Revolution in der DDR — zu einem Symbol der europäischen Hoffnung werden. Berlins europäischer Charme ist unwiderstehlich international.

Dieser Artikel ist eine aktualisierte Fassung eines Beitrages, der in englischer Sprache im EUROPEAN JOURNAL OF INTERNATIONAL AFFAIRS, No. 7, 1990 erschienen ist.

Mit Herz statt Verstand.
(Ein Streitgespräch im Herbst 1990)

Von Wolfgang Herles

Der ältere Redakteur: Wissen Sie, was ich an Ihnen ulkig finde?

Der jüngere Redakteur: (blickt etwas irritiert von seiner Arbeit auf)

Der Ältere: Daß Sie sich in diesen aussichtslosen Kampf stürzen.

Der Jüngere: Es ist noch nichts entschieden.

Der Ältere: Ist es längst. Sie wissen es nur noch nicht.

Der Jüngere: Sind Sie jetzt für Berlin, weil das Ihre Meinung ist, oder richten Sie Ihre Meinung an der Ihrer Meinung nach herrschenden Meinung aus? Dann hätten Sie Politiker werden sollen.

Der Ältere: Auch wir müssen auf der Höhe der Emotionalität sein.

Der Jüngere: Ich dachte immer, wir dienten der Aufklärung.

Der Ältere: Sie sind von gestern. Wer zu spät kommt, den bestraft . . .

Der Jüngere: . . . das Leben. Bloß womit? Mit der ewigen Verbannung in die Provinz?

Der Ältere: Sie werden doch nicht bestreiten, daß Bonn eine Provinzstadt ist, ganz nett, ganz freundlich, ganz friedlich, ein bißchen betulich.

Der Jüngere: Ja. Und?

Der Ältere: Aber doch keine Regierungshauptstadt, die dieses große vereinte Deutschland repräsentieren könnte.

Der Jüngere: Nein, an Großdeutschland denkt man wirklich nicht, wenn man in Bonn ist.

Der Ältere: Sehen Sie. Bonn war gerade das Richtige für einen provisorischen Teilstaat mit reduzierter Souveränität.

Der Jüngere: Das hört sich an, als sprächen Sie von der DDR. Der Bonner Staat war souverän genug, die einzige erfolgreiche Demokratie der deutschen Geschichte zu entwickeln, souverän genug, um zu einem Motor Europas zu werden, souverän genug, um Gorbatschow die DDR abzuhandeln.

Der Ältere: Identifizieren Sie sich denn nicht mit der alten Hauptstadt der Deutschen? Sie sind vielleicht ein Patriot!

Der Jüngere: Ich identifiziere mich mit der Freiheit, die mir die Bonner Republik garantiert. Die Nation ist kein Wert an sich, sonst wäre sie eine Ideologie.

Der Ältere: Deswegen braucht man Symbole, die den Leuten Stolz auf ihre Nation vermitteln.

Der Jüngere: Und Bonn eignet sich nicht als Symbol?

Der Ältere: Mit diesem Politikernest machen wir uns doch lächerlich in der Welt. Es ist nicht repräsentativ für die Kraft, für die stolze Geschichte, für die Bedeutung, für den Sieg . . .

Der Jüngere: Sieg? Wen wollen Sie denn noch besiegen?

Der Ältere: Wenn Sie mich mißverstehen wollen . . .

Der Jüngere: Ich will mir nur vorstellen, wie das, was Sie sagen, auf jemanden wirken könnte, der von deutschen Siegen eine bestimmte Vorstellung hat.

Der Ältere: Sieg über die Barbarei der Teilung und des Kommunismus.

Der Jüngere: Die haben die Deutschen allein besiegt?

Der Ältere: Vor allem in Berlin.

Der Jüngere: Ich dachte, ganz Europa sei geteilt gewesen, nicht bloß Berlin. Ich dachte, die Ungarn, die Polen, die Tschechen und Slowaken und Kommunisten wie Gorbatschow hätten den Kommunismus besiegt. Und nicht die deutsche Nation lieferte dazu die Vision, sondern Europa.

Der Ältere: Dafür steht dieses freie und großartige Berlin.

Der Jüngere: Wofür genau? Dafür, daß die Nationen allmählich aufgehen sollen in stark regionalisierte vereinigte Staaten von Europa? Wenn das so wäre, bräuchte man keine nationalen Metropolen mehr.

Der Ältere: Berlin ist eine richtige Metropole.

Der Jüngere: Das fürchte ich auch.

Der Ältere: Damit werden Sie sich abfinden müssen.

Der Jüngere: Das entscheidet, wenn ich nicht irre, das Parlament. Auch der Bundesrat muß zustimmen.

Der Ältere: Klammern Sie sich nicht an Formalien. Die Abgeordneten werden jetzt schon auf Linie gebracht.

Der Jüngere: Zum preußischen Stechschritt! Wenn das so wäre, paßten sie gut in den Reichstag. Dort ist das Verfahren lange genug praktiziert worden.

Der Ältere: So naiv können doch nicht einmal Sie sein zu glauben, Bonn oder Berlin sei eine Gewissensfrage der Abgeordneten. Zumal das institutionalisierte Gewissen der Nation, der Bundespräsident . . .

Der Jüngere: Widerspruch, wollen Sie sagen, ist nicht bloß zwecklos, sondern Majestätsbeleidigung.

Der Ältere: Merken Sie denn nicht, daß Sie Ihre eigenen Argumente diffamieren, wenn Sie gegen die Lichtgestalt Richard von Weizsäckers polemisieren? Autorität ist nicht dasselbe wie autoritär!

Der Jüngere: Es kommt darauf an, wie man mit seiner Autorität umgeht.

Der Ältere: Sie haben doch selbst jedes Wort des Bundespräsidenten für eine höhere Weisheit gehalten. Sie haben Ihren Lieblingspolitiker ständig gnadenlos gegen den angeblich stammelnden Banausen im Kanzleramt ins Feld geführt. Ob's um die polnische Grenze oder um mehr Zartgefühl beim Anschluß der DDR ging. Jetzt paßt es Ihnen nicht in den Kram, und schon unterstellen Sie ihm böse Absichten. Seien Sie doch froh! Endlich einmal nicht Zwischentöne von Zwischentönen, kein Ästhetizismus. Endlich ein Bundespräsident, der sein Herz auf der Zunge trägt, der mitten im Volk steht.

Der Jüngere: Ein Populist?

Der Ältere: Jetzt verwechseln Sie schon wieder etwas. Populistisch ist nicht dasselbe wie populär.

Der Jüngere: Auch da kommt's drauf an, was man mit seiner Popularität anstellt. Auf jeden Fall fällt Weizsäckers Rede völlig aus dem Rahmen. In allen anderen Reden hatte er seine Argumente sorgfältig, feinfühlig, kühl ins Spiel gebracht. Jetzt heizt er an, statt zu versachlichen. Die Gegenargumente nennt er „wenig stichhaltig“. Er schimpft sie „furchtsam“, oder „historisch falsch“, hält sie für „klägliche Zeichen von Unsicherheit und Orientierungslosigkeit“. Oder er findet, sie besäßen nicht den „richtigen Rang“. Das ist ein neuer Stil.

Der Ältere: Er wird schon seine Gründe gehabt haben.

Der Jüngere: Daran zweifle ich nicht.

Der Ältere: Da scheint Gefahr im Verzug gewesen zu sein.

Der Jüngere: Es lief gut für Bonn, richtig.

Der Ältere: Und es ist besonders aktuell. Nicht nur der Berliner Bürgermeister, auch die DDR-Regierung hat verlangt, im Vereinigungsvertrag Berlin nicht nur als Hauptstadt, sondern auch als Regierungssitz festzulegen.

Der Jüngere: Also dem Souverän die Entscheidung abzunehmen. Demokratie lernt man eben nicht von heute auf morgen.

Der Ältere: Das ist Unsinn. Die besten Vertreter der westdeutschen Demokratie votieren für Berlin. Willy Brandt . . .

Der Jüngere: . . . der ehemalige Regierende Bürgermeister . . .

Der Ältere: . . . Hans-Jochen Vogel . . .

Der Jüngere: . . . wie Brandt und Weizsäcker ehemaliger Regierender . . .

Der Ältere: . . . Graf Lambsdorff . . .

Der Jüngere: Was erwarten Sie von einem ostelbischen Junker?

Der Ältere: Genscher . . .

Der Jüngere: . . . der preußische Sachse . . .

Der Ältere: Herrgott, man kann doch heute nicht einfach vergessen, was wir alle schon seit Jahrzehnten bekannt und entschieden haben.

Der Jüngere: Wir alle? Ist es vernünftig, diese Frage nach den Prämissen der Vergangenheit zu entscheiden? Wer hat vor 40 Jahren die Vereinigten Staaten von Europa vorausgesehen? Wir brauchen keine Nationalmetropole von gestern.

Der Ältere: Das können Sie dem Bundespräsidenten nicht vorwerfen. Er hat gewarnt vor nationaler Euphorie.

Der Jüngere: Das ist es, was mich ratlos macht. Deutschland soll zusammenwachsen — aber eine der sensibelsten Fragen soll übers Knie gebrochen werden ohne Rücksicht auf die europäisch Gesonnenen.

Der Ältere: Weizsäcker denkt als Präsident aller Deutschen. Deshalb sagt er: „Nur in Berlin kommen wir wirklich aus beiden Teilen und sind doch eins." Die DDR, meint er, müsse schon auch etwas einbringen, da bleibe nicht viel mehr als Berlin. Die Bürger der DDR wollten das.

Der Jüngere: Auch in Dresden und Leipzig steht Berlin für Zentralismus, Privilegien, Gängelung. Herr de Maizière, der Berliner, spricht nicht für das Volk in dieser Frage. Außerdem suchen nicht nur 16 Millionen Ostdeutsche ihre Identität, 60 Millionen Bundesbürger, auch die im Süden und Westen, haben ihre Identität zu verlieren. Gerade weil Deutschland jetzt östlicher und protestantischer wird, darf man das nicht noch mit einer Unterordnung seiner Landeszentren unter die Berliner Metropole überbetonen, sondern muß es föderalistisch ausgleichen.

Der Ältere: Seien Sie doch froh, wenn wenigstens einer sich Sorgen macht um die Psyche unserer Brüder und Schwestern!

Der Jüngere: Und auf der Psyche der jüngeren Westdeutschen darf man herumtrampeln, als hätten sie 40 Jahre Stalinismus zu vertreten? Was trieb ihr Staatsoberhaupt zum Stilbruch?

Der Ältere: Na, denken Sie doch mal nach. So schwer kann die Antwort doch nicht sein.

Der Jüngere: Die Leuchte der deutschen Aufklärung hat sich übermannen lassen von Kindheitserinnerungen. Dazu kam die Ehrenbürgerwürde von Berlin, ein, wie er sagt, „wahrhaft bewegendes Erlebnis".

Der Ältere: Na ja, so ähnlich hat er das auch gesagt, als er Ehrenbürger von Bonn wurde. Das gehört sich so.

Der Jüngere: Er kam als Kind in diese Stadt Berlin. Und „wuchs ganz unbewußt in eine Zuneigung zu ihr hinein, die nie aufgehört hat". Noch heute ist er stolz darauf, berlinern zu können. Diese Sprache scheint an allem schuld zu sein.

Der Ältere: Hier steht's: „Mein Herz, das ich auf der Zunge trug, hatte von ihr gelernt, berlinerisch zu schlagen."

Der Jüngere: Die Mehrheit der Bundestagsabgeordneten findet den Gedanken ganz vernünftig, Berlin den ersehnten Titel Hauptstadt zu gönnen, aber die Regierungsarbeit weiter in Bonn zu betreiben.

Entgegen aller Gewohnheit sperrt sich von Weizsäcker gegen diesen breiten Konsens.

Der Ältere: Das ist ja der Punkt. Fällt der Groschen?

Der Jüngere: Weizsäcker könnte als Staatsoberhaupt in sein geliebtes Berlin ziehen, auch wenn Parlament und Regierung in Bonn bleiben.

Der Ältere: Also sprach die Frau Mama, du gehst fort und ich bleib da. In Berlin darf der Präsident den Grußonkel machen und redet in Bonn nicht mehr dazwischen. Nach Berlin abschieben läßt er sich nicht. Alle müssen mitkommen.

Der Jüngere: Zur Strafe.

Der Ältere: Aber es gibt noch genügend andere Gründe, die für Berlin sprechen.

Der Jüngere: Da bin ich gespannt.

Der Ältere: Hier zum Beispiel: „Wer meint, nur mit dem kleinen Bonn lebe der Föderalismus fort, während ihm von der Metropole Berlin Gefahr drohe, enthüllt sich als ein Föderalist von höchst dürftigem Selbstbewußtsein."

Der Jüngere: Wissen das die Ministerpräsidenten der Länder?

Der Ältere: Was sollen sie wissen?

Der Jüngere: Daß sie ein höchst dürftiges Selbstbewußtsein besitzen. Denn bis auf Berlins Momper sind sie alle gegen Berlin als alleinige Hauptstadt. Sie halten sich nur etwas vornehmer zurück als der Herr von Weizsäcker. Wollen die Entscheidung vertagen. Weil sie daran glauben, daß sich nach ein paar Jahren Bonn als gesamtdeutsche Regierungsstadt etabliert haben, der Berliner Spuk vorbei sein wird. Und sie sind sich ziemlich sicher, daß auch ihre Kollegen aus Sachsen und Thüringen dieser Ansicht sein werden.

Der Ältere: Aber selbst die Ministerpräsidenten könnten gegen einen Beschluß des Parlaments nichts mehr ausrichten. Ich sage Ihnen doch, eine verlorene Partie.

Der Jüngere: Ein Ministerpräsident hat zu mir gesagt: Gegen die BILD-Zeitung und Weizsäcker schaffen wir es noch.

Der Ältere: Eine merkwürdige Partnerschaft.

Der Jüngere: Aber kommt zu BILD und Weizsäcker Kohl dazu,

dann ist es vorbei. Wenn Berlin Regierungssitz wird, werden Dresden, Halle, Leipzig und Rostock zum zweitenmal betrogen.

Der Ältere: Eine reine Unterstellung!

Der Jüngere: Die Berliner Stadtregierungen sagen heute schon, von dieser Entscheidung hänge es ab, ob Berlin etliche Milliarden Mark mehr bekomme oder nicht. Da das Geld nur einmal ausgegeben werden kann, heißt das, die anderen Regionen bekommen weniger, wenn Berlin zur Hauptstadt ausgebaut werden muß.

Der Ältere: Sie überschätzen die Kostenfrage. In Berlin gibt es eine Menge Raum zum Regieren und Verwalten.

Der Jüngere: Gewiß. Die Volkskammer. Das Haus der Ministerien, vormals Reichsluftfahrtministerium, das Staatsratsgebäude, das ZK-Gebäude der SED, die Stasihauptquartiere. Der genius loci wird die Demokraten beflügeln.

Der Ältere: Die Stärke der Länder ist keine Frage der Hauptstadt, da stimme ich Weizsäcker zu, sondern der Verfassung.

Der Jüngere: Und der Verfassungswirklichkeit. Die wird von Fakten gemacht, nicht von Artikeln und feierlichen Erklärungen.

Der Ältere: Aber Berlin nimmt den anderen doch nichts.

Der Jüngere: Das kann weder der Bundespräsident garantieren noch sonst jemand. Schon gar nicht die Verfassung. Es geht doch schon los. In der Konzernzentrale von Siemens wird überlegt, ob sie von München nach Berlin siedeln soll . . .

Der Ältere: . . . wo sie früher schon war . . .

Der Jüngere: . . . und eben deshalb in eine Landeshauptstadt zog, weil es die Metropole Berlin nicht mehr gab. Der Chef der Dresdner Bank fordert, Berlin müsse Bankenplatz Nr. 1 in Deutschland werden, obwohl Momper großzügig zugestehen will, daß die Bundesbank in Frankfurt bleiben darf. Ähnlich ist es auf dem Medienmarkt. Wichtige Verlage und Sender wollen schon jetzt zum Beispiel von Hamburg weg nach Berlin. Und die vielgepriesene kulturelle Vielfalt verarmt, wenn die besten Schauspieler, Musiker, die wichtigsten Galeristen alle in die Metropole ziehen.

Der Ältere: Aber auch in der Weimarer Republik, den goldenen Berliner Jahren, hat es exzellentes Provinztheater gegeben.

Der Jüngere: „Provinztheater". Eben. Auf der Welt gibt es keinen einzigen wirklich föderalistischen Staat, der eine Fünf-Millionen-Metropole zur Hauptstadt hat.

Der Ältere: Deutschland ist unvergleichlich.

Der Jüngere: Ja. Der Deutsche lernt nicht aus der Geschichte, er bewältigt sie. Ihm ist nichts ungeheuer auf der Welt. Er bezwingt sogar Empirie und Vernunft.

Der Ältere: Das ist doch linkes Gewäsch, Herr Kollege. Nirgendwo kann man mehr aus der Geschichte lernen als gerade in Berlin.

Der Jüngere: Sie meinen, Berlin sei die passende Buße der Deutschen für ihre Geschichte. Etwa so, wie es im STERN steht: „Wer könnte hier den großen Schlußstrich unter die düsteren Kapitel der Geschichte ziehen, wenn er aus dem Fenster seines Amtszimmers auf die Folterkeller der Gestapo in den Fundamenten des ehemaligen Reichssicherheitshauptamtes oder auf den Erdhügel über den gesprengten Gewölben des Führerbunkers herabblickt?"

Der Ältere: Jetzt hören Sie aber auf!

Der Jüngere: Mit diesem linken Gewäsch?

Der Ältere: Mit diesem typisch deutschen Intellektuellenmasochismus. Es geht doch schlicht darum: „Ein 80-Millionen-Volk braucht eine richtige Hauptstadt."

Der Jüngere: Und welcher Deutschnationale hat diesen Unsinn verzapft?

Der Ältere: Der Momper!

Der Jüngere: Ach du dickes Ei. Ich dachte, der hätte gesagt, es gehe jetzt nicht um Wiedervereinigung, sondern um Wiedersehen.

Der Ältere: Er hat eben aus der Geschichte gelernt.

Der Jüngere: Bloß was?

Der Ältere: „Berlin wird zu teilen wissen", hat er gesagt.

Der Jüngere: Aber er ist doch gegen die Teilung von Hauptstadt und Regierungssitz. Und er will nicht warten, bis sich Bundestag und Bundesrat entschieden haben. Er lehnt die öffentliche Diskussion der Hauptstadtfrage ab. Weil man das angeblich schon vor 40 Jahren entschieden habe. Das alles spricht sehr für die demokratische Tugend des Teilens.

Der Ältere: Sie müssen verstehen, er ist der Bürgermeister dieser Stadt.

Der Jüngere: Klar, er repräsentiert die liebenswerten und traditionellen Eigenschaften Berlins. Seine Bescheidenheit und Zurückhaltung. Deshalb fordert er jetzt auch von Bonn ein paar Milliarden extra für Berlin, findet es aber nur gerecht, im gleichen Atemzug mindestens 60 Milliarden für den Umzug des Regierungsapparates zu verlangen. Viereinhalb Millionen für eine Reklamekampagne aus Steuermitteln aber werden locker verpulvert. Genau so habe ich mir Preußen immer vorgestellt. Vorlaut und unersättlich.

Der Ältere: Aber er hat doch einen sinnvollen Vorschlag gemacht. In Berlin arbeiten mehr Bundesbedienstete als in Bonn. Die will er natürlich als Entschädigung für die verlorenen Arbeitsplätze nach Bonn geben.

Der Jüngere: Entzückend. Das hieße ganz einfach: Man verdoppelt die Umzugskosten und alle sind zufrieden.

Der Ältere: Wer ja sagt zur Einheit, muß auch persönliche Opfer bringen.

Der Jüngere: Das sagt auch Momper. „Die Menschen bei uns wissen genau, daß die Einheit am Ende mehr kosten wird, als man ihnen jetzt vorgaukelt." Daß man 100000 Menschen zwingt, ihre Gegend zu verlassen, ihren Besitz unter Wert aufzugeben, in den Berliner Ballungsraum gestopft zu werden, gilt einem so sozialen Menschen wie Momper als vernachlässigbare Größe.

Der Ältere: Herr Kollege, es geht hier um Geschichte, nicht um eine Betriebsversammlung der Beamtenlobby.

Der Jüngere: Und außerdem brauchen die Vertriebenenverbände dringend Nachwuchs!

Der Ältere: Zyniker!

Der Jüngere: Wer?

Der Ältere: Nehmen Sie sich doch bitte einmal selbst beim Wort, Herr Kollege. Wer hat Hohn und Spott über die kleingeistige, krähwinklige Bonner Politikerszene ausgegossen? Bonn war doch für Sie geradezu das Synonym für die Beschränktheit deutscher Politik. Warum stimmen Sie dem Bundespräsidenten nicht zu, wenn er sagt, es könne der Politik „nur nutzen, inmitten des wachen, weltoffenen, kritischen Publikums einer Metropole zu leben, anstatt dort, wo sie wirkt, nur sich selbst zu begegnen".

Der Jüngere: Eine interessante These. Vor allem deshalb, weil ich auf dem Bonner Marktplatz noch nie einem vereinsamten Politiker begegnet bin. Und abends in den Kneipen nur den wenigen, die ihren Wahlkreis in Bonn haben. Die Bonner Kulturszene überfordert unsere Politiker vollkommen. Sie haben sich auf diese Stadt nie eingelassen. Leben oft Jahrzehnte aus dem Koffer. Sie fahren nach Bonn wie auf Montage. Zwanzig Wochen lang im Jahre, von Montag abend bis Freitag mittag. Dann geht es postwendend zurück an die Basis. Die Folgen eines Umzugs nach Berlin trifft sie nicht.

Der Ältere: Berlin wird sie in ihren Bann ziehen.

Der Jüngere: Das glauben Sie doch selbst nicht, daß ein anderer Regierungsitz sie dazu bringt, ihre Wahlkreise zu vernachlässigen. Aber die eigentliche These lautet, daß Berlin letztlich bessere Politiker ermöglicht als Bonn.

Der Ältere: Auf diesen Versuch käme es an.

Der Jüngere: Wenn die These stimmte, hätte es auch in der Vergangenheit in Berlin bessere Politiker geben müssen als in den Ödnissen deutscher Provinz. In der Tat hat Berlin immer Politiker hervorgebracht, denen nichts Menschliches fremd war. Die Weltläufigkeit der Berliner Politiker ist in der ganzen Republik berühmt.

Der Ältere: Sie sind humorlos. Im Gegensatz zum Berliner.

Der Jüngere: Das ist wohl wahr. Den wunderbar direkten Humor der Freunde Berlins bekommt derzeit jeder zu spüren, der für Bonn plädiert.

Der Ältere: Kommen Sie nicht schon wieder mit dieser Geschichte. Der Chefredakteur hat Sie prächtig in Schutz genommen.

Der Jüngere: Das ist wahr. Er hat gesagt, der Trend laufe eindeutig auf Berlin zu. Der junge Kollege habe einfach versucht, wider den Stachel zu löcken. Dafür bitte er um Nachsicht. Sein Beitrag sei nicht ganz so ernsthaft zu verstehen gewesen.

Der Ältere: Was wollen Sie denn noch?
Der Jüngere: (schweigt)

Der Ältere: Na ja, im Januar war das auch noch etwas, sagen wir, ungewöhnlich.

Der Jüngere: Sie glauben doch nicht, daß sich das geändert hat? Bonn herunter zu machen gilt als Ausweis von Geschichtsbewußtsein.

Der Ältere: Die Berliner haben das Selbstbewußtsein echter Hauptstädter. Sie nicht.

Der Jüngere: Die Berlin-Liga bestätigt schon heute die Befürchtungen vor der Arroganz der Metropole.

Der Ältere: Sie sind unbelehrbar.

Der Jüngere: Und wie!

Soll die Metropole Hauptstadt werden?

Von Marion Gräfin Dönhoff

Vierzig Jahre haben wir im Wartesaal der Geschichte zugebracht: ein zweigeteiltes Land, keine richtige Hauptstadt, die Bürger auf der Suche nach ihrer Identität. Und jetzt? Wird die Vereinigung dieser beiden so unterschiedlich strukturierten Deutschlands — verschiedene Gesellschaftssysteme, Eigentumsverhältnisse, Ideale, Glaubensbekenntnisse — zu etwas ganz Neuem zusammenwachsen? Oder wird daraus einfach nur eine „Groß-BRD" werden, also nur das territoriale Provisorium, von dem das Grundgesetz spricht, gelöst werden?

Und schließlich Berlin: Soll Berlin wieder Hauptstadt werden? Diese Stadt, die auf ihrem Territorium bis vor wenigen Monaten die beiden feindlichen Ideologien dulden mußte, die sich fast ein halbes Jahrhundert lang haßerfüllt an der Spree gegenüberstanden — diesseits des Brandenburger Tors die uns bekannte Welt: Kurfürstendamm, Gedächtniskirche, Zoo, Grunewald; jenseits die verschlossene Welt, die wir nicht betreten durften: Unter den Linden, Friedrichstraße, Wilhelmstraße, Alexanderplatz. Wird es also einfach heißen: BRD + DDR = wie gehabt, so, als hätten die letzten fünfzig Jahre nicht stattgefunden? Ehe das Problem der Hauptstadt entschieden werden kann, muß einmal gefragt werden, wie denn vermutlich die zukünftige Welt aussehen wird. Kein Zweifel, der Nationalstaat des 19. Jahrhunderts, der ja erst mit den Napoleonischen Kriegen aufkam, ist aller Voraussicht nach ein abgeschlossenes Kapitel, jedenfalls bei uns im Westen, und die Bipolarität der zweiten Hälfte des 20. Jahrhunderts dürfte auch erledigt sein. Schon deshalb, weil die beiden Supermächte von Konfrontation auf Kooperation umgeschaltet haben, was dazu führt, daß nicht mehr das Militärische im Vordergrund steht, sondern das Wirtschaftliche. An die Stelle von bipolaren Allianzen werden also aufgrund wirtschaftlicher Interessen diverse regionale Zusammenschlüsse treten.

Das einzigartige Schicksal Berlins, dessen eine Hälfte auf den Osten ausgerichtet war, hat dazu geführt, daß es dort Hunderte von Spezialisten gibt, die Russisch sprechen, die die Handelspartner in Osteuropa und der Sowjetunion kennen, wie auch die Gebräuche, Chancen und Risiken in diesem Teil der Welt. Das ist natürlich ein großes Kapital. Immer schon war Berlin eine Brücke nach Osteuropa, war Deutsch bis zu Adolf Hitler die lingua franca im Osten. Man kann sich also unschwer vorstellen, daß den Deutschen in Zukunft eine Art Monopolstellung für den Osthandel zufallen wird. Deutschland war immer der Osten des Westens und zugleich der Westen des Ostens. Man muß nur dafür sorgen, daß Berlin im Hinblick auf den Osten innerhalb der Bundesrepublik nicht zu „kopflastig" wird.

Was bedeutet dies alles für das Problem: Berlin — Hauptstadt, ja oder nein? Vielleicht ist die Alternative entweder/oder falsch. Vielleicht heißt heutzutage die optimale Lösung: Beide sollen Hauptstadt sein, sowohl Bonn wie Berlin. Warum? Weil der Entschluß, Berlin zur Hauptstadt zu machen, ein falsches Signal setzen würde. Es könnte die Deutschen, auch wenn sie dies gar nicht anstreben, verführen, sich auf den Weg zum Nationalstaat zu begeben, anstatt das Ziel Europa im Auge zu behalten. Auch würde es fraglos den anderen Europäern Sorge einflößen. Für sie alle steht fälschlicherweise Berlin für preußischen Militarismus, deutschen Größenwahn, autoritären Zentralismus, für Pickelhaube und Kommißstiefel. Fälschlicherweise, denn die Identifizierung von Preußen und Nationalsozialismus ist unzutreffend. Unter den zehn obersten Führern jener Verbrecherbande war kein einziger Preuße. Hingegen stammten 75 Prozent des organisierten Widerstandes vom 20. Juli aus Preußen. Auch ist Servilität kein typischer Charakterzug der Berliner. Gewiß ist die lange Wilhelminische Ära eine Schreckenszeit perverser Autorität und geduldigen Untertanengeistes gewesen, aber es gab eben auch ganz andere Beispiele: vom liberalen Preußischen Landrecht Friedrichs des Großen über die Reformer der nachnapoleonischen Zeit, die literarisch-intelektuellen Salons der Romantikerepoche bis zum Widerstand gegen Hitler. Schließlich stimmt es auch nicht, daß die Bevölkerung Berlins so besonders begeisterte Nazis waren. Bei der letzten freien Wahl im März 1932 erzielte die NSDAP nur 22 Prozent der Stimmen, und im März 1933 gelang es nicht einmal dem SA-Terror, mehr als 31 Prozent der Bevölkerung auf Hitlers Seite zu bringen. Übrigens sind in keiner anderen Stadt so viele jüdische Mitbürger von den Einwohnern versteckt und dadurch gerettet worden. Berlin war immer eine Freistatt für Andersdenkende und ist nicht erst nach 1945 zum „Leuchtturm der Freiheit“ geworden. Es ist merkwürdig, daß man auch in aufgeklärten Zeiten falsche Geschichtsbilder verbreiten und verfestigen kann. Offensichtlich ist es eben so, daß nicht die Fakten der Geschichte das Entscheidende sind, sondern die Vorstellung, die sich die Menschen von den Fakten machen. Darum muß man Vorurteile sehr ernst nehmen und sich immer wieder bemühen, sie auszuräumen.

Zwischen den beiden Weltkriegen war Berlin die kosmopolitische Metropole Europas. Auch heute könnte die Stadt mit ihren 180 wissenschaftlichen Instituten, den Theatern, Museen, der Oper und einem äußerst kompetenten Publikum wieder als Weltstadt weit über die Grenzen hinaus wirken. Den nationalen Aspekten wäre Genüge getan, wenn der Bundespräsident nach Berlin übersiedelte und beispielsweise die Länderkammer dorthin verlegt würde; eine europäische Dimension könnte Berlin schließlich gewinnen, wenn die KSZE dort Fuß fassen würde. Bonn bliebe dann als Unterpfand für die westliche Integration Regierungssitz, wofür die 40000 Beamten und Angestellten wie auch die 10000 auswärtigen Diplomaten, die sonst umziehen müßten, wahrscheinlich sehr dankbar wären.

Es nützt wenig, auf unser untadelig demokratisches Verhalten während der letzten vierzig Jahre hinzuweisen und mit Ärger zu reagieren, wenn dies nicht anerkannt wird. Es ist nun einmal so, daß Ängste und verletzte Gefühle langlebiger sind als die Erinnerung an vorbildliches Verhalten.

Sicherlich haben die Deutschen sich im Grundsätzlichen stärker verändert als irgendein anderes Volk in Europa — freilich hatten sie es auch nötiger. Es gibt hierzulande ein neues demokratisches Grundgefühl, das wohl auch mit unserem systematsich durchgeführten föderalen System zusammenhängt. Man muß aber die anderen verstehen und sich auch selbst vor Augen führen, daß die Mentalität der Deutschen schon vor den Nazis geeignet war, gelegentlich Erschrecken auszulösen. Das Wilhelminische Deutschland mit seiner Lust am Militärischen, an der „schimmernden Wehr“, und einer wachsenden Flotte war für die Nachbarn auch nicht gerade beruhigend. Macht um der Macht willen, das schien die Devise jenes geistlosen, pseudo-preußischen Wilhelminismus zu sein. Noch einmal: Berlin — Hauptstadt: ja oder nein? Ich meine, die

Frage ist falsch gestellt: Die ideale Lösung wäre, Bonn bleibt Sitz der Regierung und ist Unterpfand für die Integration Deutschlands in die Europäische Gemeinschaft — Berlin wird Sitz des Bundespräsidenten und bildet die Brücke zum Osten. Berlin war schon einmal eine kosmopolitische Metropole, ein geistig-künstlerisches Kulturzentrum — es könnte weit in den Osten hineinstrahlen, gerade auch, wenn es nicht furchterregende Regierungszentrale ist.

Deutschland stand immer in der Spannung zwischen Ost und West. Sein Osten war protestantisch, sein Westen überwiegend katholisch. Der Osten war agrarisch geprägt, der Westen von jeher durch städtische Lebensweise und durch die industrielle Entwicklung charakterisiert. Die Deutschen selber aber kennzeichnete von jeher eine gewisse Unausgeglichenheit — mag sein, daß dies mit eben jener geopolitischen Spannung zusammenhängt. Ein Grund mehr, dieser Tatsache Rechnung zu tragen — zwei Zentren: Bonn und Berlin, das wäre eine ideale Lösung.

Erschienen in: Die Zeit vom 4. 5. 1990

Berlin ist keine Stadt des Westens

Von Klaus Harpprecht

Einige Vorausbemerkungen zur Person sind notwendig — und sie sind völlig legitim. Denn die Frage nach der Hauptstadt ist in Wirklichkeit, auch wenn sich die Sachfragen, die sogenannten, und die Sachzwänge, die erst recht sogenannten, gebirgshoch auftürmen, eine ganz persönliche. Lebte ich hier in Bonn, würde ich sicher mit der debatten-üblichen Geschwollenheit sagen: eine des Gewissens. Meine bescheidenen Bonner Erfahrungen haben mich übrigens gelehrt, das Primat des Persönlichen vorauszusetzen, wo von „der Sache“ mit besonderer Heftigkeit die Rede ist. Ich kenne das Bundesdorf aus seinen Anfängen. Ich habe hier das Handwerk des Korrespondenten gelernt: für „Christ und Welt“ zuerst, das wir „Halb-Christ und Halb-Welt“ nannten, manchmal auch „Christ und Hund“. Dann als erster Studio-Leiter des SFB. (Die Mitarbeiter waren Peter Bender und Gerd Schröers.) Einige der Freunde und Kollegen, mit denen wir damals im Bundeshaus-Restaurant zusammenhockten, sitzen, wenn ich mich nicht täusche, heute noch dort. Es wurde inzwischen das eine oder andere Mal nachgeschenkt, denke ich, und die Kellner mögen gewechselt haben. Ich teilte mit allen, die auf sich hielten, die gründliche Abneigung gegen dieses rheinische Kaff. Die Bonn-Witze, die unsere Verachtung ausdrückten, waren nicht die brillantesten Blüten deutschen Humors. Wir, die Bonn-Veteranen, haben sie alle erfunden. Sie entsprachen der Wirklichkeit.

Ich erwarb auf Bonner Terrain, auch bei späterem Aufenthalt im Dienste eines Bundeskanzlers, kein Grundstück, kein Haus, keine Wohnung. Ich lebte hier stets zur Miete, einmal bei einem katholischen Pfarrer außer Diensten, dessen Haushälterin auf meine sittliche Aufführung achtete, ein ander Mal bei einer spiritistisch und esoterisch begabten älteren Dame, die gern Hand auflegte, was die Nachwirkungen langer Abende im Bundeshaus vertreiben half.

Ich verfüge, um das nicht zu verschweigen, über keine Beziehungen zur Bundesregierung, kenne keine Seele in der Stadtverwaltung und meine Verbindung zur Baracke sind in den vergangenen Jahren etwas schütter geworden (um es mit Vorsicht zu sagen). Indessen, ich wähle, per Briefwahl, in dieser Stadt, weil sie mein letzter Wohnsitz in deutschen Landen war, wähle unentwegt den Professor Ehmke, wähle ihn mit einer geradezu bornierten Anhänglichkeit, ohne zu große Hoffnung, daß er jemals eine Mehrheit gewinnt.

Es wäre eine Übertreibung, würde ich behaupten, ich sei mit dieser Stadt aufs innigste vertraut. Den alten Friedhof mit Clara und Robert Schumanns Grab und das Palais Schaumburg mit seinem Park sind für mich, noch immer, die schönsten Plätze Bonns. Beide außer Funktion. Der schwarze Kanzlerbau könnte auch in Wanne-Eickel stehen. Dafür kann Helmut Kohl nichts, eher Helmut Schmidt. Dreimal unternahm ich schüchterne Versuche, den hauptstädtischen Glanz zu mehren — allemal völlig vergebens. Im Jahre 1972 stellte ich fest, daß Bundesregierung und Bonner Universität noch niemals offiziell voneinander Kenntnis genommen hatten. Der Senat wurde ins Palais Schaumburg geladen. Die Begegnung blieb folgenlos. Unverdrossen regte ich die Etablierung eines „Bundes-Kollegs" an der Universität an: einer Vorlesungs-Reihe, die deutschen und ausländischen Staatsleuten und Politikern Gelegenheit geben sollte, kühne Konstruktionen, weitreichende Projekte, in Gottes Namen auch Visionen oder komplizierte Probleme vor einem kritischen jungen Publikum zu erörtern. Die Versuchs-Vorlesung mit einem Staatssekretär fiel jämmerlich aus. Die Minister traten erst gar nicht an. Sie ängstigten sich vor den Studenten. Das Bundes-Kolleg unterblieb. Schließlich bat ich den damaligen Bundesfinanzminister Helmut Schmidt, er möge gütig prüfen, ob sich das Poppelsdorfer Schlößchen nicht besser als der gesichtslose und allzu breitärschige Petersberg dazu eignete, als Gästehaus der Bundesregierung zu dienen: Immerhin habe es Stil, einen Hauch von Tradition, und die Universität würde weichen, stellte man ihr eine moderne Unterkunft für ihre Institute zur Verfügung. Schmidt sah die lockenden Vorzüge wohl. Der Bescheid war dennoch negativ. Die entscheidende Auskunft: zu teuer. Fair wie ich bin, rechne ich nicht nach, um wieviel der damalige Anschlag für den Petersberg multipliziert werden müßte, um den bis heute entstandenen Kosten nahezukommen. Bonner Realitäten.

Zu Berlin: Dort war die Familie meiner Mutter zuhause, dort trieb es mich hin, als man von Berlin lieber fortzog: dort hatte ich meine erste Wohnung ohne sittliche Aufsicht; dort schrieb ich, zusammen mit Klaus Bölling, mein erstes Buch (über den 17. Juni und seine Vorgeschichte); dort fühlte ich mich wohl — ganz wohl. Ich gehörte nicht zu denen, die wie Konrad Adenauer hinter der Elbe den Anfang des heidnischen Asiens und der sibirischen Steppe vermuteten, obschon mir in Niedersachsen, noch vor der DDR-Grenze, von Zeit zu Zeit das unsterbliche Wort des Bischofs Lilie einfällt, daß jene Landstriche unter Umgehung des Christentums unmittelbar vom Heidentum zum Protestantismus gelangt seien. Protestant bin ich nun selber, väterlich- wie mütterlicherseits Pfarrer- und Pastoren-Familien entstammend (ein feiner Unterschied). Die mütterliche hatte ihre Wurzeln im Brandenburgischen, in der Lausitz, im Schlesischen. Ein Urgroß-Onkel übersetzte das Neue Testament ins Wendische und schrieb eine Grammatik jener Sprache. Man sieht: Ich hätte Anspruch auf eine Ehren-Mitgliedschaft in sämtlichen Organisationen, denen die Pflege ostdeutscher Kultur obliegt.

Ich kann mich auch dem spröden Charme der märkischen Landschaft nicht verschließen, den Fontane in seinen „Wanderungen" und in seinen Romanen so liebevoll eingesammelt hat. Dort ist er nun — soweit er nicht von Wolf Jobst Siedler, der die geistige Erbschaft zu einem schönen Beruf gemacht hat, in Verwahrung genommen worden. Ich kann mir sogar eine — gezähmte — Liebe zum alten, zum uralten Preußen nicht absprechen, obschon ich nicht zu den überpreußischen Reichs-Schwaben zähle, die den naßforschen und dennoch oft so quengeligen Berliner Jargon — nein, es ist keine Erfindung scharfer Fernseh- und Zeitungs-Jungens — mit den gemütlichen Guttural-, Zisch- und Mansch-Lauten ihres angestammten Dialektes wunderlich vermengen. Wie segenreich wäre es gewesen, wenn sich Preußen nicht mit Deutschland verwechselt hätte! Es gäbe Deutschland noch, vielleicht auch Preußen ... Aus eben dieser Einsicht dachte ich, es ist nicht lange her, als ich durch Berlin fuhr: Die wollten uns — Schwaben und Badener und Pfälzer und Rheinländer und wen sonst noch — von dort regieren? Die müssen verrückt gewesen sein. Sie waren es ja auch in mancher Hinsicht, ehe wir alle es wurden. Kein sachliches Argument. Gemach, es gibt keines. Ich habe gegen den Hauptstadt-Anspruch Berlins in Wahrheit nur dieses eine, aber es ist entscheidend: Wir haben mit Berlin kein Glück gehabt! Man wird diesen Einwand beiseite wischen. Das „Glück" hat bei uns nie viel gezählt. Goethe, der es gern mit dem Glück hielt, wurde denn auch oft genug als eher undeutsch empfunden. Aus der Nation machte er sich nicht viel.

Mit Bonn aber hatten wir Glück: Diese allzu hübsche und beengte kleine Stadt bewährte sich, trotz aller Spießigkeit, trotz aller Klaustrophie, als Hauptstadt des freiesten, des kräftigsten, des reichsten, des sozialsten und womöglich stabilsten Staates, in dem die Deutschen jemals lebten — dank der Europäischen Gemeinschaft und dank des Atlantischen Bündnisses, die man als die Grund-Elemente der Bonner Staats-Räson bezeichnen darf. Ich gewöhnte mir's ab, als ich meine journalistische und politische Pubertät hinter mir hatte, dieses Bonn zu verachten. Ich habe es vielmehr guten Gewissens gelobt. Ich habe es verteidigt. Ich tue es jetzt. Ich betrachte Bonn nicht nur als Symbol, sondern als Garantie der geistigen Zugehörigkeit der Deutschen zur Welt des Westens. Darum hat es Adenauer als Hauptstadt gewählt.

Berlin aber ist keine Stadt des Westens. Das ist keine Auskunft gegen Berlin, sondern ein Hinweis auf seine Lage und seine Geschichte. Berlin sind föderative Züge fremd, die den Charakter der Bundesrepublik bestimmen — und es erstaunt nicht weiter, daß die bürokratischen Gleichschalter, die eine Neugestaltung der Länderordnung schon wieder für dringlich halten, unverzüglich Anschlag-Stellung bezogen, als die Chance einer Vereinigung beider deutscher Staaten sichtbar wurde. Die föderative Struktur Deutschlands ist Voraussetzung seiner Europäisierung. Das haben auch die Franzosen begriffen, die sich ans Werk machten, ihren Pariser Zentralismus endlich zu bändigen. Sie haben genug und bitter für ihn bezahlt. Berlin liegt siebzig Kilometer von der polnischen Grenze entfernt. Zum „europäischen Haus" Michael Gorbatschows, in dem die Staaten West- und Ost-Europas ihre Heimat finden könnten, ist der Weg noch weit. Es wird niemals gebaut, wenn nicht zuerst und unverzüglich die Europäische Gemeinschaft konsolidiert wird; als Wirtschafts-, Währungs-Gemeinschaft, als Union der Politik und der Sicherheit.

Dafür steht Bonn, nicht Berlin. Ost-Europa, es ist zu fürchten, wird in den kommenden Jahrzenten ein Feld der nationalen, der nationalistischen Beunruhigungen sein. Unter der Stahlglocke des Stalinismus, der man die Antifa-Etikette aufgeklebt hatte, wuchert der Ungeist fort, der hier im Westen — in mühseligen Debatten und schmerzhaften Konfrontationen — halbwegs gebändigt werden konnte. Will man den Kontinent einer Balkanisierung im schlimmen Sinn des Wortes ausliefern? Braucht es, um die Gefahren sichtbar zu machen, die ersten Pogrome? Will man riskieren, daß die Fanatisierung zu uns herüberdringt? Durch eine Irridenta-Bewegung, die nicht immer ein bloßes Gespenst bleiben muß?

Das Berliner Gewalt-Potential, das linke und das rechte, ist heute schon Einschüchterung genug, uns — und nicht nur uns — das Fürchten zu lernen. Es wird sich mehren. Man wird es niederknüppeln. Es wird trotzdem wachsen. Also wird man noch mehr knüppeln. Die rechte, die linke Gewalt mit ihren Brutalitäten ist das widerwärtigste Element der Korruption, die Berlin, seit vier Jahrzehnten eine ausgehaltene Stadt, in so vielen seiner Winkel durchdringt. Berlin ist uns teuer. Es kam uns teuer. Es wird auch künftig seinen Sechser kosten — nichts dagegen, viel dafür —, aber den einen Preis kann es nicht fordern, daß Deutschland und Europa noch einmal ihr Glück riskieren,um eine Tradition in Kraft zu setzen, die keine war, vierundsiebzig Jahre „machtgeschützter Äußerlichkeit", um Thomas Mann zu variieren. Vierundsiebzig Jahre mangelnder Solidarität. Vierundsiebzig Jahre bombastisch getarnter Schwäche. Vierundsiebzig Jahre, die alles in allem ein Alptraum der Völker wurden. Niemand hat sie vergessen, obwohl sich manche unter uns so aufführen, als seien zwei Weltkriege und die schrecklichste Diktatur der Geschichte Episoden, über die schon die Generation der Enkel fröhlich pfeifend hinwegleben könne.

Bundeshauptstadt Berlin: das klingt nicht glaubhaft. Das ist es nicht. Das muß nicht sein. Ich wünschte, wenigstens in Bonn würde Bonn selbstbewußt und ohne schlechtes Gewissen verteidigt. Man sage es dem Bürgermeister dieser Stadt, der — von gesamtdeutschen Wallungen überwältigt — über eine „Aufteilung der Funktionen" nachdenkt. Berlin soll als Kultur- und Wirtschaftszentrum blühen. Es soll reich und schön werden. Es soll, so gut es angeht, für eine Annäherung Ost- und Westeuropas sorgen. Es soll Sitz der Vereinten Nationen werden, was immer. Berlin soll Glück haben. Dazu muß es nicht, dazu darf es nicht Hauptstadt sein. Eine deutsche Welt-Stadt, das gewiß. Wir können nicht Welt genug haben.

Generalanzeiger 9./10. Juni 1990

„Berlin wird nicht genug geliebt“

Von Reiner Pommerin

Ruhiges Abwägen von Vor- und Nachteilen sowie eine sachliche, offene Diskussion gelten als Wesensmerkmale und Qualitätsbeweis einer funktionierenden demokratischen Kultur. Wer sich in diesen Tagen für den Verbleib der Hauptstadtfunktion in Bonn ausspricht, wird einen Mangel an dieser Kultur verspüren, sieht er sich doch sogleich mit den Vorwürfen konfrontiert, nicht genug „deutsch“, nicht genug „national“ und vor allem nicht „historisch“ genug zu denken. Historisch gesehen ist die Nation nur für kurze Zeit auf einen Zentralstaat bezogen gewesen, und deshalb überwiegt bei den Deutschen noch heute das föderale Empfinden, beziehen viele Bürger ihr Heimat- und Nationalgefühl eher aus föderalen und regionalen Wurzeln. Fahnenschwenken und Deutschland-Rufe bei einer Fußballweltmeisterschaft signalisieren noch keineswegs den Wunsch nach einem zentralistisch regierten Gesamtstaat.

Historisch gesehen sind die Deutschen jahrhundertelang an ein Reich ohne Hauptstadt, an die Verteilung von Hauptstadtfunktionen auf mehrere Städte und eher an ihre jeweilige Landeshauptstädte gewöhnt. Der Personenverbandsstaat des Mittelalters zwang die Könige zum Reisen, wollten sie Recht und Ordnung in ihrem Herrschaftsbereich erhalten. „Hofhalten“ und Eintreiben der Naturalsteuern geschah daher in den Königspfalzen, den Reichsburgen, an Bischhofssitzen oder in Klöstern, wobei die Versorgung des großen Gefolges jedesmal eine logistische Meisterleistung erforderte, die jeweilige Aufenthaltsdauer so ihre natürliche Begrenzung fand. Ortswechsel waren also unumgängliche Notwendigkeiten, und zudem verlagerte sich das Zentrum des Reiches ständig — bedingt durch die Regierung verschiedener Herrschaftshäuser. Aachen, Magdeburg, Bamberg, Speyer, Goslar, Würzburg, Nürnberg und Regensburg sind die Städtenamen, die für diese Epoche stehen.

Erst die Entstehung der Flächenstaaten räumte mit den mobilen Vororten auf, an deren Stelle traten jetzt die immobilen Hauptstädte. Diese wurden dafür mit repräsentativen Bauten geschmückt, beherbergten Staatsschatz und Kriegsbeute, waren oft auch wirtschaftlicher und kultureller Mittelpunkt, immer jedoch symbolischer Ort der Kumulation von Macht. Nicht zuletzt wohl um diese Machtanhäufung zu vermeiden, orientierte sich das „Heilige Römische Reich Deutscher Nation“ zwar nach Wien, der kaiserlichen Residenz der Habsburger, verteilte Hauptstadtfunktionen jedoch auf mehrere Hauptorte im Reichsgebiet. In Nürnberg lagerten fast alle Reichsinsignien, das Reichskammergericht hatte seinen Sitz, um die Beeinflussung der Richter zu vermeiden, in Wetzlar, und der Reichstag trat zwischen 1669 und 1806 in Regensburg zusammen. Wahl- und Krönungsstadt war Frankfurt am Main.

Das Zustandekommen des Nationalstaats 1871 bescherte den Deutschen eine Hauptstadt. Die offene Bestätigung des Charakters der preußischen Landeshauptstadt Berlin als Leistungszentrum Deutschlands entsprach nicht dem politischen Selbstverständnis des preußischen Ministerpräsidenten und ersten Reichskanzlers Otto von Bismarck.

Sie hätte nur eine ganz unerwünschte Unterstreichung seiner unitaristisch-zentralistischen Zielvorstellung bedeutet, am vorhandenen Gewicht der Stadt zudem kaum etwas verändert. So erhielt die Verfassung des Deutschen Reiches keinen Hinweis auf die Reichshauptstadt, die gewählten Volksvertreter wurden zu keiner entsprechenden Bestätigung der Rolle Berlins im Parlament benötigt. Die Residenzstadt des preußischen Königs, der das Präsidium im Fürstenbund einnahm, avancierte automatisch zur Hauptstadt des Deutschen Reiches, nachdem die Stadt zuvor bereits Sitz des nur noch scheinföderalistischen, in Wirklichkeit von Preußen dominierten Norddeutschen Bundes gewesen war.

Bedenken gegen Berlin äußerten schon im engeren Familienkreis Wilhelms I. seine Frau, Königin Augusta, und der Kronprinz, der spätere Kaiser Friedrich III. Beiden schien es wichtig, für die künftige Entwicklung in Deutschland auch den Süden zu gewinnen; deshalb schlugen sie Frankfurt am Main als Sitz des Reichstages vor. In der Tat beobachteten viele Deutsche im Süden und Westen des Reiches die Machtakkumulation in Berlin mit Sorge. Neben starken antipreußischen Vorurteilen entstammten viele Vorwürfe, die in immer neuen Variationen wiederholt wurden und Berlin zur meist umstrittenen Hauptstadt Europas werden ließen, vorwiegend dem Unbehagen und Mißtrauen gegenüber der allzu schnell über preußische und deutsche Maßstäbe hinauswuchernden modernen Großstadt. Ein großer Teil der französischen Kriegsreparationen floß in den „Gründerjahren" nach Berlin, dessen Bevölkerung allein zwischen 1870 und 1880 um 60 % anschwoll. Berlin, so hieß es deshalb, zeige kein gesundes, organisches Wachstum. Es fehle der Stadt die historische Legitimation zur Reichshauptstadt, es mangele der künstlichen Riesenstadt an „Charakter", seelischer Größe und Gemeinschaftsgeist, urteilte die zeitgenössische Publizistik. Zudem sei sie „im tiefsten unsittlich". Berlin werde nicht genug geliebt, klagte daher ihr Bürgermeister Georg Reicke wohl nicht ohne Grund, denn die Stadt galt keineswegs als „natürliche Hauptstadt" Deutschlands.

Wer mehr Liberalisierung und Parlamentarisierung und weniger monarchischen Obrigkeitsstaat erhoffte, hätte lieber das Frankfurt der Nationalversammlung von 1848 als deutsche Hauptstadt gesehen. Preußischer Bürokratismus und preußisches Militär konnten nicht überall in Deutschland auf Sympathie rechnen. Die Leitfunktion eines einzelnen Landes — Preußen — schien in anderen Reichsländern übermäßig und föderalistischen Traditionen nicht zu entsprechen. Ort nationaler deutscher Identitätsstiftung wurde Berlin während der Regierung der Kaiser aus dem Haus der Hohenzollern jedenfalls nicht, auch wenn Wilhelm II. sich während des Ersten Weltkriegs 1916 schließlich dazu entschloß, dem Reichstagsgebäude, von ihm als „Reichsaffenhaus" bezeichnet, endlich die schon vom Architekten Wallot geplante Inschrift: „Dem deutschen Volk" zu geben.

Die „Republik von Weimar", deren Nationalversammlung aus Sorge vor Übergriffen nicht in Berlin, sondern in Weimar die Verfassung verabschiedete, konnte schon aus finanziellen Gründen angesichts der astronomischen Höhe der Reparationsforderungen auf die vorhandene Infrastruktur Berlins nicht einfach verzichten und die Hauptstadtfunktion verlagern. Diskutiert hingegen wurde im Rat der Volksbeauftragten durchaus über eine neue Hauptstadt, schon um den Überlegungen Süd- und Westdeutschlands entgegenzukommen, und die Stadt Frankfurt trat auch jetzt als potentieller Bewerber auf. Philipp Scheidemann brachte die Diskussion schnell auf den Punkt. Auch ihm sei Berlin als Reichshauptstadt wenig sympathisch, aufgrund der Entwicklung und der dort befindlichen Einrichtungen könne er sich aber nichts anderes vorstellen, als daß

Berlin Reichshauptstadt der neuen Republik bleibe. Wie die Mehrheit der deutschen Bevölkerung in dieser Frage dachte, blieb ungewiß, denn ihm Wahlkampf zur Wahl der Nationalversammlung spielte die Hauptstadtfrage — falls überhaupt — nur eine untergeordnete Rolle. Einen gewissen Hinweis gibt die Rede, die Theodor Heuss am 17. Januar 1919 als Kandidat der Deutschen Demokratischen Partei für die Nationalversammlung hielt, denn ähnliche Überlegungen dürften gewiß im Westen und Süden Deutschlands zu hören gewesen sein. Deutschland, so Heuss, werde kein Einheitsstaat werden. Berlin habe während des Krieges wenig Sympathie erworben und der Bayer, der Schwabe, der Hesse wolle nicht nur von dort regiert werden. Die Uniformierung eines deutschen Typs sei nicht erwünscht, die einzelnen Länder sollten vielmehr ihr kulturelles Eigenleben behalten.

Auch in den folgenden Jahren verstummten die Unmutsäußerungen über die Hauptstadt Berlin nicht, und die Forderung des Berliner Stadtrats Ernst Reuter, mehr Solidarität für die Stadt zu zeigen, verhallte ungehört. Zudem wurde Berlin der Austragungsort der gewaltsamen innenpolitischen Auseinandersetzungen zwischen demokratischen und reaktionären Kräften und zum verhaßten Symbol der Republikfeinde von rechts und links. Erst der zentralistisch strukturierte Einheitsstaat des Nationalsozialismus, der den politischen Einfluß der Länder systematisch abbaute, konnte es sich erlauben, die letzten föderalistischen Bedenken über Bord zu werfen, und daran gehen, Berlin zur „ewigen Hauptstadt" Deutschlands zu machen. Um Berlin zu einer „wirklichen und wahren Hauptstadt des Deutschen Reiches" zu erheben, setzte Adolf Hitler 1937 den Architekten Albert Speer zum „Generalbauinspekteur für die Reichshauptstadt Berlin" ein. Künftig sollte die Metropole Berlin mit den westeuropäischen Hauptstädten Paris und London konkurrieren können. Den historisch gewachsenen Föderalismus schätzte Hitler indes noch als so stark ein, daß er — als ein Art Trostpflaster für die anderen Regionen — ankündigte, München zum Zentrum der deutschen Kunst, Köln und Leipzig als Handelsmetropolen und Hamburg und Bremen zu Hauptstädten der deutschen Seefahrt auszubauen. Berlin aber sollte nach seinen Plänen nicht nur auf die Funktion als Hauptstadt des Deutschen Reiches beschränkt bleiben. Als neugestaltete Stadt „Germania" fiel ihr — nach siegreicher Beendigung des Krieges, den er ja in seiner Verblendung voraussetzte — vielmehr die Aufgabe zu, Machtzentrum eines Europa und schließlich die Welt unterdrückenden und beherrschenden Deutschlands zu werden. Auf dem Weg zu diesem Ziel wurde Berlin während des Zweiten Weltkrieges für die europäischen Nachbarn und nicht zuletzt auch für viele Deutsche als Zentrum des totalitären NS-Staates zum Synonym für Aggression, Folter, Deportation, Mord, Völkermord und Vernichtung.

Obgleich die Siegermächte bald nach Ende des Krieges das Land Preußen zerschlugen und sich schon — wie der damalige Unterstaatssekretär im amerikanischen Kriegsministerium, John J. McCloy — während des Krieges Gedanken über eine Verlegung des politischen Zentrums Deutschlands von Berlin in den Süden beziehungsweise Westen Deutschlands machten, wollten sie mit der Einrichtung des Alliierten Kontrollrats gerade in Berlin auch symbolisch die Zerschlagung des Nationalsozialismus demonstrieren. Britische Bedenken, die auf den negativen Erfahrungen mit der Sowjetunion in den von dieser besetzten Hauptstädten Osteuropas beruhten, führten zur Überlegung, die Stadt Coburg als eine Art „District of Columbia" zum Sitz des Kontrollrats zu machen. Doch wurde dieser Plan schnell fallengelassen, weil noch die Kooperation mit der Sowjetumion im Vordergrund stand, die nicht gefährdet werden sollte.

Aversionen gegen Berlin gab es jedoch auch auf deutscher Seite. Die Belastungen, die von dieser Reichszentrale auf Deutschland ausgegangen waren, ließen beispielsweise Konrad Adenauer Anfang 1947 zu der Überzeugung kommen, „daß wir unter allen Umständen erstreben müssen, das politische Schwergewicht Deutschlands, das so lange in Berlin gelegen hat, von Berlin fortzuverlegen, selbst wenn Berlin nicht von Russen besetzt wäre". Diese Skepsis gegenüber Berlin teilte, wenn auch aus anderen Gründen, Kurt Schumacher, der Vorsitzende der SPD. Carlo Schmid betonte in einer Rede in Reutlingen zur gleichen Zeit: „Der Berliner Zentralismus hat uns Deutschen nicht wohlgetan; er darf nicht wiederkommen, und vielleicht wird einmal darüber gesprochen werden müssen, ob Berlin noch einmal als Hauptstadt in Betracht kommt; mir persönlich liegt es zu nahe an Potsdam..." Der Historiker Ulrich Noack, der die psychologischen und gefühlsmäßigen Gründe kannte, die besonders im Süden und Westen Deutschlands gegen eine Beibehaltung Berlins als Reichshauptstadt sprachen, schlug die

Verlegung der Hauptstadt in die geographische Mitte Deutschlands vor. Zwischen Werra und Fula, im nordöstlichen Teil Hessens, in der Nähe des Hohen Meissners, wollte Noack eine neue, bescheidene Hauptstadt errichtet sehen, die, schon optisch im Gegensatz zu einer großen Metropole, Symbol des erneuerten Lebens und Wollens der ganzen Nation werden sollte.

Der Beginn des „Kalten Kriegs" offenbarte die während des Zweiten Weltkriegs nur mühsam kaschierten ideologischen Gegensätze in der Anti-Hitler-Koalition. Vor allem die Erfahrungen mit dem Besatzungsalltag in der sowjetischen Zone und besonders die Zwangsvereinigung von SPD und KPD zur SED führten bald auf britischer Seite dazu, daß Zweifel am Sinn einer deutschen Zentralregierung aufkamen, wenn zu befürchten war, daß diese in Berlin unter kommunistische Dominanz geriet. Als zudem immer deutlicher wurde, daß auch Frankreich kein Interesse an einer deutschen Zentralregierung besaß, schien Amerikanern und Briten eine westdeutsche demokratische Regierung immer wichtiger. Wenn überhaupt, so schien es zumindest den Briten, dann mußte sich der Sitz einer solchen Zentralregierung im Westen befinden, am besten natürlich in der britischen Zone.

Bei den ersten Überlegungen zum Sitz der neuen Hauptstadt eines demokratischen Westdeutschlands erschien in britischen Dokumenten schon früh die Stadt Bonn. Bereits im März 1946 ließ das britische Außenministerium eine Studie über eine neue politische Hauptstadt Deutschlands verfassen. In dieser fand sich die Überlegung: „Wie wäre es mit Göttingen? Und falls diese Stadt zu nahe am Eisernen Vorhang liegt, wie wäre es mit Bonn?" Im Jahre 1948 wurde diese Frage gleichsam positiv beantwortet; denn die Briten hatten alles getan, um die Tagung des Parlamentarischen Rats in ihre Zone nach Bonn zu holen und so die Eignung des Ortes für die Übernahme der Hauptstadtfunktion nachzuweisen. Erleichtert wurden dieser Entschluß und der weitere Weg der Stadt Bonn zur Hauptstadt natürlich durch die „Abwesenheit" der früheren Reichshauptstadt Berlin. Diese geriet in eine „Insellage", wurde bald zur „Frontstadt" zwischen Ost und West. Besonders die Zeit der Blockade der Stadt 1948/49 führte jedoch auch dazu, daß Berlin jetzt, nach dem Verlust seiner Hauptstadtfunktion, zum Ort nationaler Identitätsstiftung, zum Ort der Hoffnung auf eine Wiedervereinigung Deutschlands wurde. Zahlreiche Bekenntnisse zur

„künftigen Hauptstadt Deutschlands Berlin“ überdeckten in dieser Zeit die früher und — wie sich heute zeigt — auch noch jetzt bestehenden Vorurteile, die Abneigung der Süd- und Westdeutschen, von einer starken Zentrale in Berlin dominiert zu werden. Während der westliche Teil der Stadt zum „Schaufenster des Westens“ wurde und Anschauungsunterricht in praktizierter Demokratie gab, etablierte sich im Ostteil der Stadt erneut die Hauptstadt eines totalitären Regimes. Das wahre Ausmaß der Brutalität, der Menschenverachtung und des Terrors dieses kommunistischen Staates wird uns erst jetzt, nach seiner Überwindung, in vollem Umfang deutlich.

Von seiten Frankreichs und der USA wurde in der Frage des Bundessitzes Zurückhaltung gewahrt, das Ausmaß des — wie es in der Berichterstattung der amerikanischen Militärregierung hieß — „britischen Lobbying für Bonn“ jedoch durchaus bemerkt. Schon vor der Entscheidung des Parlamentarischen Rats für Bonn, am 10. Mai 1949, verlegten die Briten ihr Hauptquartier nach Köln-Wahn. Sie sorgten auch dafür, daß die Stadt vor ihrer Mitkonkurrentin Frankfurt am Main einen bemerkenswerten Vorsprung erhielt, denn die belgischen Besatzungstruppen mußten auf britischen Druck Bonn verlassen und damit war Bonn, anders als Frankfurt, besatzungsfrei. Die Abgeordneten des Deutschen Bundestages, die sich am 3. November für Bonn als Bundessitz erklärten, wollten wohl nicht im Schatten alliierten Militärs den Aufbau der Bundesrepublik beginnen. Den westlichen Demokratien wollte man mit Bonn auch geographisch nahe sein. Im übrigen konnte — eingedenk des im Vorjahr noch geäußerten Bidault-Plans — etwaigen Ambitionen Frankreichs auf das linke Rheinufer mit der Wahl Bonns zur Hauptstadt ein wirkungsvoller Riegel vorgeschoben werden. Daß die Stadt keine Metropole, keine Großstadt war, über keine „Krawallszene“ verfügte, schmälerte übrigens nicht den Erfolg, den die von dort regierte, aber föderalistisch fest fundierte Bundesrepublik im innen- und außenpolitischen Bereich aufzuweisen hatte. Die kleine Stadt war bewußt auch deshalb vom Parlamentarischen Rat und Bundestag einer Großstadt vorgezogen worden.

Auch von einer kleinen Hauptstadt konnten, so zeigt das Beispiel Bonn, Impulse zur Einigung Europas, Beiträge zur Gestaltung der Zukunft der Dritten Welt sowie der Verbesserung der europäischen Sicherheit ausgehen. Daß Bonn eben nicht den Versuch machte, „prägenden Einfluß“ auf das politische Leben der Republik zu nehmen, sich nicht als „wichtigstes Element seiner Selbstdarstellung“ geriete, nichts unternahm, um „Aushängeschild einer Nation“ zu werden — so sieht der Regierende Bürgermeister Berlins, Momper, die Aufgaben einer Hauptstadt —, muß der Stadt Bonn nachgesehen werden. Die negativen Erfahrungen mit dem Nationalsozialismus und die positiven Erfahrungen mit dem Föderalismus waren solchen Intentionen im Weg. Dahinter stand wohl auch die Überzeugung, daß ein Staat, der sein Selbstverständnis und seine Identität aus einer einzelnen (Haupt) Stadt beziehen mußte und sich dabei nicht auf viele Zentren stützen konnte, „arm dran gewesen“ wäre.

Berlin — Mythos und Realität

Von Heinz Thomas

Als nach den ersten Demonstrationen vor allem in Leipzig im Herbst 1989 und dann bei der Öffnung der Mauer in Berlin sichtbar wurde, daß der Wille nach staatlicher Einheit in der DDR auch nach vierzig Jahren kommunistischer Herrschaft nicht erloschen war, begann, zumal in der Bundesrepublik Deutschland und in West-Berlin, eine Debatte über die Hauptstadtfrage, die mit dem Auftritt der beiden Berliner Stadtoberhäupter Momper und Schwierzina vor Bonner Journalisten am 25. Juni amtlich forciert wurde. Es folgte die Rede des Bundespräsidenten in Berlin am 29. Juni, die entgegen allen bisherigen Erfahrungen in der deutschen Öffentlichkeit nicht die wohl von manchem erhoffte allgemeine Zustimmung auslöste.[1)] Daß sie in der Stadt Bonn auf Kritik stieß, kann nicht weiter verwundern. Aber auch anderswo, in Bayern, in Hessen, im Saarland, wurden Bedenken laut. Dabei hatte der Bundespräsident eigentlich nur Positives gesagt und auch das kleine Bonn mit lobenden Worten bedacht. Der Berliner Sprache attestierte er unnachahmlichen Wohllaut, sie sei Ausdruck des unerschütterlichen Berliner Gemüts. Die Geschichte der Stadt sei von Weltoffenheit, Toleranz und Liberalität geprägt. Nach der Teilung sei Berlin für alle Deutschen Unterpfand der Einheit der Nation geblieben. Andere bezeichneten Berlin kurz und bündig als die natürliche, die gewachsene, die angestammte Hauptstadt der Deutschen. Der Bundestagsabgeordnete Burkhard Hirsch meinte in der FAZ vom 20. Juli: „Berlin war nicht die Hauptstadt des preußischen Imperialismus." Der Ministerpräsident von Nordrhein-Westfalen Johannes Rau sagte, Berlin sei nicht Babylon. Damit sind nur einige der Begriffe genannt, mit denen die einstige Reichshauptstadt von Befürwortern und Gegnern der Absicht, Berlin zur Hauptstadt und zum Regierungssitz der künftigen gesamtdeutschen Bundesrepublik zu machen, bedacht wird. Im folgenden wird der Frage nachgegangen, woher diese Begriffe und stereotypen Klischees stammen, d.h., wie ist Berlin eigentlich zur Hauptstadt des Deutschen Reiches geworden, war sie danach eine allgemein akzeptierte, d.h. „natürliche" Metropole der deutschen Nation? Dazu ist es erforderlich, auch die Vorgeschichte von Berlins Aufstieg zur Reichshauptstadt in die Betrachtung einzubeziehen und die Stellung der Stadt im

Rahmen der deutschen Nationalbewegung bis 1866 zu berücksichtigen, dies allerdings in nur sehr verkürzter Weise. Nach der Vorgeschichte folgen dann Abschnitte über die drei Perioden der Berliner Hauptstadtgeschichte, über das kaiserliche Berlin, das Berlin der Weimarer Republik und schließlich über das Berlin Adolf Hitlers.

Die Hauptstadtfrage gehört zum Identitätsproblem der Deutschen wie die Trennung der Konfessionen und anderes mehr. Daher ist über Hauptstädte, Residenzen und Regierungssitze in den vergangenen Jahrzehnten vor allem von deutschsprachigen Autoren viel geschrieben worden.[2] In dem am 6. August 1806 erloschenen Heiligen Römischen Reich Deutscher Nation hatte es viele Residenzen gegeben, wo in der Regel auch die Zentralbehörden des betreffenden Territoriums angesiedelt waren. In den voraufgegangenen Jahrhunderten waren — von einer Ausnahme abgesehen — die römischen Könige und Kaiser aus dem Hause Habsburg-Österreich gewählt worden, die in der Regel in Wien residierten. Aber Wien war nicht die Hauptstadt des Reiches. Die gab es nicht, wohl aber einige Orte, wo Würdenträger oder Institutionen des nicht zum Staat gewordenen Reiches ihren Aufenthalt hatten.[3] Dazu gehörte Regensburg als Sitz des Immerwährenden Reichstages (seit 1663) oder Wetzlar als Sitz des Reichskammergerichtes (seit 1693). In Nürnberg, auf der Burg, wurden die Reichsinsignien aufbewahrt. Und schließlich ist Frankfurt zu nennen, das in der Goldenen Bulle Karls IV. verfassungsrechtlich als Ort der Königswahl deklariert worden war, wo dann auch die Krönungen der römischen Könige stattgefunden hatten. Der Krönung Josephs II. von 1764 hat Goethe in „Dichtung und Wahrheit" ein bleibendes Denkmal gestiftet.[4]

Unter den Residenzen und Hauptstädten im römisch-deutschen Reich waren im Verlaufe des 18. Jahrhunderts die Metropolen der beiden Hegemonialmächte, der Habsburger Monarchie und des 1701 außerhalb des Reiches in Königsberg gegründeten Königreichs Preußen, zu großen Städten geworden; in Wien lebten um 1800 etwa 230000 Menschen, in Berlin etwa 180000. Die Rivalität der beiden deutschen Hegemonialmächte überdauerte auch den gemeinsamen Kampf und Sieg über Napoleon, so daß es sich in Wien als unmöglich erwies, das alte Reich wieder aufleben zu lassen. Man einigte sich auf die Konstituierung eines 38 fast souveräne Mitglieder umfassenden Deutschen Bundes. Es liegt auf der Hand, daß unter diesen Umständen die Hauptstädte der beiden Hegemonialmächte kaum als Sitz der Bundesorgane in Betracht gezogen werden konnten. Dazu wurde vielmehr im Jahre 1816 Frankfurt bestimmt.[5)]

Frankfurt war, wie gesagt, Wahl- und Krönungsort der römisch-deutschen Könige und Kaiser gewesen. In der Zwischenzeit hatte Napoleon Fankfurt zu einem eigenen Großherzogtum erhoben, womit die Stadt zugleich Zentrale des von ihm inaugurierten und dominierten Rheinbundes geworden war. Nach dem Sieg über Napoleon blieb Frankfurt vom Schicksal vieler anderer ehemaliger Reichsstädte verschont, wurde nicht einem der großen Territorialstaaten einverleibt, sondern blieb als Freie Stadt des Deutschen Bundes eigenständig. Die Stadt empfahl sich aus mehreren Gründen für die neue Aufgabe, Sitz der Bundesversammlung zu werden: Erstens: Ihr Magistrat galt als erfahren im Umgang mit den fürstlichen Mächten der Zeit. Zweitens: Über Jahrhunderte hinweg hatte die zum Luthertum gewechselte Stadt gelernt, den konfessionellen Unterschied zu den in ihren Mauern gewählten und gekrönten Kaisern als problemlos erscheinen zu lassen. Drittens: Die 1815 wiederbelebte, über Jahrhunderte hinweg gewachsene und gefestigte Verfassung bürgte für eine eher konservative Grundhaltung der Behörden und der Mehrzahl der vermögenden Bürger, die sich der Restaurationsmentalität der Ära Metternich geschmeidig anzupassen verstanden. Viertens: Trotz dieser ständisch hierarchischen Ordnung seiner Verfassungswirklichkeit galt die Stadt den national und liberal gesinnten Zeitgenossen oder doch manchen von ihnen als Symbol alten reichsstadtbürgerlichen Freiheitswillens. In dem kurz vor den revolutionären Ereignissen von 1848 erschienenen Artikel über Frankfurt im Staatslexikon von Rotteck-Welcker heißt es einleitend, die reiche und interessante Stadt habe sich auch in ihrer neueren Geschichte als freies Gemeinwesen bewährt. Bei allen Mängeln und Kleinlichkeiten im Leben der Stadt sei diese doch ganz geeignet, den Wohlstand zu fördern, die innige Liebe der Bürger zu gewinnen und nicht nur den vaterstädtischen Sinn zu beleben, sondern auch eine warme Empfindung für alle Angelegenheiten des Gesamtvaterlandes zu unterhalten. Alte negative Bestandteile der Ratsverfassung bleiben nicht unerwähnt; in dieser Hinsicht hätte die Napoleonische Periode unter dem Fürsten Karl von Dalberg der Stadt aufs Ganze gesehen Segen gebracht und gute Früchte getragen.

Dementsprechend hat dann auch die liberale und nationale Bewegung Frankfurt keineswegs als Hort der restaurativen Kräfte angesehen, sondern eher als eine von diesen geknebelte Bastion des Freiheitswillens, dem einige tollkühne Studenten beim Sturm auf die Frankfurter Hauptwache am 3. April 1833 Bahn brechen wollten. Der Aufruhr wurde rasch niedergeschlagen; die Stadt am Main blieb weiterhin der Sitz der von Preußen und Österreich paralysierten Fürstenversammlung, die sich Deutscher Bund nannte.

Frankfurt war damals eine nur mittelgroße Stadt von etwa 70000 Einwohnern, während Wien bis 1848 auf mehr als eine halbe Million Bewohner angewachsen war und Berlin auf 412000. Die Frankfurter hatten sich der einsetzenden Industrialisierung weitgehend versperrt. So gab es hier auch kaum eine Arbeiterschaft, das Proletariat, das sich in Wien, vor allem aber in Berlin dem Aufruhr des Bürgertums anschloß und der revolutionären Bewegung von 1848 ihre eigentümliche Stoßkraft verliehen hat.[6] Diese ist von der Revolution in Paris ausgelöst worden. Im badischen Offenburg hat man bereits am 27. Februar die Forderungen erhoben, die wenig später auch in den anderen Zentren der deutschen Revolution auftauchten: Pressefreiheit, konstitutionelle Verfassung der einzelnen Staaten und Einberufung einer gesamt-deutschen nationalen Versammlung. In Berlin wurden diese „Märzforderungen" auf einer großen Volksversammlung am 7. dieses Monats im Tiergarten in neun Punkten zusammengefaßt. An erster Stelle standen Presse- und Redefreiheit; das Verlangen nach einer allgemeinen deutschen Volksvertretung folgte an achter, das nach einer schnellen Einberufung des vereinigten preußischen Landtages an letzter Stelle. Am 13. März kamen dazu die sozialen Forderungen der Berliner Arbeiter vor allem nach einem paritätisch von Arbeitgebern und Arbeitern zu besetzenden Ministerium, das der Bekämpfung der sozialen Not dienen sollte.

Ebenfalls am 13. März 1848 stürzte in Wien Metternich, der in der nationalen Bewegung sehr zu Recht einen Sprengsatz für das Gebilde des habsburgischen Großreiches gesehen und mit nahezu allen Mitteln und über Jahre hinweg mit Erfolg diese Gefahr einzudämmen und zu unterdrücken unternommen hatte. König Friedrich Wilhelm IV. von Preußen war der nationalen Bewegung seit dem Beginn seiner Regierung im Jahr 1840 aufgeschlossen begegnet. Im Jahr seiner Thronbesteigung hatte die französische Regierung

Thiers im Zuge einer innenpolitischen Krise die Forderung nach der „natürlichen Rheingrenze“ erhoben, was von den Regierungen in Wien und Berlin zunächst mit gelassener Zurückhaltung ignoriert worden war. Aber die Bevölkerung am Rhein geriet in Erinnerung an die Erlebnisse der Franzosenzeit in helle Aufregung. Es entstand das alsbald viel vertonte und gesungene Lied vom deutschen Rhein: „Sie sollen ihn nicht haben“. Heinrich Hoffmann aus Fallersleben wollte nicht zurückstehen und schrieb einige Monate später auf Helgoland sein Deutschlandlied. Die Rheinkrise von 1840 verschwand so schnell, wie sie gekommen war, aber sie hatte die bisher auf eher elitäre Zirkel beschränkte Nationalbewegung zu einem Massenphänomen werden lassen.

Zwar verlief die weitere Entwicklung nicht ohne Komplikationen und die Rivalität zwischen Österreich und Preußen ließ eine Lösung der nationalen Frage zugunsten des sich jetzt als aufgeschlossener bekundenden Preußen als nahezu unrealistisch erscheinen. Aber die Revolution und der Sturz von Metternich in Wien hatte in Berlin begründete Hoffnungen geweckt. Man fühlte sich von einer Schranke befreit und glaubte eine neue nationale Politik einschlagen zu können; „alles mit Deutschland und alles für Deutschland“, so umschrieb der hessische Geschäftsträger am preußischen Hof das neue Motto. Zunächst aber kam es auch in Berlin zur Revolution. Am 18. März 1848 entglitt eine ursprünglich für den König gedachte Demonstration ihren Veranstaltern, und auf der Gegenseite ließ man das Militär in Aktion treten. Über den Barrikaden wehte die schwarz-rot-goldene Fahne. Der König fügte sich schon bald der Forderung und der Einsicht, daß das Band zwischen Monarchie und Bürgertum nicht zerschnitten werden dürfe und kündigte in einem Aufruf an seine „lieben Berliner“ an, falls die Barrikaden weggeräumt und Abgesandte „voll des ächten Berliner Geistes“ zu ihm kommen würden, um zu verhandeln, dann würden seine Truppen sofort Berlin verlassen. Der Bruder des Königs, der spätere Kaiser Wilhelm I., dem die folgenden Ereignisse noch den Beinamen des Kartätschenprinzen eintragen sollten, war zwar gegen ein Einlenken, aber der König ließ das Militär abziehen.

Am 21. März wurde 1848 auf einem Plakat verkündet: „An die deutsche Nation. Eine neue glorreiche Geschichte hebt mit dem heutigen Tage für euch an. Ihr seid fortan wieder eine einige Nation, stark, frei und mächtig, im Herzen von Europa. Preußens

Friedrich Wilhelm IV. hat sich, im Vertrauen auf euren heldenmütigen Beistand und eure geistige Wiedergeburt, zur Rettung Deutschlands an die Spitze des Gesamtvaterlandes gestellt. Ihr werdet ihn mit alten ehrwürdigen Farben deutscher Nation noch heute zu Pferde in eurer Mitte erblicken." Das Plakat war nicht unterzeichnet. Aber der König erschien tatsächlich in der Uniform des 1. Garde-Regimentes mit einer schwarz-rot-goldenen Schärpe um den Arm. Die Prozession formiert sich, die schwarz-rot-goldenen Farben werden auch von Mitgliedern der königlichen Familie getragen; nur Prinz Wilhelm fehlte. Er war nach England gereist. Vor der Universität akklamierte ein Student: „Es lebe der Kaiser von Deutschland!" Der König soll zu seinen Begleitern gesagt haben: „Nicht doch, das will ich nicht." Man hat schon sehr oft die Frage gestellt, was wäre gewesen, wenn König Friedrich Wilhelm IV. sich eindeutig und unmißverständlich an die Spitze der auch in Berlin hochschwappenden nationalen Bewegung gesetzt hätte: dann wäre er vielleicht tatsächlich sofort zum Kaiser eines neuen Deutschen Reiches erhoben worden; aber wie hätte Österreich darauf reagiert?

Eben das erwies sich dann auch als eines der zentralen Probleme, denen sich die von den neuen Regierungen mit der Beratung einer neuen Bundesverfassung beauftragten 17 Vertreter des engeren Bundesrates gegenübersahen. Dieser 17er-Ausschuß erarbeitete unter der Leitung des Bonner Staatsrechtlers und Historikers Friedrich Christoph Dahlmann den Entwurf einer neuen, bundesstaatlichen Verfassung,[7] während zugleich — seit dem 31. März mit der Billigung des Bundesrates — ein sogenanntes Vorparlament von rund 500 Mitgliedern tagte, das sich vor allem aus den Revolutionären des März rekrutierte. Dieses Vorparlament hat dann allgemeine Wahlen zu einer deutschen Nationalversammlung ausgeschrieben, die sich am 18. Mai in der Frankfurter Paulskirche konstituieren konnte.

Frankfurt war so für einige Monate zur wirklichen Hauptstadt der Deutschen geworden. Mit unverkennbarem Stolz schrieb Richard Schwemer, der Verfasser der nach wie vor umfangreichsten Geschichte Frankfurts[8]: „Die ganze bisherige Geschichte der Stadt als Reichsstadt, als Wahl- und Krönungsstadt, als Sitz des Bundestages schien nur Vorbereitung gewesen zu sein, für das, was sich jetzt anbahnte. Gegenwart und Zukunft erschienen in dem Licht der Vollendung und Erfüllung." Auch die Mitglieder des 17er-Ausschusses haben Frankfurt offenbar in diesem Licht gesehen.[9] In § 6 ihres Verfassungsentwurfes heißt es kurz und bündig: „Das Reichsoberhaupt residiert zu Frankfurt am Main..." Dabei ist hervorzuheben, das der spiritus rector dieser Beratungen, der Bonner Professor Dahlmann, im wesentlichen eine preußische Lösung der nationalen Frage intendierte und bei späteren Beratungen dann auch wünschte, die Hauptstadtfrage in der Schwebe zu halten. Man solle, so meinte er am 18. Dezember bei den Beratungen des von der Nationalversammlung eingesetzten Verfassungsausschusses, zunächst den Sitz der Reichsregierung in Frankfurt lassen, aber er fügte hinzu, daß diese Regelung durch den Zusatz ergänzt werden sollte: „(Der Sitz) kann durch ein Reichsgesetz verändert werden."

Die Beratungen des Verfassungsausschusses im Dezember standen unter dem Eindruck der sich verfestigenden Fraktionen, die man mit den Begriffen kleindeutsch und großdeutsch umschreiben kann, aber auch von Wirren in und um Frankfurt, denen zwei Abgeordnete zum Opfer gefallen waren. Dahlmann hatte sich inzwischen sehr dezidiert für die klein-deutsch-preußische Lösung der Verfassungsfrage ausgesprochen, aber bei der Diskussion der Hauptstadtfrage hat er dann am 18. Dezember 1848 Berlin als eine Alternative zu Frankfurt nicht genannt. Es mag zwar sein, daß er an die preußische Hauptstadt gedacht hat, aber wenn es so war, dürften ihm die Argumente, die von anderen Mitgliedern vorgetragen wurden, nahegelegt haben, diesen Gedanken lieber nicht zu äußern. Der Breslauer Professor für Staatswissenschaften Johann Ludwig Tellkamp, der zuvor Professor in den Vereinigten Staaten, u.a. in New York, gewesen war und später als Abgeordneter der Nationalliberalen in den Reichstag von 1871 gewählt wurde, meinte, er sei überhaupt gegen die Benennung eines bestimmten Ortes. Er wünsche, wenn (der Sitz) doch genannt werden solle, daß er mehr in der Mitte Deutschlands und an einen möglichst kleinen Ort gelegt werde, und zwar dies im Interesse der möglichst ruhigen Debatten, damit sie ohne den Einfluß des Pöbels vor sich gehen können. Hat man doch in Nordamerika den Sitz der Regierung in das kleine Dorf Washington gelegt. Er wünsche, daß Frankfurt nur provisorisch hier genannt werde. Der Rechtsphilosoph Heinrich Ahrens, der wie Tellkamp und viele andere in Göttingen studiert hatte, dann Professor in Brüssel geworden war, erklärte, man könne aus Rücksicht auf Österreich eher an Leipzig oder Dresden denken, aber in Anbetracht der gegebenen Situation wolle er mit Dahlmann stimmen, d.h., er war dafür, die Hauptstadtfrage zunächst nur provisorisch zu regeln. Der aus Schleswig stammende Jurist und Greifswalder Professor Karl Georg Christoph Beseler machte auf die militärisch exponierte Lage Frankfurts aufmerksam: Frankfurt könne nicht Sitz des Reiches sein, solange Straßburg in den Händen der Franzosen sei. Auch liege Frankfurt ganz an der Seite Deutschlands. Erfurt sei in der Mitte des Reiches, und gerade so, daß von da aus Preußen beherrscht werden könne. Er erinnere daran, daß Napoleon Erfurt dazu bestimmt habe, von dort aus Deutschland zu beherrschen. Ein weiterer Redner meinte, er habe sich nicht gerade in die hier — zu Frankfurt — herrschende Geldbourgeoisie verliebt, habe sie vielmehr satt bis an den Hals. Aber es sei wenig verlockend, unter den preußischen Kanonen von Erfurt zu beraten. Er plädierte für Hanau, wo die Gesinnung der Bürger sehr gut sei. In zweiter Linie wolle er auch noch das alte Nürnberg ins Spiel bringen. Der nächste Redner stimmte im wesentlichen mit Beseler überein, bedauerte, sich nicht für Washingtons Vorbild entscheiden zu können; er glaubte, daß der monarchische Charakter Deutschlands eine derartige Idylle nicht ertragen werde. Am Ende der Debatte einigte man sich auf die Formulierung: „Die Bestimmungen über den Sitz der Reichsregierung bleiben einem Reichsgesetz vorbehalten."

Der Verfassungsausschuß hatte auch über die Residenz des künftigen Reichsoberhauptes zu beraten, für das es im Grunde nur zwei Kandidaten gab, in erster Linie den König von Preußen und dann den Kaiser von Österreich. Daß es sich dabei nach Lage der Dinge um eine ohne Gewaltanwendung nicht zu entscheidende Alternative handeln könnte, haben zwar manche geahnt, einige auch gewußt, aber gleichwohl ist doch mit großem Ernst darüber debattiert worden, ob sich der zu wählende Kaiser regelmäßig oder nur zu bestimmten Zeiten am Sitz der Reichsregierung und damit auch des Reichstages aufhalten solle. Schließlich einigte man sich auf eine Formulierung, die in der Paulskirchen-Verfassung als § 71 erscheint: „Die Residenz des Kaisers ist am Sitz der Reichsregierung. Wenigstens während der Dauer des Reichstages wird der Kaiser dort bleibend residieren. So oft sich der Kaiser nicht am Sitze der Reichsregierung befindet, muß einer der Reichsminister in seiner unmittelbaren Umgebung sein." Dann folgt noch der erwähnte Satz über die Bestimmung des Regierungssitzes durch ein Reichsgesetz.

Aus all dem geht hervor, daß die Mitglieder des Ausschusses bei ihren Beratungen zwar stets an Wien oder Berlin gedacht haben, dies aber gewiß nicht, um eine dieser Hauptstädte als Sitz der künftigen Reichsregierung offen ins Spiel zu bringen. Als die Nationalversammlung am 28. März 1849 König Friedrich Wilhelm IV. mit 290 Stimmen bei 248 Enthaltungen zum Kaiser wählte, war dies keineswegs „mit der unvermeidlichen Konsequenz einer mindestens allmählichen Entwicklung Berlins zur Hauptstadt" verbunden. Dieses Ziel war nur nach einer Eliminierung von Preußens Gegenpol, Österreich, aus dem Deutschen Bund zu erreichen, und das ist dann im Jahre 1866 erreicht worden. Es war kein Zufall, daß bei dieser Gelegenheit auch über das Schicksal von Frankfurt entschieden worden ist.

Über den deutschen Bruderkrieg des Jahres 1866 hat der damalige Chef des preußischen Generalstabes Helmut von Moltke im nachhinein folgendes geschrieben[10]: „Es war ein im Kabinett als notwendig erkannter, längst beabsichtigter und ruhig vorbereiteter Kampf nicht für Ländererwerb, Gebietserweiterung oder materiellen Gewinn, sondern für ein ideales Gut — Machtstellung." Von dieser Wertung wird man ohne Bedenken akzeptieren können, daß der Krieg kein allgemeiner Bürgerkrieg mit dem Ziel der nationalen Einigung gewesen ist, sondern ein Kabinetts- oder Staatenkrieg. Oberster Kriegsherr der einen Partei war der Kartätschenprinz von 1848, Wilhelm I., der seinen zur Regierung nicht mehr fähigen Bruder 1858 als Regent abgelöst hatte und 1861 König geworden war. Der führende Kopf der preußischen Politik, Otto von Bismarck, hatte zuvor, bis Anfang 1859, acht Jahre lang das Königreich Preußen als Gesandter beim Bundesrat in Frankfurt vertreten, die Stadt, ihren Magistrat und ihre Bürger also sehr gut kennengelernt.

Auf seiten Preußens kämpften nur einige wenige kleinere norddeutsche Staaten, während Österreich die vier anderen deutschen Königreiche für sich gewonnen hatte, nämlich Sachsen, Hannover, Bayern und Württemberg. Dazu kamen noch die Fürstentümer Baden, Kurhessen, Hessen-Darmstadt, Nassau, Meiningen sowie die Freie Stadt Frankfurt. Preußens Krieg gegen diese Allianz gilt zu Recht als militärisches Bravourstück, das Moltkes Ruf als militärisches Genie begründet hat. Sein politischer Partner Bismarck wird in nahezu allen neueren Darstellungen wegen seiner weisen Zurückhaltung beim Auskosten des Triumphes gerühmt. Die preußische

Armee ist nicht, obwohl sie es gekonnt und manch einer es gewünscht hätte, in Wien einmarschiert. Immerhin haben aber vier der unterlegenen Gegner ihre Entscheidung für Österreich mit ihrer politischen Eigenständigkeit bezahlt, nämlich Hannover, Kurhessen, Nassau und Frankfurt.

Über Frankfurts Schicksal scheint man im Umkreis Wilhelms I. und Bismarcks nach der Schlacht von Königgrätz (3. Juli 1866) noch keine rechten Vorstellungen gehabt zu haben. Die Stadt wurde am 15. Juli von der Mainarmee besetzt, die der General Ernst Friedrich Vogel von Falckenstein kommandierte, der allerdings zum Zeitpunkt des Einmarsches in die bisher Freie Stadt seines Postens enthoben und durch Edwin von Manteuffel ersetzt worden war, was Falckenstein aber erst am 19. Juli mitgeteilt werden konnte.[11] Die vier Tage seines Wirkens haben aber vollauf genügt, den Namen des von den Zeitgenossen allgemein als eher liberal eingeschätzten Mannes den Frankfurtern für die folgende Generation tief ins Gedächtnis zu graben. Am Tage der Besetzung depeschierte Falckenstein an seinen König: „Alles Land nördlich des Mains liegt zu Füßen Ew. Majestät." Im Hinblick auf die Frankfurter hat der General diese Mitteilung offenbar sehr wörtlich verstanden wissen wollen. Manches von dem, was viele Quellen über die Okkupation der Stadt und deren Folgen zu berichten wissen, möchte man gerne für parteiisch und unglaubwürdig halten. Aber es gibt auch andere, von vornherein unverdächtige Zeugnisse, die unbezweifelbar unter Beweis stellen, daß Vogel von Falckenstein und sein als Eisenfresser bekannter Nachfolger Edwin von Manteuffel, ihrer Tätigkeit in dieser alten Kaiserstadt, die auch zum Symbol für 1848 geworden war, mit unverhülltem Ressentiment gegen diese Traditionen nachgegangen sind.

Zunächst wurde von den preußischen Truppen eine Razzia veranstaltet. Vor allem fahndete man nach Journalisten, die es in den vergangenen Jahren gewagt hatten, gegen die Großmacht im Norden zu polemisieren. Eine Reihe von ihnen wurde arretiert und verhört. Gesucht wurden vor allem Redakteure der Frankfurter Zeitung, die der mit dem Verhör beauftragte Auditeur als „Schandblatt" qualifizierte. Leopold Sonnemann, der Herausgeber der Zeitung, konnte allerdings nicht ergriffen werden; er war nach Stuttgart geflohen. Der Chef der „Postzeitung", der in Frankfurt geblieben war, bezahlte dieses Vertrauen in Preußens Liberalität mit dem

Leben. Er war den Aufregungen nicht gewachsen und starb an einem Schlaganfall. Am 18. Juli wurden den von Falckenstein kommissarisch mit der Verwaltung der Stadt beauftragten Bürgermeistern die schon vorher angekündigten Kontributionsforderungen präsentiert: für jeden Soldaten ein Paar Stiefel, 300 gute Pferde und der Jahressold für die Armee. Die Zahlung erfolgte schon am Tage danach. Die Frankfurter Bank stellte den Betrag von 5,747 Millionen Gulden gegen einen Zinssatz von 5 % zur Verfügung.

Wer geglaubt haben mochte, damit sei das Schlimmste überstanden, sah sich schnell getäuscht. Bismarck telegrafierte nach Frankfurt, auf Allerhöchsten Befehl, d.h. des Königs, sei der Stadt eine Kontribution von 25 Millionen aufzuerlegen, das waren pro Kopf der Bevölkerung 357 Gulden. Wie niederschmetternd diese Forderung auf die Frankfurter gewirkt haben muß, erhellt die Tatsache, daß die öffentlichen Ausgaben der Stadt in vorausgegangenen Jahren — ohne den Schuldendienst — nicht viel mehr als 1 Million Gulden umfaßt hatten. Den Vollzug des Befehls aus dem Hauptquartier übernahm der neue Befehlshaber von Manteuffel. Den beiden kommissarisch amtierenden Bürgermeistern Fellner und Müller bedeutete er, die Kontribution müsse binnen 24 Stunden aufgebracht werden. Der General ließ dabei durchblicken, daß im Falle einer Verzögerung auch andere Maßnahmen ergriffen werden könnten. Später hat man von preußischer Seite heftig bestritten, der General habe der Stadt eine gewaltsame Plünderung angedroht. Die danach zugänglich gewordenen Quellen sprechen gegen diese Behauptung. Ganz unbestreitbar ist, daß die Frankfurter mit einem solchen Verfahren gerechnet haben und Manteuffel sie bewußt in diesem Glauben gelassen hat.

In den folgenden Tagen verstärkte sich der Druck. Die Offiziere und Mannschaften waren angewiesen, gegenüber ihren Wirtsleuten in anmaßender Weise aufzutreten. Man drohte mit der Erhöhung der Kontribution auf 35 Millionen Gulden und kündigte an, diese Summe auf die reichsten Frankfurter Bürger zu verteilen. Am 23. Juli notierte die württembergische Baronin Spitzemberg in ihr Tagebuch[12)]: „In Frankfurt hausen die Preußen aufs brutalste: Manteuffel hat 52 Mill. Franken gefordert unter der Drohung zu plündern, wenn das Geld nicht herbeigeschafft werde.“ Am Abend dieses Tages vollzog sich in Frankfurt eine Tragödie. Der General Röder hatte Bürgermeister Fellner befohlen, ihm eine Liste aller Mitglieder der städtischen Korporationen aufzustellen. Fellner, der damit rechnete, daß diesen dann neue Drangsalierung ins Haus stehen würde, flehte den Preußen zwar an, ihm diese schmachvolle Aufgabe zu ersparen. Aber Röder beharrte unnachsichtig auf seinem Befehl. Fellner ging nach Hause, begann auch mit der Aufstellung der Liste; seine Frau fand sie im Verlauf der Nacht auf dem Schreibtisch. Ihr Mann hatte sie dort liegen lassen, war in den Garten gegangen und hatte sich erhängt.

Das Echo auf die Frankfurter Vorgänge war für Preußens Renommee verheerend. Manteuffel soll bei einer Unterredung mit den Bürgermeistern und einigen Kaufleuten vor dem Tode Fellners gesagt haben[13]: „Sie mögen mich alle einen Barbaren nennen, nun, Sie mögen mich so nennen." So geschah es nun auch. Der Stuttgarter „Beobachter" meinte am 27. Juli[14]: „Diesen Junkern ist es ein Hochgenuß, die Burg des deutschen Bürgertums, die Kaiser- und Parlamentsstadt Deutschlands recht gründlich zu ruinieren und sie ihre Überlegenheit gründlich fühlen zu lassen." Im Oktober hieß es in derselben Zeitung: „Wer sich bisher das einige, das neue Deutschland dachte, gab ihm Frankfurt zur Hauptstadt. Geschichte und Gegenwart reichten sich in diesem Gedanken die Hände."

Das war schon ein Nachruf auf Frankfurt als Hauptstadt des von vielen gewünschten deutschen Nationalstaates. Es sollte darauf verwiesen werden, daß im Jahr 1866 nicht die Stadt Berlin Krieg gegen Frankfurt geführt hat, sondern das Königreich Preußen. Aber es kann andererseits nicht unterschlagen werden, daß der nur wenig später, nämlich am 4. September 1866 beginnende Aufstieg Berlins zur Hauptstadt des künftigen Reiches über das niedergeworfene und ganz bewußt gedemütigte Frankfurt hinweg erfolgt ist. Die Berliner haben damals noch gar nicht gewußt, was auf sie zukommen sollte. Daß aber Berlin nicht wegen seiner republikanischen Traditionen zur Hauptstadt gemacht worden ist, sondern seine Funktion als Hauptstadt Preußens dafür den Ausschlag gegeben hat, sollte im Rahmen der gegenwärtigen Hauptstadtdiskussion nicht ganz übersehen werden. Die Zeitgenossen von 1866 haben dies jedenfalls gewußt, und einige haben es auch anklagend ausgesprochen. Die „Historisch-Politischen Blätter für das katholische Deutschland" faßten 1868 den Grimm der Unterlegenen in die Worte[15]: „Nie und nimmer hätte die preußische Hauptstadt ein deutsches Parlament in ihren Mauern gesehen, nicht einmal ein Zollparlament. Das alles hat Sodowa (= Königgrätz) getan."

Die preußischen Truppen hatten gerade mit der Drangsalierung der Frankfurter begonnen, als Bismarck am 16. und 17. Juli 1866 in Berlin mit einer Reihe von liberalen Politikern über die Wahl eines Reichstages auf der Basis des Frankfurter Reichswahlgesetzes von 1849 konferierte.[16] Hier wäre noch einmal die Gelegenheit gewesen, die Schwerpunktverlagerung des künftigen deutschen Nationalstaates in das Zentrum Preußens zu verhindern. Aber die Gesprächspartner, von denen ein Teil Mitglieder der Paulskirche waren, mißtrauten ihrem Gastgeber; es mag sein, daß dabei auch die Nachrichten aus Frankfurt ihren Teil dazu beigetragen haben, diese Chance ungenutzt verstreichen zu lassen. In den folgenden Monaten hat Bismarck die Grundzüge für die mit der Auflösung des Deutschen Bundes im Frieden von Nikolsburg notwendig gewordene Neuordnung entworfen. Die dabei entwickelten Vorstellungen wiesen dabei z. T. schon weit über das zunächst erreichbare Ziel — den Norddeutschen Bund — hinaus. Auch die Hauptstadtfrage hat bei diesen Überlegungen eine wichtige Rolle gespielt.[17] Kronprinz Friedrich hat sich in Nikolsburg am 24. Juli 1866 für die Einberufung des damals noch in Aussicht genommenen Reichstages nach Frankfurt, Erfurt oder Hamburg eingesetzt. Auch die aus dem Hause Sachsen-Weimar stammende Königin Augusta wandte sich gegen Berlin, das sie als ungünstig bezeichnete. Wenn man den Süden gewinnen wolle, käme es auf die Wahl des Ortes, wo das Parlament tagen werde, sehr viel an. „Denn je näher dieses der Mainlinie zu liegt, um so günstiger und beschwichtigender kann sein Einfluß werden." Der König, der den Berlinern mit Blick auf das Schicksal Ludwigs XVI. von Frankreich mißtraute, ließ sich von Vertretern der Stadt Potsdam für diese als Sitz des künftigen Bundesparlamentes erwärmen, aber schließlich gab Bismarck mit einem Memorandum vom 4. September 1866 für Berlin den Ausschlag.[18] Als Mittelpunkt des geistigen, gesellschaftlichen und politischen Lebens müsse es auch Zentrum des nationalen Lebens werden. Preußen könne nur im Mittelpunkt seines eigenen Lebens so weit einwirken auf das zu assimilierende Deutschland, wie erforderlich sei, wenn Preußen der die Entwicklung beherrschende Kern bleiben solle. Gegen Potsdam wandte er ein, daß die Schwierigkeiten mit zwei Parlamenten, dem preußischen und dem norddeutschen, ins Unerträgliche wachsen würden, wenn damit ein Hin- und Herreisen zwischen Berlin und Potsdam verbunden sei.

Die Hauptstadtfrage wurde dann aber weder in der Verfassung des Norddeutschen Bundes noch in der auf dieser beruhenden Verfassung des Deutschen Reiches explizit geregelt. Ob Bismarck einen solchen im Entwurf der Frankfurter Verfassung von 1848 vorgesehenen Paragraphen in der Absicht beiseitegelassen hat, um gegebenenfalls auch ohne umständliche Parlamentsprozeduren den Sitz der Reichsregierung anderswohin verlegen zu können, kann hier dahingestellt bleiben. Später hat er diese Absicht tatsächlich bekundet. Schon 1879 äußerte er gegenüber dem Botschafter der USA, das Gehirn eines Volkes solle nicht mitten in das Getriebe einer Handelsstadt gelegt werden. Der Amerikaner wird dies als Kompliment für die Verfassungswirklichkeit seines Heimatlandes gewertet haben. Als Bismarck dann am 4. März 1881 dem Reichstag eröffnete, er trage sich mit dem Gedanken, dessen Sitz nach Potsdam zu verlegen, geschah dies gewiß nicht aus Sorge vor der Einflußnahme der in Berlin ansässigen Handelsfirmen, sondern mit Blick auf die wirkungslos gebliebenen Sozialistengesetze des Jahres 1879.

Berlin, in dem jetzt alle Organe und Zentralbehörden des neuen Reiches mit Ausnahme des Reichsgerichtes etabliert wurden, umfaßte seit Eingemeindungen des Jahres 1861 eine Fläche von 5923 ha, die über weitere Eingemeindungen im Jahre 1911 (Charlottenburg, Lichtenberg, Rixdorf, Schöneberg, Spandau) 1920 schließlich auf die heutige Ausdehnung von 880 km^2 gewachsen ist. In der Zeit von 1848 bis 1871 hatte sich die Zahl der Einwohner etwa verdoppelt, von 412000 auf 826000.[19)] Lebten auf dem Gebiet des 1911 und 1920 vollendeten Groß-Berlins um 1871 noch 932000 Einwohner, so waren es um 1900 schon 2,7 Millionen, um 1919 3,8 und um 1930 schließlich 4,5 Millionen.[20)]

Die Sogwirkung Berlins resultierte aus mehreren miteinander verknüpften Faktoren. Die schon vor 1848 in der preußischen Hauptstadt florierende Industrie konnte mit dem Beginn des Eisenbahnbaus ihren Standortnachteil gegenüber den Kohle- und Eisenerzgebieten rasch wettmachen. 1844 wurde in Berlin die erste Industrieausstellung im Deutschen Bund veranstaltet. Hinzu kam nun noch die Anziehungskraft des politischen Zentrums für das neue Reich, die bis zum Ende des Jahrhunderts die Stadt auch für solche Bereiche zur Metropole werden ließ, die bis 1870 hier eher spärlich vertreten waren. So überrundete Berlin um 1890 die bisher führende Verlagsstadt Leipzig. Zeitungsredaktionen etablierten sich am Sitz der Zentralregierung. Die Stadt wurde zum Dienstleistungszentrum des Reiches.

Nur in einer Hinsicht stand das Berlin der Zeit nach 1871 hinter seiner 1866 niedergetretenen Vorgängerin Frankfurt in merklicher Weise zurück. Frankfurt war eine freie Stadt und somit ein nahezu souveräner Teil des Deutschen Bundes gewesen. Berlin war demgegenüber kein eigenständiges Glied des neuen Reiches, sondern gehörte zum Königreich Preußen, hatte zwar einen Bürgermeister und eine kommunale Selbstverwaltung, die aber in wesentlichen Teilen ihrer Tätigkeit der Aufsicht von Regierungsbehörden der preußischen Provinz Brandenburg unterstanden. Dies gilt insbesondere für die Bereiche des Finanz-, Planungs- und Polizeiwesens. Der Polizeipräsident von Berlin war kein städtischer Beamter und galt für viele dennoch als der eigentliche Herr der Stadt. Außerhalb der Verfügungsmacht der städtischen Behörden stand natürlich auch das Militär, das im Jahre 1895 rund 23000 Personen umfaßte. An der Einschränkung der kommunalen Selbstverwaltung hat sich auch nach der Reichsgründung nicht sonderlich viel geändert. Zwar wurde die Stadt am 1. April 1881 aus der Provinz Brandenburg eximiert und bildete seither einen eigenen Stadtkreis. Indes unterstand der Magistrat auch weiterhin der Aufsicht des Oberpräsidenten der Provinz Brandenburg, und der Polizeipräsident blieb einer außerstädtischen Behörde, nämlich dem preußischen Innenministerium, unterstellt.

Gleichwohl haben die städtischen Behörden in den Jahrzehnten nach der Reichsgründung viel geleistet. Schon 1875 glaubten sie konstatieren zu können, daß im Hinblick auf Kommunikationsmittel, Straßenpflaster, Parks, Markthallen, Gesundheitswesen London aufgehört habe, Gegenstand des Neides zu sein.[21] Der Fortschrittsoptimismus, der sich hier bekundet und den Berlinern bis 1943 im wesentlichen erhalten blieb, konnte freilich nicht verdekken, daß die im Rückblick für manche so glanzvolle Kaiserzeit zugleich auch eine Periode großen Elends gewesen ist. Davon sind zwar auch die anderen Hauptstädte Europas keineswegs verschont geblieben, jedoch ließ die hier durchweg sehr viel größere Substanz der städtischen Kernbezirke das rasante Wachstum und die damit einhergehenden sozialen Probleme etwas gemäßigter erscheinen. Vor allem hat das kaiserliche Berlin keinen Georges-Eugène Haussmann hervorgebracht, der unter den gegebenen kommunalpolitischen Verhältnissen allerdings auch nicht das hätte bewirken können, was er in Paris — über die kleinen Leute hinweg — geleistet hat.

Die hohen Beamten, die Direktoren aus allen Bereichen von Industrie und Handel, die beamteten Wissenschaftler, die in die neue Reichshauptstadt gezogen wurden, sahen sich dabei allenfalls am Anfang vor gewisse Anpassungsprobleme gestellt, die aber rasch zu beheben waren. Aber diese Privilegierten hatten nur einen verschwindend geringen Anteil am Strom der Zuzügler. Die Masse derjenigen, die sich in Berlin ein besseres Auskommen erhofften, waren Habenichtse und sind das in aller Regel auch geblieben. Im Jahre 1900 zählte man in Berlin 334000 „Steuerindividuen", die für die Einkommensteuer in Betracht gezogen wurden. Davon waren etwa 9500 (2,5%) Großverdiener mit mehr als 12000 Mark Einkommen. Unter diesen befanden sich 60 Multimillionäre, die im Jahr 2,5 Millionen Mark und mehr zu „verzehren" hatten. Eine zweite Gruppe von 38000 Individuen (10,7%) verfügte über ein jährliches Einkommen von 3000 bis 12000 Mark. Die bereits erwähnte Baronin Spitzemberg, die als Gemahlin des württembergischen Gesandten in Berlin lebte, notierte im Jahre 1880, daß ein Freund ihrer Familie durch Spekulationsgeschäfte nahezu ruiniert worden sei und jetzt nur noch 9000 statt 24000 Mark zu verzehren hätte. [22])Der arme Mann hätte sich im Berlin dieser Jahre noch zur Oberschicht rechnen dürfen. Unterhalb dieser gab es eine noch immer gutsituierte Schicht von 124000 Steuerzahlern, die über 1200 bis 2700 Mark jährlicher Einkünfte verfügte. Alles in allem lebten in Berlin nur etwa 25% der Einkommensteuerpflichtigen in sehr guten bis ausreichenden Verhältnissen. Die große Masse aber vegetierte zu einem beträchtlichen Teil unter und knapp über der Armutsgrenze dahin. Im Wedding lag die Säuglingssterblichkeit um 1890 bei 34,6%. Wie sich die Einkommensverhältnisse dem Betrachter darboten, weiß jeder, der Zilles Zeichnungen aus dem Berliner Milieu kennt.

Das mehr oder weniger große Elend des überwiegenden Teils der Berliner Bevölkerung führte zu der bekannten Diskrepanz zwischen der politischen Haltung der die Hauptstadt dominierenden Führungseliten und derjenigen der Masse der Berliner. Die erste zerfiel, grob gesprochen, in die preußischen oder preußisch geprägten Konservativen, die oftmals gar nicht so liberalen National-Liberalen und die Links-Liberalen; die zweite überwog, was die Zahl der Stimmen anbelangt, die erste bei weitem. Der Anteil der für die SPD abgegebenen Stimmen der Berliner Männer schwankte bei den Reichstagswahlen seit den achtziger Jahren zwischen 45 und 50%, konnte aber bei Stichwahlen noch weit darüber liegen. Seit 1903 befanden sich fünf der sechs Berliner Wahlkreise fest in der Hand der Sozialdemokraten, den sechsten hielten die Freisinnigen nur dank einer den Verhältnissen nicht angepaßten Einteilung des Stimmbezirks.

Zur politischen Diskrepanz zwischen der politischen und wirtschaftlichen Führungselite auf der einen, der Masse der Berliner auf der anderen Seite gesellte sich der konfessionelle oder religiöse. Der kaiserliche Hof trat auch nach der Beendigung des Kulturkampfes betont evangelisch-lutherisch auf, auch wenn Wilhelm II. nach 1890 der katholischen Kirche manche Reverenz erwies. Demgegenüber bekundete die Masse der Berliner eine religiöse und konfessionelle Indifferenz, die auch Kaiser Wilhelms I. Hofprediger Adolph Stöcker nicht zu überwinden vermochte. Im Jahre 1874 sind nur noch 20% der evangelischen Eheschließungen auch kirchlich eingesegnet worden, und nur noch 62% der Kinder wurden getauft.[23] Formal allerdings bekannten sich doch weitaus mehr Berliner zu ihrer angestammten Konfession. Im Brockhaus von 1898 heißt es dazu, 1895 seien 1,421 Millionen Evangelisch-Lutherische gezählt worden, 154970 Römisch-Katholische und 86152 „Israeliten“. Nur wenige hundert erklärten, konfessionslos oder atheistisch zu sein. Der Brockhaus fügt diesen Angaben hinzu, das jeweilige Bekenntnis wirke auf das Zusammenleben wenig störend ein, was man aus der Zahl der Mischehen ersehen könne. Der bei weitem größte Anteil der Mischehen entfiel auf solche zwischen evangelischen und katholischen Partnern, nämlich 27043 von 29566.

Alles in allem wich Berlin sowohl im Hinblick auf die politische Haltung der Bürger als auch in der Frage des konfessionellen Zusammenlebens in beträchtlichem Maße von den anderen Städten im Reich ab, was aber die Stimmen, die Reichshauptstadt sei nach wie vor eine Bastion des Borussentums und eine feste Burg des Protestantismus, nicht zum Vestummen brachte. Das Bild des wilhelminischen Hofes, das preußische Offizierskorps, die Erinnerung an den von Berlin aus gesteuerten Kulturkampf Bismarcks prägten diese Vorstellung und ließen diesen Eindruck auch nach Jahrzehnten noch nicht verblassen.

„Eine Stadt ohne Gesellschaft" — so hat Walther Kiaulehn ein Kapitel über das Berlin der Kaiserzeit überschrieben.[24] Kiaulehn hatte über 45 Jahre lang in Berlin gelebt und gearbeitet. Seine Kenntnisse über jene erste Periode der Berliner Reichshauptstadtgeschichte hat er im wesentlichen einem 1910 in dritter Auflage erschienenen Buch zu verdanken, das der mit den Anfängen der Berliner Moderne um Max Liebermann eng verbundene Publizist Karl Scheffler geschrieben hatte. Kiaulehn konzedierte seiner sehr polemisch gehaltenen Quelle, stärker, genauer und beweiskräftiger zu sein als alle anderen bis 1958 erschienen Darstellungen über jene Zeit.

Auch im alten Berlin, so meinte Scheffler, habe es keine wohlgegliederte Gesellschaft gegeben, aber in der Hauptstadt des neuen Reiches herrsche geradezu ein Chaos. „Der Adel, das Militär und die Beamten leben abgeschlossen für sich, und das Bürgertum gelangt über die Organisation kleiner Sonderkreise nicht hinaus. Es gibt Gelehrtenkreise, Künstlerkreise, Börsenkreise und vielerlei Berufskreise, es gibt adelige und bürgerliche, zionistische und antisemitische Kliquen; aber eine eigentliche Gesellschaft gibt es nicht."

Scheffler stammte aus Hamburg, so mag es sein, daß er die Eigentümlichkeit Berlins mit hanseatisch-geprägtem Blick gesehen und dementsprechend verzeichnet haben könnte. Aber es gibt noch einen anderen Zeugen, der schon einige Jahre vor Scheffler zu einer ganz ähnlichen Einschätzung des modernen Berlinertums gelangt war, dem niemand eine genaue Kenntnis dieser Stadt und ihrer Lebenswelt absprechen wird, nämlich Theodor Fontane.[25] Um 1876/81 hat er einen Essay über den „Berliner Ton" konzipiert, den er dann allerdings nie vollendete und der zu Fontanes Lebzeiten nicht publiziert worden ist. Eine Geschichte des Berliner Tons sei, so heißt es einleitend, gleichbedeutend mit einer Berliner Kulturgeschichte. Darauf müsse er zwar verzichten, aber ein paar Andeutungen wollte Fontane dann doch geben. „Wir sprechen nicht umsonst von ‚Urbanität', die urbs ist Schöpferin und Trägerin der feinen Sitte, der Politesse. Berlin war nie eine urbs, es war nie eine Bürgerrepublik. All das war es nur dem Namen nach. Bis in neuere

Zeiten hinein war es ein mit Bureaus und Kasernen reich ausgestattetes Dorf großen Stils und eines Tages ... erwachte es und war eine Residenz geworden. Eine Residenz mit einem Hof, einem Reichstag und einem Heuschrecken-Proletariat. Bürger hatte es nie und hat es noch nicht. Unter dem beständigen Zufluthen neuen Rohstoffs, immer bevormundet, den Behörden überliefert... und vor allem in seiner ungeheuren Mehrzahl bis in die ‚hohen Stände' hinauf von einer nur an dieser Stelle vorkommenden Bettel-Armuth haben sich die Tugenden der Politesse, der Theilnahme, der Menschenfreundlichkeit, des Wohlthuns, nicht ausbilden können. In unglaublichem Grade tritt das Ich für sich ein, jeden als Feind ansehend, der auf den Moment wartet wo ich ‚austrete', um sofort in die Lücke einzuspringen. Alles ist Existenzfrage. Mit einer Art von infernaler Heiterkeit stößt einer den anderen von der Beresina-Brücke, um sich das nackte Leben und drüben am andern Ufer eine ‚Stellung' zu retten. Amt und Stellung ist noch immer alles." Die Grazien, so heißt es weiter, hätten in Berlin ihren Einzug nicht gehalten. Zwei relativ nebensächliche Leistungen der Franzosen hätten deren Reichtum und Weltherrschaft aufgebaut, der Geschmack, wie er sich in Leben und Kunst betätige, und die Politesse. „Von beiden haben wir nichts. Und deshalb sind wir so verhaßt. Auch noch ein Drittes fehlt uns: Generosität." Über die Einstellung der Berliner gegenüber dem Fremden meinte Fontane, überall in der Welt komme man dem Gast entgegen, frage ihn nach seiner Stadt, seinem Land. „Das alles kennt der Berliner nicht. Er fordert sofort ein Eingehen auf seine Stadt und das Leben und die Interessen derselben." Fontane schließt diesen Abschnitt, in dem von Weltoffenheit, Tolerenz und Liberalität nicht die Rede ist, mit der Feststellung: „Vor Gott sind eigentlich alle Menschen Berliner." Zu dem unterhalb der Bourgeois-Ebene üblichen „Ton" meinte Fontane, hier werde alles mit einer Miene verkündet, etwas Höheres zu vertreten, einen Fortschritt, der der noch in geistiger Nacht liegenden Mitwelt verschlossen bleibe. In diesen Kreisen seien alle zurückliegenden Epochen ‚komisch' und das Mittelalter sei ‚tragikomisch'.

Das ist bei weitem nicht alles, was Fontane über die Berliner der Zeit unmittelbar nach der Reichsgründung zu sagen hatte. Erst ganz am Ende des Essays erfolgt die Wendung ins Positive. England habe zwar „die schönsten Weiber", eminent an Geist, Witz und Form. Aber die Masse sei doch öd und leer. Komme man nach solchen Eindrücken in die Heimat zurück, so empfinde man das ‚Schaumspritzen der Freiheit' als Fortschritt und Segnung. Fontane schloß mit dem Plädoyer: „Behalten wir das Gute, aber geben wir ihm ein anderes Fundament, fügen wir zu der Bildung des Geistes auch die Bildung des Herzens (die freilich eine Revolution unsrer gesammten Anschauung zur Voraussetzung hat) und der Berliner Ton wird der erste sein, wie er jetzt, Pardon, der letzte ist."

Fontanes Appell blieb unveröffentlicht. Wenn man Karl Schefflers Zeugnis trauen kann, dann hatte sich bis zum Ende der Kaiserzeit der von seinem Vorgänger beklagte Mangel nicht beheben lassen. Wer in den vergangenen, euphorisch gestimmten Monaten die zahlreichen Artikel über Berlins Hauptstadtdasein las, mußte den Eindruck gewinnen, abgesehen von dem meist säbelrasselnden Kaiser Wilhelm II. sei dieses politische Zentrum des Reiches über Nacht, wie von Bismarck gewünscht, auch zur geistigen, intellektuellen und künstlerischen Metropole der Deutschen außerhalb Österreichs geworden. Man verwies auf das in dieser Stadt weiterlebende Preußentum, das Staatstheater und Staatsoper, Museen, Akademien, die Universität und manch andere Institutionen, die das Geistesleben unterhalten haben. Preußen, so heißt es, war auch einmal ein Begriff für Bildung und Freiheit, Preußens Schulen und Hochschulen wurden als vorbildlich erachtet. Dies habe Berlin seine Bedeutung verliehen. Dies im Rahmen der gegenwärtigen Hauptstadtdiskussion vergessen zu wollen, würde zur totalen Gegenwartsverfallenheit passen, der man sich in Deutschland aus Furcht vor der Vergangenheit gerne hingebe.[26)]

Dabei wird übersehen, daß Traditionslosigkeit und Gegenwartsverfallenheit keine spezifischen Phänomene unserer Tage zu sein scheinen, sondern schon vor längerer Zeit im Zusammenhang mit dem Staatswesen beobachtet worden sind, das hier vor dem Versinken in die Vergessenheit bewahrt werden soll. Hugo von Hofmannsthal hat 1917 ein Schema mit allen nur denkbaren den Preußen und den Österreicher kennzeichnenden Stereotypen zusammengestellt.[27)] Er attestiert dabei dem Preußen an erster Stelle die „aktuelle Gesinnung"; um 1800 sei er kosmopolitisch gewesen, um 1848 liberal, jetzt aber bismarckisch, fast ohne Gedächtnis für vergangene Phasen. Während den Österreicher eine traditionelle Gesinnung und historischer Instinkt kennzeichneten, so weise der Preuße einen Mangel an historischem Sinn auf. Hofmannsthal hätte sich auf Fontane und Scheffler berufen können, die eben dies für das Markenzeichen des modernen Berliners hielten. Scheffler hat unter diesem Aspekt ein Bild Kaiser Wilhelms II. entworfen, das dem Hohenzollern wohl gerechter wird als die Karikatur vom säbelrasselnden Kriegstreiber, wie Walter Momper sie in seinem Plädoyer für Berlin gezeichnet hat.[28)] Für Scheffler war Wilhelm II. das Musterbeispiel des gegenwartsverfallenen Berliners, war Industriekaiser und Großstädter auf dem Thron. In seiner Imperatorgebärde, seiner Repräsentationslust fehle die Geschichte und damit der sichere Geschmack, Wilhelms Temperament sei das eines Großstadtoptimisten. Mit all dem trage der Kaiser aber nur dem vor allem in der Hauptstadt herrschenden Zeitgeist Rechnung.

Schefflers in Berlin verlegtes Buch erlebte drei Auflagen und dürfte ziemlich bekannt gewesen sein. Aber die in ihrer Stadt auskömmlich oder gut lebenden Berliner werden über diese und manch andere Polemik gegen ihren Lebensstil mit Spott oder Achselzucken in die Zukunft gestürmt sein, auf die sie bis ins Frühjahr 1914 vertrauen konnten. Im Hinblick auf Wilhelm II. durften sie darauf verweisen, daß dieser bei einer Wahl, wenn er sich ihr hätte stellen müssen, in ihrer Stadt keine Chance gehabt hätte. Das Gefühl, vom Rest der Deutschen nicht in der angemessenen Weise geliebt zu werden, gehörte bis 1914 und darüber hinaus zu den Ingredienzien des Berliner Selbstbewußtseins, das sie nur in dem Glauben bestärkte, dem Fortschritt in ganz besonderer Weise verbunden zu sein. Im übrigen konnten sie sicher sein, daß sich trotz der Aversionen gegen ihre Stadt beträchtliche Teile der Provinz redlich Mühe gaben, zumindest im Bereich der Architektur, der Mode, des Habitus der Metropole nachzueifern. Insofern schien sich Bismarcks Wunsch, die preußische Hauptstadt solle zum Mittelpunkt des nationalen Lebens werden, zu erfüllen. Nur zielte das jetzt in eine Richtung, die der Reichsgründer kaum ins Auge gefaßt hatte. Dann aber kam der Erste Weltkrieg und unterbrach die kontinuierliche Entwicklung der Beziehungen zwischen Hauptstadt und Reich in nachhaltig wirkender Weise.

Bis 1914 hatte — von Bismarck abgesehen — kein maßgeblicher Politiker die Hauptstadtfunktion Berlins ernsthaft in Frage gestellt. Es gab die alten Vorurteile gegen die Stadt als Bastion des Borussen- und Luthertums, als seelenlosen Moloch, man begann das sozialrevolutionäre Potential der Berliner Massen zu fürchten, und für manchen floß das alles in das eine, sich in seiner Sprache bekundende Berlinertum zusammen. Aber eine reelle Möglichkeit, diese Ressentiments zu einer politisch wirkungskräftigen „Los-von-Berlin-Bewegung" zusammenzufassen, gab es angesichts der blühenden Macht des preußischen Staates nicht.

Das änderte sich allerdings, als sich die Hoffnungen auf einen raschen Sieg über Frankreich als Trugbild erwiesen; Tod und Hunger begannen die nationale Euphorie des Kriegsbeginns aufzuzehren. Zweifel am Führungsanspruch Preußens äußerten sich in besonders starkem Maße in Bayern, was von den Behörden des Königreichs mit Sorge registriert wurde. Der Regierungspräsident von Schwaben konstatierte im Sommer 1917, der alte Nord-Süd-Gegensatz sei wieder voll aufgebrochen, die Mainlinie tauche überall auf.[29] All das trat nach der Bankrotterklärung der Obersten Heeresleitung offen zutage. Die Niederlage ließ nunmehr auch in den seit 1815 preußischen Rheinlanden Tendenzen sichtbar werden, sich von Preußen zu lösen. Der Kölner Oberbürgermeister Konrad Adenauer dachte laut darüber nach, ob Berlin noch als Reichshauptstadt geeignet sei.[30] Aber auch im nicht-preußischen Südwesten wurden Zweifel an der bisherigen Position Berlins geäußert. Theodor Heuß, Kandidat der Deutschen Demokraten für die Nationalversammlung, meinte am 17. Januar 1919 in einer Rede, Berlin habe sich während des Krieges wenig Sympathien erworben. Eine Uniformierung des deutschen Typs sei nicht erwünscht; Bayern, Schwaben, Hessen sollten ihr kulturelles Eigenleben behalten.[31]

In Frankfurt hatte man sich unmittelbar nach dem Waffenstillstand der Hoffnung hingegeben, nunmehr wieder an die alten Traditionen der Zeit vor 1866 anknüpfen zu können. Dies um so mehr, als sich damals die Möglichkeit abzuzeichnen schien, daß der deutsche Rest der Habsburger Monarchie sich dem von der preußischen Monarchie befreiten Reich anschließen könne.[32] Die ja nach wie vor bestehende Rivalität zwischen Berlin und Wien mußte es dann nahelegen, wieder auf das einst als Vermittlerin bewährte Frankfurt zurückzugreifen. Der Frankfurter Oberbürgermeister Voigt hat das besonders von der linksliberalen Mehrheitsfraktion seiner Stadt unterstützte Angebot persönlich in Berlin unterbreitet, wo dieses allerdings auf die Konkurrenz von Würzburg stieß, das die Regierungen der vier süddeutschen Staaten — Bayern, Baden, Württemberg und Hessen-Darmstadt — als Tagungsort der Nationalversammlung ins Spiel brachten.

In Berlin regierte damals der Rat der Volksbeauftragten, der sich am 10. November 1918 konstituiert hatte und bis zum 11. Februar 1919 amtiert hat. Am 29. Dezember sind allerdings die Unabhängigen Sozialisten aus dem Rat ausgeschieden. Als sich am 5. Januar 1918 die Spartakisten in Berlin erhoben, wurden sie in blutigen Straßenkämpfen, die bis zum 12. Januar dauerten, niedergeschlagen. Zwei Tage später berieten in der Reichskanzlei Mitglieder des Rates und einige Beamte der alten Reichsregierung unter dem Vorsitz von Friedrich Ebert über den Tagungsort der Nationalversammlung, deren Wahl für den 19. Januar 1919 ausgeschrieben war.[33] Zu Beginn der Sitzung berichtete der Geheime Oberregierungsrat Dr. Schulze über eine Reise, die er im Auftrag des Rates unternommen hatte, um einen geeigneten Ort für die Nationalversammlung ausfindig zu machen. Dr. Schulze erklärte, daß sich Nürnberg, Bayreuth und Jena aus unterschiedlichen Gründen als für diesen Zweck untauglich erwiesen hätten. In Weimar habe er sehr angenehme Verhältnisse vorgefunden, jedoch seien die Behörden dem Plan, die Versammlung in ihre Stadt zu verlegen, mit gemischten Gefühlen begegnet. Man habe sich geehrt gefühlt, zugleich aber die Befürchtung geäußert, daß sich „spartakistische und bolschewistische Elemente" in der Stadt einnisten könnten. Damit war ein Punkt ausgesprochen, der auch in Frankfurt nach der ersten Euporie Bedenken hatte aufkommen lassen.

Nach Dr. Schulzes Bericht ergriff der Staatssekretär aus dem Innenministerium Hugo Preuß das Wort. Er plädierte nachdrücklich für Berlin. Der Widerstand der vier süddeutschen Regierungen sei nur ein sekundäres Element. Die bayerischen Separatisten würden froh sein, wenn die Nationalversammlung nach Bayern einberufen werde. Aber dagegen würden die verschiedensten Gründe sprechen. Zwar werde es leichter sein, die Versammlung in Weimar zu schützen als in Berlin. Wenn aber die Regierung ihre Maßnahmen weiterhin so energisch durchführe wie bisher, so dürfte Berlin eine der sichersten Städte sein. Er wolle zwar Weimar ein ideales Moment nicht absprechen, aber eine Verlegung der Versammlung an diesen Ort sei ein Zeichen der Schwäche. Dann ergriff Ebert das Wort: „Auch wenn Berlin nach jeder Richtung hin absolut gesichert wäre, würde ich mich aus rein politischen Gründen gegen eine Berufung der Nationalversammlung nach Berlin aussprechen. Das Mißtrauen gegen Berlin ist im Süden und Westen zu groß... Die Verlegung der Nationalversammlung nach dem Herzen Deutschlands wird den Einheitsgedanken, die Zusammengehörigkeit des Reiches mächtig stärken. Dazu kommt das Moment der Unsicherheit in Berlin." Diesem Punkt widmete Ebert noch einige weitere Ausführungen und plädierte dann für Weimar: „Es wird in der ganzen Welt angenehm empfunden werden, wenn man den Geist von Weimar mit dem Aufbau des neuen Deutschen Reiches verbindet."

Der weitere Verlauf der Debatte scheint dem Staatssekretär von Krause den Eindruck vermittelt zu haben, man rede schon nicht mehr über den Sitz der Nationalversammlung, sondern berate ganz allgemein über die Hauptstadtfrage. Er empfahl beides auseinanderzuhalten. Er war der Meinung, daß jetzt die Abneigung gegen das Borussentum nicht mehr so stark sei. Man solle die süddeutschen Regierungen danach befragen, glaube aber, daß sich die für Berlin sprechenden Gründe außerordentlich verstärkt hätten. Scheidemann erklärte, Berlin als Reichshauptstadt sei ihm wenig sympathisch. Aber er könne sich angesichts der hier vorhandenen Einrichtungen gar nichts anderes vorstellen, als daß die Hauptstadt der neuen Republik Berlin sein werde. Die Nationalversammlung aber solle im Weimar Goethes tagen, das sei ein gutes Symbol für die neue Republik. Maßgeblich für Scheidemanns Plädoyer zugunsten von Weimar war die Sicherheitsfrage. In Berlin könne man nicht verhindern, daß sich Menschenmassen um den Tagungsort lagerten, und auf die könne man nicht einfach schießen lassen.

Der Staatssekretär des Auswärtigen, Graf Rantzau, plädierte aus Gründen der auswärtigen Politik dezidiert für Weimar. Gegen Berlin bestünde ein großes Mißtrauen, das auch von Wilson geteilt werde. Ebert wiederholte noch einmal seine Argumente für Weimar und warnte vor einer Unterschätzung der partikularistischen Strömungen. Diese basierten keineswegs nur auf den jüngsten Vorgängen in Berlin. Hugo Preuß hielt dem entgegen: „Die Macht muß beim Reiche sein, und das wird am stärksten dokumentiert, wenn die deutsche Nationalversammlung in Berlin sitzt, Berlin beherrscht und die Hauptstadt Preußens blockiert." Scheidemann stimmte dem im Prinzip zu, meinte aber, in Berlin werde man an jedem Tag gestört werden, und das sei das Entscheidende. Ebert schloß die

Debatte mit der Feststellung, daß die definitive Entscheidung in der Reichsregierung getroffen werde, daß aber die Mehrheit der jetzt Versammelten für Weimar sei. Am 20. Januar wurde diese Mehrheitsmeinung bestätigt und Weimar zum Sitz der Nationalversammlung bestimmt.

Überblickt man die Debatte, so wird zunächst daran zu erinnern sein, daß sie hinter verschlossenen Türen stattgefunden hat und so die Redner darauf verzichten konnten, mit emotionsgeladenen Argumenten zu operieren. Immerhin fällt aber auf, daß keiner der Redner eine gefühlsmäßige Vorliebe für die Reichshauptstadt bekundete. Demgegenüber äußerten Scheidemann und der hier nicht zitierte Landsberg ausdrücklich, die Stadt nicht besonders zu schätzen. Ebert erinnerte daran, daß Berlin im Westen und Süden nicht geliebt werde und daß diese Antipathien in der Vergangenheit wurzelten. Keinem der Redner ist es auch in den Sinn gekommen, Berlin als Symbol der nationalen Einheit zum Sitz der Nationalversammlung zu wählen. Im Gegenteil; Ebert verwies mit Nachdruck darauf, eine Entscheidung für Berlin könne dem nationalen Zusammenhalt abträglich sein. Für Hugo Preuß war Berlin das Symbol für die Macht über das Reich, dessen Einheit vor allem gegen die bayerischen Separatisten, aber auch gegen die geplante preußische Nationalversammlung gewahrt werden müsse. Berlin war aber nicht nur Symbol für die Macht, sondern auch der Garant dafür. Denn hier waren beträchtliche Truppenmassen stationiert, worauf der Volksbeauftragte Landsberg in versteckter Form aufmerksam machte. Bei einem Weggang von Berlin stand zu befürchten, daß diese Truppen der Kontrolle der Regierung entgleiten könnten. Ohne daß das Wort „Kosten" ausgesprochen worden wäre, haben diese naturgemäß ebenfalls die Gedanken der Redner beeinflußt. Scheidemann hat darauf verwiesen, daß alles für eine Regierung Erforderliche in Berlin vorhanden sei und somit alles dafür spreche, daß auch die Hauptstadt der neuen Republik Berlin sein werde.

Die Weimarer Versammlung hatte mit der Bildung einer legalen vorläufigen Regierung, mit dem Abschluß des Friedensvertrages und der Schaffung einer neuen Reichsverfassung inmitten einer chaotischen Entwicklung wichtigere Probleme zu bewältigen als die Hauptstadtfrage, die von ihr gar nicht erörtert worden ist. In der Verfassung vom 11. August 1919 wurde diese nicht geregelt. Schon die Kosten hätten eine andere Lösung gar nicht ermöglicht. Hinzu kam der Marsch der Brigade Ehrhardt nach Berlin im März 1920, wo nach der Besetzung des Regierungsviertels der ostpreußische Generallandschaftsdirektor Kapp zum Kanzler ausgerufen wurde. Damit war die Herrschaft über die Hauptstadt zu einer Prestigefrage geworden.[34] Überdies erwies die vorübergehende Besetzung von Frankfurt durch französische Truppen und der Ruhrkampf im Jahre 1923, daß die geographische Lage Berlins in militärischer Hinsicht günstiger war, als das einige Gegner der Stadt kurz nach dem Waffenstillstand bedacht hatten.

Der schon 1917 unverkennbar wieder in Erscheinung getretene Gegensatz zwischen dem preußischen Norden und dem anders gearteten Süden und Westen wurde mit der Rückkehr der Regierung und des Reichstages nach Berlin jedoch nicht wieder überbrückt. Zwar hat die Besetzung des Ruhrgebietes durch Franzosen und Belgier im Jahre 1923 bei Rheinländern und Westfalen die Aversionen wieder etwas in den Hintergrund gedrängt. Aber 1928 meinte ein gewisser Alfons Goldschmidt, der Kumpel von der Ruhr liebe Berlin nicht.[35] „Berlin ist für ihn Aufgeblasenheit, nutzloser Kolossalkonsument, unproduktiver Kopf des Landes. Berlin ist Lichtreklame, kaiserlich noch immer. Sauger und Zermürber. Weshalb rollen Kohle und Eisen nach Berlin?“ Goldschmidt verunglimpfte Berlin als die große Unproduktive Deutschlands, die zwar Tausende von Fabriken, gewaltige Elektrizitätswerke habe, aber all das seien nur Verwendungsstätten. Die Berliner ließen rings für sich arbeiten: „In Schlesien, Westfalen, Sachsen, in Bayern... arbeiten die Menschen für Berlin. Berlin verwendet und frißt...“

Es gab indes auch besonnenere Autoren, die damals die mentale Distanz zwischen der Reichshauptstadt und einigen Regionen, die von dort aus regiert wurden, ohne eigene Ressentiments gegen die Zentrale reflektiert und dann auch gefordert haben, Konsequenzen daraus zu ziehen. So Willy Hellpach, 1924 Staatspräsident von Baden, 1925 aussichtsloser Kandidat der linksliberalen Kräfte bei der Präsidentenwahl, aus der Hindenburg als Sieger hervorging. In einer 1928 bei S. Fischer zu Berlin verlegten „Prognose für Deutschland“, die er u.a. Friedrich dem Großen, Bismarck und Friedrich Ebert widmete, hat er sich sehr ausführlich und systematisch mit dem Hauptstadtproblem beschäftigt, Paris, Rom und Wien als Symbole der jeweiligen Nation bezeichnet, Washington als eine klug gemachte Hauptstadt, die segensreich jenseits der schroffen

Gegensätze sozialer und territorialer Natur stehe, von der die USA geprägt seien.[36)]

Berlin aber falle ganz aus dem Rahmen: „Es ist — wie grotesk! — die ungeliebteste Stadt in Deutschland, vom ganzen Reich her eigentlich nur aus geschäftlicher Notwendigkeit oder provinzieller Neugierde aufgesucht.“ Tatsächlich sei Berlin nur in drei Bereichen die wahre Metropole und gebe hier den Ton an, nämlich in denen des Schauspiels, der Hochfinanz und — dies alles bedingend — der Politik. Hellpach war kein Föderalist, sondern favorisierte den nationalen Einheitsstaat, so wie Bismarck ihn geschaffen hatte. Aber die preußische Art sei degeneriert, sie habe Elsaß-Lothringen verscherzt, Katholiken und Sozialisten zu Reichsfeinden gemacht. Unter Bismarck sei es das Natürliche gewesen, Berlin zur Hauptstadt zu erheben. Nach 1918 wäre es natürlich gewesen, die Hauptstadt zu wechseln. Aber man habe damals größere Probleme gehabt, und nach dem Kapp-Putsch sei es eine Prestigefrage gewesen, nach Berlin zurückzukehren.

Hellpach erörtert dann die kulturräumlichen Bedingungen von Berlins Wesensart. Die westlichen und südlichen Regionen seien weicher, farbiger und wärmer, der koloniale Osten robuster, nüchterner, angreiferischer. Es wäre gut, wenn die Leute, die Deutschland zu regieren hätten, mindestens zeitweise eine andere Luft als die berlinische atmeten, deren borussische Strenge, Kühle und Trockenheit auf die Dauer die Konstitution eines jeden auf ihre Art beeinflussen würde. Hellpach plädierte für Frankfurt, wohin Präsident, Regierung und Reichstag mehrere Monate des Jahres ziehen sollten.

Die Berliner sahen das in der Regel anders. So klagte der für den Verkehr zuständige Stadtrat Ernst Reuter über das geringe Verständnis, das man der Hauptstadt entgegenbringe. Reuter warf dem Oberpräsidenten der Provinz Brandenburg vor, mit seiner Kompetenz in Finanzfragen die kommunale Eigenständigkeit der Hauptstadt erwürgen zu wollen. Aber nicht nur der Oberpräsident, sondern auch die ganze Nation behandelte nach Reuters Ansicht die Hauptstadt als ein lästiges Übel[37)]: „Man erkenne endlich (Berlins) große repräsentative, kulturelle und wirtschaftliche Bedeutung.“ Trotz aller Widerwärtigkeiten aber sollte die Metropole unter allen Umständen eine Stadt der Arbeit und des Fortschritts bleiben, die den Versuch wage, den Charakter einer Weltstadt, einer Stadt der Arbeit und der Schönheit miteinander zu verbinden.

Außerhalb Berlins lassen sich nur wenige Zeitgenossen ausmachen, die sich günstig über die Stadt äußerten und in ihr die einzig mögliche Hauptstadt des Reiches sahen. Zu dieser Minderheit gehörte auch Adolf Hitler. Der bayerische Patriotismus von manchen seiner Komplizen beim November-Putsch von 1923 war ihm offenbar peinlich, denn er wollte nicht nur Bayern, sondern das ganze Reich. So glaubte er dann auch die landespatriotischen Verirrungen seiner Bundesgenossen entschuldigen zu müssen. In „Mein Kampf" heißt es[38]: „Und wieder gelang es ihm (‚dem Juden') in diesem Fall die sogenannten ‚nationalen Elemente' Deutschlands gegeneinanderzuhetzen: konservativ eingestellte Bayern gegen ebenso konservativ denkende Preußen... Nicht das Berlin von vier Millionen emsig arbeitenden fleißigen, schaffenden Menschen sah der Bayer, sondern das faule, zersetzte Berlin des übelsten Westens! Doch nicht gegen diesen Westen kehrte sich sein Haß, sondern gegen die ‚preußische' Stadt." Das sollte offenbar geändert werden.

Der Sturz der Monarchie und die darauf folgenden Ereignisse haben die Gesellschaft Berlins in erheblichem Maße verändert. Die ehedem einheitlich für die SPD votierende Masse der Stadt zerfiel in zwei feindliche Lager. Bei den Wahlen zur Nationalversammlung vom 19. Januar 1919 erzielte die SPD 36,4% der Stimmen, die USPD erreichte 27,6%. (Im Reich sah das Ergebnis so aus: SPD 37,9, USPD 7,6%.) Später trat an die Stelle der USPD die KPD als die Rivalin der Sozialdemokraten, die sich bis 1932 in unversöhnlicher Feindschaft den Rang als stärkste Partei von Berlin streitig machten. Aber auch die hauchdünne Oberschicht des kaiserlichen Berlins war durch die Ereignisse nach dem Waffenstillstand in nachhaltiger Weise verändert worden. Der Kaiser verschwand und mit ihm der Hof als Kristallisationspunkt einer der von Karl Scheffler so bezeichneten „Kreise". Manche von denen, die hier verkehrt hatten, lebten aber auch weiterhin in der Hauptstadt, teils verarmt, teils an den Segnungen des wirtschaftlichen Chaos partizipierend. An die Stelle des schneidigen Leutnants der Garderegimenter, den uns keiner in der Welt nachgemacht hatte, trat der „Kamerad" aus dem Schützengraben, der eine zackig rechts, der andere intellektuell und links. Selbst diejenigen, denen provinzielle oder „völkisch" motivierte Aversionen gegen die Großstadt fremd oder verhaßt waren, haben die destruktiven Komponenten des in Berlin flutenden Lebens nicht zu kaschieren oder zu leugnen versucht. Manch einer hat diese geradezu als den Hautgout des Daseins empfunden. So der junge Klaus Mann, der sich 1923 durch die schamlose Verruchtheit der Stadt enthusiasmiert fühlte[39]. „Die Romantik der Unterwelt war unwiderstehlich."

Aber auch robustere Naturen erlagen dem Reiz und der Faszination des chaotisch gewordenen Weltstadtlebens. Carl Zuckmayer hat seine Erinnerungen an das Berlin dieser Jahre unter das Motto gestellt: „Berlin war mehr als eine Messe wert."[40] „Diese Stadt fraß Talente und menschliche Energien mit beispiellosem Heißhunger, um sie ebenso rasch zu verdauen, kleinzumahlen und wieder auszuspucken. Was immer in Deutschland nach oben strebte, saugte sie mit Tornado-Kräften in sich hinein, die Echten wie die Falschen, die Nullen wie die Treffer... Wir nannten sie arrogant, versnobt, parvenuhaft, kulturlos, ordinär. Insgeheim aber sah sie jeder als das Ziel seiner Wünsche..." Zuckmayer wurde bei seinem ersten Aufenthalt in Berlin kleingemahlen und ausgespuckt. Am Ende rettete ihn ein Straßenmädchen vor der Verhaftung wegen Rauschgifthandels. Beim zweiten Aufenthalt erlebte er den Triumph von antiker Pracht und Herrlichkeit. „Wer Berlin hatte, der hatte die Welt." Andere waren weniger glücklich und haben unbekannt ihr Leben zu fristen versucht, bis dann die Weltwirtschaftskrise die Hauptstadt mit besonderer Wucht traf. Bei einer Einwohnerzahl von 4,5 Millionen registrierten die Behörden im April 1932 603000 Arbeitslose.

Man hat jüngst gesagt, es habe zu allerletzt an den Berlinern gelegen, daß ihre Stadt später der Machtmittelpunkt der nationalsozialistischen Herrschaft und damit Ausgangspunkt für Weltkrieg und Holocaust geworden ist. Die Wahlergebnisse der Nationalsozialisten in Berlin gehörten zu den schlechtesten in ganz Deutschland. Das letztere ist richtig. Ihren ersten größeren Wahlerfolg erzielte die NSDP in Berlin bei den Reichstagswahlen von 1930, jedoch blieben sie mit 14,6% der Stimmen noch weit hinter der KPD mit 27,3 und der SPD mit 27,2% zurück. Auf Reichsebene erzielten die drei Parteien damals folgende Ergebnisse: NSDAP 18,3, SPD 24,5 KPD 13,1%. Bis zu den letzten Reichstagswahlen vor Hitlers Machtübernahme am 6. November 1932 schlossen die Nationalsozialisten aber zu den Kommunisten auf und ließen die SPD hinter sich: Berlin:

NSDAP 26,0, SPD 23,3, KPD 31,0. Reich: NSDAP 33,1, SPD 20,4, KPD 16,9. Mithin haben die beiden Extremparteien in Berlin zusammen 57 % der Stimmen für sich verbuchen können, auf Reichsebene 50,0 %. Folglich haben die Berliner kaum weniger republikfeindlich gewählt als der Rest der Deutschen. Nur haben sie ihre Gunst etwas anders verteilt.

Am Ende haben aber nicht die roten und braunen Straßenkämpfer von Berlin die Machtübernahme des Adolf Hitler provoziert oder herbeigeführt. Sie paralysierten sich hier gegenseitig. Die Berliner Schutzpolizei war mit ihren 14000—16000 Mann zwar zu schwach, um den Straßenterror gänzlich zu unterbinden, aber andererseits doch zu stark, um die Hauptstadt der einen oder oder anderen Partei anheimfallen zu lassen. Schließlich hat das Intrigenspiel am Hofe Hindenburgs die Lawine ins Rutschen gebracht.

Was folgte, ist in den jüngsten Plädoyers für Berlin nicht bagatellisiert, sondern, ganz im Gegenteil, sehr deutlich hervorgehoben worden. In Berlin mit seinen etwa 800000 KPD-Wählern und seinen mehr als 160000 Juden hat sich Hitlers Terrorherrschaft in besonders brutaler Weise etabliert. Hinzu kamen die eher stillen Veränderungen in der Verwaltung, in der Polizeiführung, in den Schulen. Die bis dahin so lärmende Berliner Presse wurde binnen kurzem mundtot gemacht. Nicht um die kommunale Eigenständigkeit der Reichshauptstadt zu stärken, sondern um sie fester in den Griff zu bekommen, wurde die Kommune durch ein am 28. März 1934 von Hermann Göring als preußischer Ministerpräsident im Namen des Reichskanzlers verkündetes Gesetz aus dem Verfügungsbereich der Brandenburger Provinzialbehörden herausgenommen und einem Staatskommissar für die Hauptstadt unterstellt, der wiederum dem Ministerpräsidenten, also Hermann Göring, direkt verantwortlich war, der damit einen beachtlichen Sieg über seinen Rivalen Joseph Goebbels, dem Gauleiter von Berlin, erzielen konnte.[41)]

Hitler hatte Berlin schon in seinen Münchner Zeiten als Ziel seiner Machtergreifung und als Zentrum seiner Herrschaft ins Auge gefaßt. Unter diesem Aspekt hielt er die Berliner Architektur jedoch für „jämmervoll“.[42)] Das sollte nunmehr grundlegend geändert werden. Im September 1933 legte er den zuständigen Behörden seine Pläne dar, „die geeignet sind, die Reichshauptstadt einer bisher ungeahnten Entwicklung entgegenzuführen und sie zur auch in der äußeren Gestalt erhabensten Metropole zu machen." Wenig später meinte er:[43] „Berlin als Reichshauptstadt eines 65 Millionen-Volkes muß städtebaulich und kulturell auf solche Höhe gebracht werden, daß es mit allen Hauptstädten der Welt konkurrieren kann." Hitler nannte in diesem Zusammenhang London, Paris und Wien, deren Wettbewerb Berlin künftig nicht mehr fürchten solle. Er versprach, für diesen Zweck 40, später sogar 60 Millionen Mark im Jahr zur Verfügung zu stellen.

Hitler war mit dem deutschen Hauptstadtproblem gut vertraut. Er erklärte, zwar willens zu sein, Berlin zum politischen und kulturellen Zentrum des Reiches auszubauen, dafür müsse er aber den um ihre politischen Hoheitsrechte gebrachten Provinzmetropolen eine Entschädigung gewähren. So erhielt Nürnberg seinen schönen Titel „Stadt der Parteitage" und Frankfurt ehrte er mit dem ihm eigenen Zynismus als „Stadt des Handwerks". Berlin aber wollte der „Führer" zur gigantischen Welthauptstadt „Germania" ausbauen — am Ende hat er eine Ruinenlandschaft hinterlassen.

In den großen Darstellungen der Berliner Geschichte finden sich in aller Regel detailfreudige und farbige Schilderungen des gesellschaftlichen Lebens in den Perioden des Kaiserreiches und der Weimarer Republik. Eine auch nur halbwegs vergleichbare Präsentation des Berliner Lebens aus der Zeit von 1933 bis zum Beginn des Krieges gegen die Sowjetunion sucht man demgegenüber vergebens.[44] Erwähnt wird in der Regel nur der gewaltige Aderlaß, den das geistige Berlin durch die Verfemung, Unterdrückung und Ermordung seiner jüdischen Mitbürger sowie durch die Emigration vieler Kunstler erlitten hat. Allenfalls wird einmal der trügerische Schein der Olympischen Spiele von 1936 gestreift. Aber Berlin war nicht nur damals für viele Deutsche und Ausländer der strahlende Mittelpunkt des Deutschen Reiches. Berlin war nach 1933 keineswegs eine graue Geisterstadt, durch das SA-Horden auf der Suche nach Opfern streiften und verhärmte Menschen der verlorenen Freiheit nachtrauerten. Daß Angst und Schrecken in dieser Stadt wie anderswo umgingen, soll damit nicht in Frage gestellt werden. Aber das Berlin von 1933 bis 1941 war nach wie vor eine Stadt der Theater und wurde nun noch mehr als zuvor eine Stadt des Films. Hermann Göring schwang sich zum Mäzen des Preußischen Staatstheaters am Gendarmenmarkt auf und ließ hier Gustaf Gründgens einen gewissen Freiraum, was diesem den giftigen Haß seines einstigen Freundes Klaus Mann eintrug. Goebbels wollte seinem Rivalen nicht nachstehen und ließ Heinz Hilpert am Deutschen Theater walten. Die politischen Stücke der zwanziger Jahre verschwanden vom Spielplan, desgleichen die von jüdischen Autoren. Stattdessen dominierten die Klassiker bis hin zu Gerhart Hauptmann und die Boulevardstücke, in denen es auch schon einmal etwas freizügiger zugehen durfte. Und Wilhelm Furtwängler dirigierte die Berliner Philharmoniker.

Hinzu kam ein für die neue Herrschaftselite und einen Teil der alten durchaus angenehmes und keineswegs glanzloses Gesellschaftsleben, vom Fliegerball des Hermann Göring in der Krolloper bis zu den Empfängen beim Herrn Reichspropagandaminister, die sich beide sehr gern im Kreise der berühmten Schauspielerinnen und Schauspieler zeigten. Auch die diplomatischen Vertretungen der mit Hitler verbündeten Mächte trugen ihren Teil zu diesem Leben bei, wobei die Diplomaten der dem neuen System eher abgeneigten Regierungen schon aus Informationsgründen ihren Kollegen aus Italien oder Ungarn nicht nachstehen konnten. Das vermittelte einem Großteil der Deutschen jener Zeit den Eindruck, Berlin sei eine Stadt von internationalem, ja sogar urbanem Flair. Natürlich wußte fast jedermann, daß er sich in der Gesellschaft der braunen Machthaber auf sehr dünnem Eis bewegte und amüsierte, daß eine unbedachte Bemerkung nicht nur den Verstoß aus dieser Clique nach sich ziehen konnte. Aber genossen haben viele dieses Leben doch, auch wenn die Überlebenden nach 1945 nicht gerne darüber sprechen mochten. Unzählige Provinzler, die selbst keinen Zutritt zu den Veranstaltungen der neuen Herrschaftskaste hatten, strömten nach Berlin, um hier die schöne große Welt wenigstens einmal aus der Nähe sehen zu können. Die hohen Damen und Herren sahen das ebenfalls gern, zumal sie jetzt vor den dümmlichen Ressentiments der Provinzler gesichert waren. Wer jetzt, aus welchen Gründen auch immer, etwas gegen Berlin sagte, lief Gefahr, als Feind des neuen Reiches verdächtigt zu werden.

Der Historiker Mario Krammer veröffentlichte 1935 eine Geschichte Berlins.[45] Auf den anderthalb Seiten, die der Autor der Zeit nach 1918 gewidmet hat, werden die nicht mehr oder noch nicht als „golden“ bezeichneten zwanziger Jahre in sehr düsteres Licht getaucht. Unzucht, Bettel und Glücksspiel hätten die Gassen beschmutzt. Rationalisierung und Entseelung nach den Lehren Lenins und Fords seien auf den Bühnen, im Film, in Büchern von Berlin aus gepredigt worden. Aber dann sei der Gott in den Berlinern doch wiedergeboren worden und damit in der Nation. Es sei zum letzten Kampf um Berlin gekommen, der von Horst Wessel und Joseph Goebbels im Zeichen Adolf Hitlers und des neuen Reiches geführt worden sei und am Ende den Sieg bedeutete. „Wer Berlin hat, der hat das Reich.“ Krammer schließt seinen Hymnus auf die neue Stadt: „Heute führt Berlin im Reiche stärker denn je. Alle herrschende und werbende Macht der Nation ist in Berlin vereinigt. Eine Stärkung der einheitlichen Gewalt ist erreicht, wie Bismarck sie angebahnt, aber nie verwirklicht hat. Sein Vermächtnis ist heute erfüllt. ... Die beiden haben von jeher zusammengehört und werden immer zusammengehören: Berlin und das Reich.“

Wenn man vom letzten Satz einmal absieht, so war Krammers Meinung wohl zutreffend. Zumindest bis zum Jahre 1938, als sich Hitlers Streben nach einem neuen Krieg zu offenbaren begann, dürfte Berlin in einem seit dem Aufstieg zur Reichshauptstadt nie gekannten Ausmaß als die eigentliche Metropole des Deutschen Reiches anerkannt gewesen sein. Als ein Jahr nach dem Erscheinen von Krammers Buch in Berlin die Olympischen Spiele stattfanden, scheint die überwiegende Mehrheit der Deutschen diese Stadt jetzt tatsächlich als nationales Identifikationssymbol empfunden zu haben.

Als solches ist Berlin wenige Jahre später von den Bomberflotten der Engländer und Amerikaner weithin in Trümmer gelegt, als solches ist es dann im April 1945 von der Roten Armee erobert und verwüstet worden. Am 2. Mai kapitulierten die Reste der hier zusammengedrängten Verbände von Wehrmacht, SS, Volkssturm und HJ. Über der Ruine des Reichstages wehte die rote Fahne. Das Gebiet des 1920 geschaffenen Groß-Berlins sollte, wie vorher abgesprochen, von den Siegern gemeinsam kontrolliert werden. Am 1. Juli 1945 begannen Amerikaner und Briten die von ihnen eroberten, aber der Sowjetunion zugedachten Gebiete zu räumen. Jena, Weimar, Erfurt, Gotha, Eisenach, um nur einige Städte zu nennen, gerieten nach nur wenigen Monaten eines Gefühls der Befreiung unter die Gewalt des Josef Stalin. Dafür wurde der Westen von Berlin von den drei Westmächten übernommen. Die weitere Geschichte Berlins soll hier nicht weiter verfolgt werden. Westberlin etablierte sich am 1. Oktober 1949 zugleich als Stadt und Land. In der Verfassung der am 7. Oktober 1949 gegründeten DDR heißt es in Artikel 1: „Die Hauptstadt der Deutschen Demokratischen Republik ist Berlin.“ Damit war die Stadt zum ersten Mal in einer Verfassung als Hauptstadt definiert worden. Im Westteil der Stadt konnte und kann man sich auf einen nahezu einmütig gefaßten Beschluß des Deutschen Bundestages berufen, der im Zusammenhang der Wahl Bonns zur provisorischen Hauptstadt am 3. November 1949 gefaßt worden ist und in dem es unter anderem heißt, daß die leitenden Bundesorgane ihren Sitz in die Hauptstadt Deutschlands verlegen, der Bundestag sich in Berlin versammeln werde, sobald allgemeine, freie, gleiche, geheime und direkte Wahlen in der sowjetischen Besatzungszone durchgeführt seien.[46)]

Walter Kiaulehn, der nicht mehr in Berlin, sondern mit offenbar schlechtem Gewissen in München lebte, schrieb im Sommer 1958[47)]: „Gerade dem zerstörten Berlin gelang mühelos, was Berlin in seinem Glanz nie gelungen ist, es hat sich Liebe erworben. Die wehrlose Ruine und der Mut der Berliner erzeugten Bewunderung und riefen ein Liebesgefühl hervor, daß man früher nur Wien entgegenbrachte.“ Er fügte noch hinzu: „Doch wäre es gut, wenn sich das unklare Gefühl für Berlin in jene sachliche Einschätzung verwandeln würde, die Berlin vor allem not tut.“

Es gibt eine ganze Reihe von Aspekten, unter denen diese sachliche Einschätzung unter jetzt wiederum erheblich veränderten Rahmenbedingungen herbeigeführt werden könnte. Finanzielle, soziale, wirtschaftliche, ökologische, außenpolitische, nationale und ganz zuletzt auch historische. Überblicken wir unter diesem letzten Aspekt noch einmal das Geschick von Berlin als Reichshauptstadt. Berlin war zwar eine langsam herangewachsene Hauptstadt des Königreichs Preußen, aber zur Reichshauptstadt ist es über Nacht gemacht worden. Zwei Monate nach der Demütigung Frankfurts und dem Tod des Bürgermeisters dieser Stadt hat Bismarck seinen Plan zu Papier gebracht. Zwangsläufig war die Wahl Berlins nicht. Die Königin Augusta war gegen sie, desgleichen der Kronprinz. Aber Bismarcks Plan wurde 1871 realisiert. Die nicht-preußischen Reichsdeutschen wurden damit mit einer politischen Metropole beglückt, deren in preußischer Zeit herangereifter Habitus viele von ihnen nicht als den ihren zu empfinden und verstehen wußten. Berlin war um 1871 schon viel zu groß, seine von Theodor Fontane als „Berliner Ton“ geschilderte Mentalität zu eigenartig und festgefügt, als daß die Stadt von vornherein das hätte leisten können, was Bismarck sich 1866 erhofft hatte, nämlich als Mittelpunkt des geistigen, gesellschaftlichen und politischen Lebens auch zum Zentrum des nationalen zu werden.

Hinzu kam, daß die schon vor 1866 virulenten Ressentiments gegen Preußen sich nunmehr auf die neue Hauptstadt konzentrierten. Zwar kann man darauf verweisen, daß diese Aversionen mit Berlin ihr Ziel eigentlich verfehlt hätten, denn weder waren die meisten Berliner besonders eifrige Lutheraner, noch wird man sie als blindergebene Untertanen der Hohenzollern bezeichnen können. Indes: ob berechtigt oder nicht, die Antipathien gegen das kaiserliche Berlin waren eine Realität und haben bis zum Ende dieser Periode ihre Intensität kaum vermindert. Politisch relevant aber konnten sie erst beim Zusammenbruch des Kaiserreiches werden. Daß Berlin damals seine Funktion als Reichhauptstadt nicht einbüßte, verdankte es zwei Umständen. Erstens: Außer Frankfurt hat sich keine Stadt danach gedrängt, die unter den gegebenen revolutionären Verhältnissen zu erwartenden Unannehmlichkeiten auf sich zu nehmen. Zweitens: Die von den Deutschen allgemein als aberwitzig empfundenen Reparationsforderungen haben den Gedanken an eine neue Hauptstadt sehr schnell abgewürgt. Keiner der an der Debatte in der Reichskanzlei beteiligten Redner hatte zuvor für Berlin als Unterpfand der nationalen Einheit plädiert. Für einige war Berlin das Symbol und — wegen der hier konzentrierten Truppen — der Garant für die Macht über das Reich, mehr nicht.

So blieb Berlin Hauptstadt, aber zu den bisher schon gehegten Vorbehalten gegen sie gesellte sich eine neue: Berlin wurde jetzt zur Hauptstadt des bei nicht wenigen Bürgern verhaßten demokratischen „Systems“. Die schon vorher kultivierte Aversion gegen den babylonischen Moloch erhielt durch das auch für seine Anhänger als chaotisch geltende Intellektuellen-Milieu neue Nahrung. Aber es gab auch durchaus seriöse, nicht von antimodernistischen und antidemokratischen Gefühlen umgetriebene Leute, die Berlins Monopolstellung als Gefahr ansahen und nach Alternativen verlangten.

Adolf Hitler wollte diese nicht, er wollte Berlin und mit der Metropole das ganze Reich. Er bekam sie in seine Gewalt, und damit fand die seit 1867 kultivierte Kritik an dieser Stadt ein jähes Ende. Es wird zwar für manche eine Zumutung darstellen, aber Mario Krammer hatte wohl recht, als er 1935 schrieb, daß Berlin jetzt im Reiche stärker führe denn je. In dieser Hinsicht hatte Hitler mit Terror und Anfangserfolgen das erreicht, was Bismarck sich — in einer allerdings ganz anderen Weise — erhofft hatte und was weder das kaiserliche noch das Weimarer Berlin vermocht hatten: Berlin war für die meisten Deutschen zumindest bis ins Jahr 1938 zum unumstrittenen Mittelpunkt des nationalen Lebens geworden.

Daß diese Symbiose zu einem ungeheuerlichen Preis eingehandelt worden war, haben viele erst 1945 zur Kenntnis nehmen wollen. Damals hatten die Deutschen andere Sorgen, als sich über ihre künftige Hauptstadt den Kopf zu zerbrechen, wußten sie ja nicht einmal, ob ihnen je wieder ein eigener Staat konzediert werden würde. Josef Stalin und seine deutschen Handlanger aber verfügten über die Osthälfte der Stadt und hofften, auch Westberlin unter ihre Kontrolle bringen zu können. Ihnen war durchaus daran gelegen, daß Berlin seine Hauptstadtfunktionen behalten würde. Von einem kommunistisch dominierten Berlin aus, so spekulierten sie, war es dann nicht mehr weit zu einem in ihrem Sinne „neuen Deutschland". Als dieser Plan am Widerstand der West-Berliner Politiker und Bürger scheiterte, verhängte Stalin über den Westteil der Stadt die Blockade. Berlin war seit 1867 oft als Bastion bezeichnet und mit diesem Wort verunglimpft worden. Nun wurde ein Teil der Stadt zur allseits geschätzten und zum Teil auch geliebten Bastion von Freiheit und westlicher Zivilisation. Als man 1949 in Bonn über die Wahl einer provisorischen Hauptstadt für die ebenso provisorisch gedachte Bundesrepublik debattierte, stand man noch unter dem Eindruck der kurz zuvor aufgehobenen Blockade. Als nach der knappen Entscheidung zugunsten von Bonn die unterlegenen Anhänger Frankfurts den oben erwähnten Beschluß beantragten, war es undenkbar, darüber eine Debatte zu führen, ob es denn angemessen sei, ohne eine gründliche Beratung die alte Reichshauptstadt wieder in ihre alten Funktionen einzusetzen, falls es zu freien Wahlen auch in der Sowjetzone kommen sollte. Das wäre damals ein zynischer Hohn auf den Widerstandsgeist der West-Berliner gewesen, die noch immer in der Gefahr lebten, urplötzlich mit offener Gewalt unterworfen zu werden. Diese Gefahr besteht jetzt nicht mehr. Mithin ist auch die Grundlage entfallen, auf der damals der eine oder andere sich entschlossen haben mag, seine Bedenken gegen eine solch weitreichende und nach all den Erfahrungen bedenkliche Entscheidung zurückzustellen. Jedenfalls bietet sich nunmehr die Gelegenheit, das nachzuholen, was man 1919 abbrechen, 1945 unter den gegebenen Verhältnissen gänzlich versäumen mußte und danach aus Gründen politischen und menschlichen Anstands nicht getan hat, nämlich über die Hauptstadtfrage in Ruhe, unter Berücksichtigung all der oben genannten Aspekte und möglichst emotionslos nachzudenken, so wie man das 1848 und 1919 getan hat. Mit Friedrich Christoph Dahlmann, Friedrich Ebert, Philipp Scheidemann und Willy Hellpach würde man sich dabei in bester und politisch integrer Gesellschaft befinden. Diese Frage an den parlamentarischen Gremien vorbei durch Überraschungsaktionen und in gutgemeinter nationaler Euphorie zu präjudizieren wäre der Hauptstadtgeschichte Berlins von 1866 bis 1945 wenig angemessen.

Manches von dem, was hier über diese Geschichte zusammengetragen worden ist, mag — besonders was die stereotypen Klischees anbelangt — heute abgestanden wirken oder als quantité négligeable erscheinen. Immerhin: daß man sich von einer Bundeshauptstadt Berlin „eine urbanere Politik" verspricht, hätte Fontane gewiß zum Schmunzeln gebracht und wirkt heute angesichts der Sozialgeschichte von Ost-Berlin in den vergangenen 40 Jahren auch nicht eben als eine realistische Hoffnung. Aber dies ist eher eine Marginalie. Bedenklicher stimmen schon die Forderungen, „Deutschland, ein 85 Millionenvolk", benötige „eine richtige Hauptstadt". Diese aus den Tagen von Ancien Régime und Imperialismus stammende Ansicht wird man kleinbürgerlichen Liebhabern feudaler Repräsentation kaum ausreden können, aber etwas mehr sprachliche Sensibilität wäre doch wünschenswert. Preußen existiert nicht mehr, so hört man, werde Berlin daher nicht mehr das politische Gewicht besitzen, das den Föderalen des vergangenen Jahrhunderts so bedrohlich erschien. Aber das könnte sich als Trugschluß erweisen. Berlin ist von Bismarck zur Hauptstadt gemacht worden, ohne danach gefragt zu werden. 1919 hat man über Weimar oder Berlin diskutiert, ohne Vertreter der Stadt hinzuzuziehen. Hitler hat sich schon gar nicht in seine Berlin-Politik hineinreden lassen. Heute ist Berlin nicht mehr Objekt einer Hauptstadtpolitik, es tritt als mitentscheidendes Subjekt auf. Als Stadt und Land Berlin wird es im künftigen Bundesrat vertreten sein und dort seine Interesen zur Geltung bringen, ohne dabei Rücksicht auf das umgebende Land Brandenburg nehmen zu müssen. Diese Möglichkeiten haben München,

Köln, Leipzig, Dresden und Erfurt nicht und schon gar nicht Bonn. Diese Städte müssen darauf vertrauen, daß ihre Interessen von den jeweiligen Landesregierungen gewahrt werden. Berlin hat diese für es ungemein günstige Konstellation in den vergangenen Monaten mit einer Energie gegen die Stadt Bonn ausgespielt, die an Fontanes Beresina-Brücke erinnert. Indes sollte niemand den Berliner Stadtvätern den Vorwurf machen, wenn sie, um die Interessen ihrer Kommune durchzusetzen, ihre rechtlichen und die daraus fließenden finanziellen Möglichkeiten bis zur Neige ausschöpfen. Den Verfassungsrechtlern aber sei empfohlen, darüber nachzudenken, welche Auswirkungen diese neue Konstellation auf die föderale Ordnung der gesamten Republik haben könnte. Im Zweifel sollten sie dann, auch im Rückblick auf die letzten anderthalb Jahrhunderte deutscher Hauptstadtgeschichte, lieber für *die* Stadt votieren, die Zweifel dieser Art erst gar nicht aufkommen läßt.

Anmerkungen

1) Zitate aus dieser Rede und andere Äußerungen zur Hauptstadtfrage sind zumeist dem Bonner General-Anzeiger entnommen, der am 9./10. 6. 1990 auch eine umfangreiche Beilage zur Hauptstadtfrage enthielt. Zahlreiche Äußerungen über Berlin und die Berliner hat Klaus Strohmeyer zusammengestellt: Berlin in Bewegung, Bd. 1—2, Hamburg 1987.
2) Von den Sammelbänden zum Thema seien hier nur zwei genannt: Das Hauptstadtproblem in der Geschichte, Festschrift zum 90. Geburtstag von Friedrich Meinecke, Tübingen 1952. Hauptstädte in europäischen Nationalstaaten, hg. v. Theodor Schieder und Gerhard Brunn, München, Wien 1983.
3) Wilhelm Bergers, Das Reich ohne Hauptstadt, in: Das Hauptstadtproblem (wie A. 2) S. 1—29; Karl Otmar Freiherr von Aretin, Das Reich ohne Hauptstadt?, in: Hauptstädte (wie A. 2) S. 5—14.
4) 1. Teil, 5. Buch, Hamburger Ausgabe Bd. 9, S.180ff.
5) Lothar Gall, Frankfurt als deutsche Hauptstadt? in: Akten des 26. Deutschen Rechtshistorikertages, hg. v. Dieter Simon, Frankfurt 1987, S. 1—18, hier S. 9f.
6) Hagen Schulze, Der Weg zum Nationalstaat, München 1985, vgl. bes. die „Berliner Revolutionschronik" S. 9ff., danach auch die folgenden Zitate und sonstigen Ausführungen.
7) Aktenstücke und Aufzeichnungen zur Geschichte der Frankfurter Nationalversammlung aus dem Nachlaß von Johann Gustav Droysen, hg. v. Rudolf Hübner, Berlin, Leipzig 1924, hier vor allem S. 54f. und 315ff. Vgl. dazu außer Gall (wie A. 5) Gerhard Brunn, Die deutsche Einigungsbewegung und der Aufstieg Berlins zur deutschen Hauptstadt, in: Hauptstädte (wie A. 2) S. 15—33, hier S. 18f.
8) Richard Schwemer, Geschichte der Freien Stadt Frankfurt (1814—1866) Bd. 3,1, Frankfurt 1915, S. 185.
9) Aktenstücke (wie A. 7) S. 54.

10) H. v. Moltke, Gesammelte Schriften und Denkwürdigkeiten, Bd. 3, Berlin 1891, S. 515ff.

11) Dies und das folgende nach Schwemer (wie A. 8) Bd. 3,1, S. 317ff.; polemisch: Otto Kanngießer, Geschichte der Eroberung der Freien Stadt Frankfurt durch Preußen im Jahr 1866, 1877. Wolfgang Klötzer, Frankfurt 1866. Eine Dokumentation aus deutschen Zeitungen, Frankfurt 1966, vgl. Gall (wie A. 5) S. 12f.

12) Das Tagebuch der Baronin Spitzemberg, geb. Freiin von Varnbüler, ausgewählt u. hg. v. Rudolf Vierhaus, Göttingen 1960, S. 70.

13) Schwemer (wie A. 8) Bd. 3,1, S. 340, A. 1.

14) Klötzer (wie A. 11) S. 174, 294.

15) Zitat nach Brunn (wie A. 7) S. 17.

16) Otto Becker, Bismarcks Ringen um Deutschlands Gestaltung, Heidelberg 1958, S. 165.

17) Becker, S. 185, Reiner Pommerin, Von Berlin nach Bonn, Köln, Wien 1989, S. 4ff.

18) Becker, S. 185 mit S. 859.

19) Brunn (wie A. 7) S. 23.

20) Diese und die folgenden Angaben über Berlin durchweg nach: Geschichte Berlins, hg. v. Wolfgang Ribbe, Bd. 2, München 1987, S. 693ff. Weitere statistische Angaben finden sich in der 14. Aufl. des „Brockhaus".

21) Zitiert nach Hans Rothfels, Von der brandenburgischen über die preußische zur deutschen Hauptstadt, in: Berlin in Vergangenheit und Gegenwart, hg. v. H. Rothfels, Tübingen 1961, S. 9.

22) Das Tagebuch (wie A. 12) S. 185.

23) Ministerialblatt für die gesamte innere Verwaltung 37, 1876, Berlin 1877, S. 44, zit. nach Hans-Ulrich Wehler, Das Deutsche Kaiserreich 1871—1918, Göttingen 1973, S. 119.

24) Walther Kiaulehn, Berlin. Schicksal einer Weltstadt, München 1958, S. 111. Karl Scheffler, Berlin. Ein Stadtschicksal, 3. Aufl. Berlin 1910, S. 116ff. (zu Berlin vor 1870), S. 207ff. (zur kaiserlichen Stadt).

25) Jost Schillemeit, Berlin und die Berliner. Neu aufgefundene Fontane-Manuskripte, in: Jb. d. dt. Schillerges. 30, 1986, S. 34—82, bes. S. 45ff. Für den Hinweis auf diesen Text danke ich meinem Bonner Kollegen Ulrich von Hehl.

26) Eberhard Straub. Preußens Hauptstadt. Was Berlin auch gewesen ist, in: FAZ v. 10. 8. 1990, S. 23.

27) Hugo von Hofmannsthal, Preuße und Österreicher, in ders., Ausgewählte Werke, Bd. 2, Frankfurt 1966, S. 616.

28) Scheffler (wie A. 24) S.164ff.

29) Karl-Ludwig Ay, Die Entstehung einer Revolution, Berlin 1968, S. 134ff.

30) Konrad Adenauer, Reden 1917—1967, hg. v. Hans-Peter Schwarz, Stuttgart 1975, S. 31, Ansprache vor linksrheinischen Abgeordneten in Köln am 1. 2. 1919. Wie ernst man die rheinischen Bestrebungen nahm, zeigt ein Aufsatz von Heinrich Pohl, der diese ablehnte, zugleich aber die Berechtigung der im Westen vorhandenen Abneigung gegen „Preußisch-Berlin" anerkannte: Auf dem Weg zum Einheitsstaat. Gedanken zur rheiischen Frage, in: Hochland 18, 2, 1921, bes. S. 7.

31) Theodor Heuß, Die großen Reden. Der Staatsmann, Tübingen 1965, S. 22.

32) Gall (wie A. 5) S. 15., Pommerin (wie A. 17) S. 8ff.

33) Quellen zur Geschichte des Parlamentarismus und der politischen Parteien, R. 1, Bd. 6, 2, Die Regierung der Volksbeauftragten 1918/19, bearb. v. Susanne Miller u. Heinrich Potthoff, Düsseldorf 1969, S. 223ff.

34) So Willy Hellpach, Politische Prognose für Deutschland, Berlin 1928, S. 400.

35) Adolf Goldschmidt, Deutschland heute, Berlin 1928, S. 26, zit. nach Strohmeyer (wie A. 1) Bd. 2, S. 40.
36) Hellpach (wie A. 34) S. 395ff.
37) Zitiert nach Pommerin (wie A. 17) S. 14, vgl. Ernst Reuter, Schriften, Reden, Bd. 2, hg. v. Hans J. Reichhardt, Berlin 1973, bes. S. 233 über das schlechte Bild von Berlin in der Berliner Presse.
38) Adolf Hitler, Mein Kampf, 1925/27, hier nach einer Ausgabe von 1938, S. 628. Über Hitler und Berlin vgl. Pommerin (wie A. 17) S. 15.
39) Klaus Mann, Der Wendepunkt. Ein Lebensbild, Stuttgart o. J. zit. nach Hsi-Huey Liang, Die Berliner Polizei in der Weimarer Republik, Berlin, New York 1977, S. 128, vgl. auch Strohmeyer (wie A. 1) Bd. 1, S. 234ff.
40) Carl Zuckmayer, Als wär's ein Stück von mir. Erinnerungen, Frankfurt 1966, S. 311.
41) Preußische Gesetzsammlung 1934, Nr. 19, S. 239f.
42) Hitler (wie A. 38) S. 291.
43) Dies und das folgende nach: Hitlers Städte. Baupolitik im Dritten Reich, hg. v. Jost Dülffer u.a., Köln, Wien 1978, S. 88ff. Vgl. auch: Die Metropole. Industriekultur in Berlin im 20. Jahrhundert, hg. v. Jochen Boberg u.a., München 1986, S. 238ff.
44) Vgl. Die Metropole (wie A. 43) S. 230ff., S. 234 wird auf den neuen Lebensstil der Nation, den „Stil einer marschierenden Kolonne" verwiesen; in dieser Hinsicht blieb Berlin eher hinter München oder Nürnberg zurück. Das gesamte Kapitel ist übrigens unter den für die Berliner Geschichtsauffassung unserer Tage aufschlußreichen Titel gesetzt: „Von der braunen Provinz besetzt." Ähnlich hat das auch Walter Momper in seinem „Plädoyer für Berlin" am 25. Juni gesehen: Die Berliner waren stets aufmüpfig, ob sie von Junkern aus Ostelbien, von Propagandagenies aus dem Rheinland, von SS-Leuten aus München oder Generalsekretären aus dem Saarland oder Sachsen regiert wurden. Einige Hinweise zum frohen Alltagsleben der Zeit abseits von Aufmärschen und Olympischen Spielen vgl. Hans-Ulrich Thamer, Verführung und Gewalt. Deutschland 1933—1945, Berlin 1986, S. 424ff. u. 503ff.
45) Mario Krammer, Berlin und das Reich, Berlin 1935, S. 209f., eine Neuausgabe besorgt von Paul Fechter erschien 1956, war mir aber nicht zugänglich.
46) Vgl. dazu Pommerin (wie A. 17).
47) Kiaulehn (wie A. 24) S. 8.

Kultur als Voraussetzung für Politik

Von Manfred van Rey

„In der Kultur und in bestimmten Eigenarten seiner Stadtentwicklung ist Bonn einzigartig. Wo kann man so gute Bilder von August Macke oder Max Ernst sehen, wenn nicht in Bonn...? Und wo steht ein vergleichbarer Kammermusiksaal...? Wo kann man Musik hören wie heute...? Ich denke an große Opernabende, an erinnerungswürdige Theater..." Kein geringerer als unser verehrter Bundespräsident Richard von Weizsäcker, jüngst Ehrenbürger von Berlin, fand solche wohltuenden Worte, als er im Mai des vergangenen Jahres den Ehrenbürgerbrief der 1989 just 2000 Jahre alten Stadt Bonn am Rhein im Alten Rathaus, weltbekanntem Wahrzeichen der nunmehr 40jährigen Bundeshauptstadt, empfing.

Gewiß, des Ersten Bürgers Deutschlands Lob gilt der Gegenwart: den Bildern des neuentstehenden Kunstmuseums Bonn, dem frisch eingeweihten Kammermusiksaal des Vereins Beethoven-Haus neben des Meisters Geburtshaus in der Bonngasse, dem Orchester der Beethovenhalle Bonn als Garant vollendeter Musikpflege, der „Scala am Rhein" und dem Schauspiel als einer inzwischen anerkannten Bühne der Bundesrepublik Deutschland. Gewiß auch, daß die vom Bundespräsidenten gepriesene „hauptstädtische Kultur" — wie sie der Bonn-Vertrag finanziell und damit auch künstlerisch überhaupt erst ermöglicht und das Repräsentationsbedürfnis der Bundesregierung in dieser ihrer Hauptstadt einfordert — „keinesfalls bedeuten kann, aus Bonn eine kulturelle Metropole machen zu wollen. Denn dafür fehlen", so Fritz Brüse, langjähriger Bonner Kulturdezernent in seiner Vision „Kultur im Bonn des Jahres 2000", „fast alle Voraussetzungen: Die Größe der Stadt mit einer entsprechend unterschiedlichen soziologischen Bevölkerungsstruktur, die daraus entstehende Vielfalt in den einzelnen Kunstsparten und deren internationale Anerkennung, der sich so bildende Antagonismus und nicht zuletzt die ständig stattfindenden kulturellen Entwicklungsprozesse, die mit all ihren Höhen und Tiefen den Humus bilden, der das Wesen einer Kulturmetropole ausmacht."

Gleichwohl: „Als Geburtsstadt Beethovens ist Bonn zweifellos eine Hauptstadt. Als Zentrum der Bundesrepublik ist es ein Dorf. Gottlob: Deutschland soll seine Rolle in Konzertsälen spielen. Nicht auf Schlachtfeldern. Nicht in der Machtpolitik... Bonn ist für mich Musik. Das Klavierkonzert in Es-dur. Die Neunte Symphonie. Die Sonate opus III", notiert André Kaminski in seinem 1987 erschienenen „Schalom allerseits. Tagebuch einer Deutschlandreise". Gewiß, Bonn spielt seine Rolle dank seines größten Sohnes Ludwig van Beethoven als eine Hauptstadt der Musik, und dies besonders seit dem ersten Beethovenfest 1845, doch weist die Musikpflege schon lange Tradition vor der Geburt des Meisters 1770 auf und verdienen auch Bonns andere kulturellen Äußerungen der Achtung und Bewunderung. Die Stadt auf Beethoven zu reduzieren wäre ebenso ungerecht wie Köln auf seinen Dom. Zeigen wir auf, was Bonn an Kultur zu bieten hat, aus seiner Geschichte heraus, in unserer Gegenwart.

Am „sichtbaren" Anfang der Stadt standen die Römer: Dank des römischen Feldherrn Drusus, Stief- und Adoptivsohn des Kaisers Augustus, trat Bonn um 11 v. Chr. ins helle Licht der Geschichte — Anlaß 1989 zur höchst erfolgreichen 2000-Jahr-Feier der ersten schriftlichen Erwähnung. Die Römer legten bald ein Legionslager nördlich der Altstadt an, die vom großen römischen Historiker Tacitus vielfach erwähnten castra Bonnensia. Zwar kann Bonn keine aufrechtstehenden Mauerreste des Lagers vorweisen, doch zeigt jetzt ein großes Bronzemodell Friedemann Sanders das Lager in dem von den Archäologen erschlossenen Baubestand der siebziger Jahre des ersten Jahrhunderts. Eine architektonisch bedeutende Leistung römischer Kultur in germanischer Provinz, doch nur noch in Skulpturfragmenten, Mosaikresten und Kleinfunden zu erkennen, die allesamt das Rheinische Landesmuseum Bonn birgt. Dort finden sich auch die zahlreichen Weihesteine der aufanischen Matronen, immerwährende Anregung für Marianne Pitzens Papiergestalten im von ihr geleiteten „Frauen-Museum", dem weltweit ältesten und in Europa einzigen für und von Kunst-Frauen. Die Sammlungen des Landesmuseums, einst für die große preußische Rheinprovinz eingerichtet, haben immer schon größte Bewunderung hervorgerufen. „Dann haben wir ein Provinzialmuseum mit prächtigen Römerplastiken, Mosaiken, Gold- und Steinschmucksachen, vor denen du auf den Knien lägest und still wie ein römischer Kaiser betetest", schrieb August Macke enthusiastisch an Franz Marc.

Auf einem römischen Friedhof errichteten frühe Christen in der ersten Hälfte des 4. Jahrhunderts zu Ehren der Bonner Märtyrer und Stadtpatrone Cassius und Florentius eine cella memoriae, eine Totengedächtniskapelle. Sie ist das älteste archäologische Zeugnis christlichen Glaubens in Niedergermanien, Urzelle des hochmittelalterlichen Bonner Münsters, neben der Doppelkirche zu Schwarzrheindorf großartigstes Zeugnis Bonner Architektur der Romanik. Zur Zeit der karolingischen Frankenkönige vereinigten sich an der Kirche der Heiligen Cassius und Florentius Priester zu einer Kanonikergemeinschaft. Nächst dem Erzbischof zählten ihre Pröpste neben dem Kölner Dompropst und dem Propst des Xantener Viktorstiftes zu den vornehmsten und reichsten Prälaten der Erzdiözese Köln. Sie übten das Amt des Chorbischofs aus und waren als Archidiakone fest in die kirchliche Organisation der Erzdiözese eingebunden. Aber obzwar ihre Kirche daher geistlicher Mittelpunkt war, so haben weder das Cassiusstift noch die anderen Bonner Stifte und Klöster des Mittelalters geistige, gelehrte und literarische Ausstrahlung gehabt, ganz im Gegensatz zu jüdischer Kultur, die in Bonn in höchster Blüte stand. „Aus welcher Stadt könnte man die Wahrheit künden, wenn nicht durch die Gelehrten in Bonn, von denen die Lehre ausgeht und das Wort Gottes“, urteilte der Mainzer Rabbi Elieser ben Nathan. Unter den acht Namen jüdischer Gelehrter, die das Ortsverzeichnis des großen Sammelwerks „Germania Judaica“ für Bonn im 12. Jahrhundert angibt, seien Rabbi Ephraim bar Jakob und Joel Halevi hervorgehoben.

Als Dreizehnjähriger erlebte der 1132/33 in Bonn geborene Ephraim bar Jakob die Flucht der Kölner Judengemeinde auf die neben dem Petersberg gelegene, heute gänzlich verschwundene kölnische Wolkenburg. Die Greuel des Zweiten Kreuzzuges hielt er in seinem berühmten Memorbuch fest. Er gilt auch als Verfasser der Erzählung vom Märtyrer Rabbi Amnon von Mainz, das den jüdischen Schulkindern vor dem Neujahrsfest Rosch-Haschana bis auf den heutigen Tag erzählt wird. Wie er dichtete auch Rabbi Joel Halevi Klagelieder und Bußgebete. Eines von ihnen erinnert an die Märtyrer von Bacharach am Rhein, denen auch Heinrich Heine seine Schrift „Der Rabbi von Bacharach“ widmete. Halevis Sohn Elieser war einer der beiden großen geistigen Führer des hochmittelalterlichen Judentums in Deutschland, auch dies ein Hinweis auf die Bedeutung der Bonner Judengemeinde.

Zeugen Bauten von der Geistigkeit ihrer Erbauer, so dürfen Propst Gerhard von Are und Erzbischof Arnold von Wied in einer Kulturgeschichte der Bundeshauptstadt Bonn nicht fehlen. Unter Erzbischof Hermann — die Kölner Erzbischöfe und Kurfürsten waren die Stadtherren von Bonn bis zum Ende des Ancien régime — war im 11. Jahrhundert die karolingische Stiftskirche der Heiligen Cassius und Florentius durch einen weit größeren salischen Bau ersetzt worden. Der Ausbau des Münsters auf seine heutige Ausdehnung und Gestalt erfolgte dann in der Stauferzeit. Wenngleich das Cassiusstift im religiösen, geistigen und politischen Leben des Mittelalters nur spärlichen Einfluß ausübte, so hat es doch zur ersten Glanzzeit Bonns im 12. Jahrhundert wesentlich beigetragen. Es befand sich damals auf dem Höhepunkt seiner Entwicklung, sie verbindet sich mit der überragenden Gestalt des Propstes Gerhard von Are, der dem Stift mehr als vier Jahrzehnte vorstand. Dem Münster fügte er die eigentliche Schauseite zu: den in Proportion und Gliederung klassisch schönen Chorbau mit dreigeschossiger Apsis und abschließender Zwerchgalerie. Vorbild für die Fassadengestaltung war für Gerhard von Are offenbar das Kolosseum in Rom. Mit seinem sogenannten „Rheinischen Etagenchor“ wurde das Bonner Münster ein „Schöpfungsbau“ rheinischer Romanik, typenbildend für andere Kirchen in Köln und im Rheinland bis hin zum Maasraum, wo vor allem in Maastricht — Gerhard von Are leitete das berühmte Reichsstift St. Servatius für einige Jahre — ein Bonn ähnlicher Ostchor zu bewundern ist, wie auch noch in Maria Laach und St. Kastor in Koblenz. Ein halbes Jahrhundert später wurde auch die Gestaltung des Querhauses des Bonner Münsters wegweisend für andere rheinische Kirchenbauten der Spätromanik.

Noch vor dem Neubau der Choranlage entstanden vor und um 1140 die Stiftsgebäude um den stimmungsvollen Kreuzgang, der einzige im Rheinland fast vollständig erhaltene aus romanischer Zeit, nachdem fast alle anderen rheinischen Kloster- und Stiftsbauten im Zuge der Säkularisierung im frühen 19. Jahrhundert abgebrochen wurden. Höhepunkt von Propst Gerhards langer Amtszeit war die 1166 vollzogene Erhebung der Gebeine der Bonner Märtyrer zusammen mit Erzbischof Rainald von Dassel. Kaiser Friedrich Barbarossas Reichskanzler und einflußreichster Berater hatte zwei Jahre zuvor die Gebeine der Heiligen Drei Könige von Mailand in den Kölner Dom überführt, und auch Aachen hatte 1165 mit der Erhebung der Gebeine Karls des Großen ein neues, zahlreiche Pilger anziehendes Heiligtum erhalten. Während in Aachen und Köln die kostbaren Reliquienschreine von höchster Kunst des Mittelalters zeugen, sind die Bonner im Kölnischen Krieg im 16. Jahrhundert verschlagen und teilweise zu Münzsilber umgeschmolzen worden, ein herber Verlust. Das Bonner Ereignis von 1166 zählt mit den beiden Königskrönungen 1314 und 1346 im Münster zu den Glanzpunkten der mittelalterlichen Stadtgeschichte.

Von zukunftsweisender Bedeutung für die Entwicklung Bonns zur kurkölnischen Land- und seit dem Ende des 16. Jahrhunderts Haupt- und Residenzstadt waren das Mauerbauprivileg Erzbischof Konrads von Hochstaden, des Erbauers des Kölner Doms, von 1244 und 1286 die Einführung der Ratsverfassung: Sie vollendeten die Entwicklung Bonns zur Stadt im mittelalterlichen Rechtssinne.

Im selben 12. Jahrhundert, als Gerhard von Are sein Münster großartig erweiterte und die Stiftsgebäude errichten ließ, entstand auf der rechten Rheinseite nicht weit von dem blühenden Kloster Vilich der hl. Adelheid ein weiteres Damenstift, Schwarzrheindorf. Die erhaltene Weiheinschrift bezeugt den bedeutenden Rang der Doppelkirche durch die Nennung der bei der Weihe anwesenden Personen hohen und höchsten Standes. Unter ihnen fand sich neben König Konrad III. selbst sein Halbbruder Bischof Otto von Freising, der berühmteste Geschichtsschreiber des deutschen Mittelalters. Die bis in die Karolingerzeit reichende Burg Schwarzrheindorf war um 1100 an die Grafen von Wied gelangt. Arnold von Wied, seit 1127 Kölner Dompropst und bald danach Kanzler König Konrads III., gründete an seiner ererbten Burg die vorgenannte doppelstöckige Hauskapelle nach dem Vorbild der Aachener Pfalzkapelle Karls des Großen und der Ulrichskapelle der sächsischen Königspfalz Goslar. Wenige Wochen vorher zum Erzbischof von Köln gewählt, ließ er 1151 das Gotteshaus weihen. Ist der Schwarzrheindorfer Bau schon dank seiner architektonischen Gestalt ein Juwel rheinischer Romanik, so beansprucht er aufgrund seiner Wandmalereien abendländische Bedeutung. Im unteren Teil zeigen sie Szenen der Vision des alttestamentlichen Propheten Ezechiel in der Interpretation des erst seit wenigen Jahren in seiner Bedeutung für die mittelalterliche Theologie erkannten Abts Rupert von Deutz. In der Gottesvision des Ezechiel sah Rupert die vier Erlösungsgeheimnisse Christi verkündet: Geburt, Tod, Auferstehung und Himmelfahrt.

Vor seinem Tod wies Erzbischof Arnold die Stiftung seiner Schwester Hedwig zu, die bereits Äbtissin der Damenstifte Essen und (Düsseldorf-)Gerresheim war. Sie richtete in Schwarzrheindorf ein Benediktinerinnenkloster ein. Zu diesem Zweck ließ sie die Kapelle zum Rhein hin verlängern. Um 1170 waren die Umbauten abgeschlossen. Wohl erst jetzt entstand die Ausmalung der Oberkirche, deren Bildprogramm sich vollständig auf klösterliches Leben bezieht. Größere Bedeutung für das religiöse Leben der Stadt gewannen die 1274 vom Kölner Erzbischof nach Bonn berufenen Minoriten vom Orden des hl. Franz von Assisi. Die in der nach ihnen benannten Brüdergasse erbaute Kirche ist die einzige erhaltene gotische Kirche im alten Bonn. Als typische Predigerkirche wurde sie unter Erzbischof und Kurfürst Hermann von Wied 1542/43 neben der Münsterkirche ein Zentrum der lutherischen Reformation in Bonn.

Seinen weit in die Zukunft weisenden politischen und damit auch wirtschaftlichen Aufstieg verdankt Bonn den Auseinandersetzungen der Erzbischöfe mit ihrer Bischofsstadt Köln, die in der Schlacht bei Worringen 1288 ihren Höhepunkt und Abschluß erhielten. Köln war seitdem faktisch eine freie Reichsstadt, die der Erzbischof fast nur noch in seiner Eigenschaft als geistliches Oberhaupt der Erzdiözese betreten durfte. Bonn suchten sie fortan immer häufiger und länger auf, ja es entwickelte sich zur zeitweiligen Residenz. Die neue Aufgabe Bonns als bevorzugter Aufenthaltsort der Kölner Erzbischöfe brachte es mit sich, daß die Stadt im 14. Jahrhundert gleich zweimal Schauplatz prunkvoller Königskrönungen wurde, nämlich 1314 Friedrichs des Schönen von Österreich und 1346 Karls IV. zu (Gegen-)Königen Ludwigs des Bayern, und vier Erzbischöfe ihre letzte Ruhestätte im Bonner Münster und nicht im Kölner Dom fanden. Kulturell Bemerkenswertes ist ansonsten für das Spätmittelalter im wirtschaftlich blühenden Bonn nicht zu vermelden.

Eine neue Entwicklung zeichnete sich gegen Ende des Mittelalters ab. 1469 hatten die kurkölnischen Landstände beim Kurfürsten durchgesetzt, einen ständigen Rat einzurichten. Als er 1525 samt der Kanzlei nach Bonn verlegt wurde, bedeutete dies für Bonn einen entscheidenden Schritt auf dem Wege, Hauptstadt des Kurstaates zu werden — gekennzeichnet als Sitz der Zentralbehörden eines Landes. In der damals vielleicht 3000—4000 Einwohner zählenden

Stadt kündigte sich bald Luthers Reformation an. Im ehrlichen Bemühen, auch sein Erzstift und Erzbistum Köln der „Erneuerung der Kirche an Haupt und Gliedern" zuzuführen, berief Kurfürst Hermann von Wied 1542 den Reformator Martin Butzer aus Straßburg nach Bonn. Als im folgenden Frühjahr auch noch der neben Luther und Calvin bedeutendste Reformator Philipp Melanchthon nach Bonn kam und die Stadt zusammen mit Butzer zum Mittelpunkt der evangelischen Bewegung im Rheinland machte, griffen Kaiser Karl V. und die römische Kurie ein. Ein Sieg der Reformation in Kurköln hätte nämlich bedeutet, daß die Mehrheit im Kolleg der sieben Kurfürsten des Heiligen Römischen Reiches Deutscher Nation evangelisch geworden wäre, eine für den katholischen Kaiser aus dem Hause Habsburg und den Papst höchst gefährliche Situation nicht nur rheinischer und deutscher, sondern europäischer Tragweite. Im publizistischen Kampf um die öffentliche Meinung begründete der aus Köln geflohene Buchdrucker Laurenz von der Mühlen den bis heute florierenden Bonner Buchdruck. In seiner Offizin entstand vor allem das „Bonner Gesangbüchlein". Es fand weite Verbreitung im evangelischen Deutschland, wurde Grundlage des reformierten Einheitsgesangbuchs und gilt als das wertvollste und umfangreichste der Reformationszeit, eine wenig bekannte Bonner Kulturleistung.

Der erste Reformationsversuch des Kölner Kurfürsten scheiterte, ebenso ein zweiter, in dessen Verlauf — dem Kölnischen Krieg — 1583 bayerische Truppen die Godesburg sprengten. Seither grüßt sie nur noch als romantische Ruine. Durch den Sieg der Bayern verlagerte sich das politische Schwergewicht in den Süden des Reichs. Über geistliche Fürstentümer bauten nun die katholischen Wittelsbacher ihre Macht am Rhein aus. Sie bewahrten Nordwestdeutschland dem Katholizismus und die katholische Mehrheit im Kurfürstenkolleg und garantierten damit ständige Wiederwahl der Habsburger als Kaiser. Der Krieg aber hatte auch den Wohlstand der niederrheinischen Städte entscheidend gemindert, ihr Niedergang begann ebenso wie der Aufstieg der Fürstenmacht.

Mit Erzbischof Ernst setzte eine fast 180jährige Herrschaft der bayerischen Wittelsbacher am Rhein ein. Durch die gleichzeitige Besetzung mehrerer Bistümer brachten er und seine vier Nachfolger Ferdinand, Max Heinrich, Joseph Clemens und Clemens August die bayerische Machtstellung im Nordwesten des Reiches voll zur

Geltung. Vor allen anderen Bischofssitzen aber bevorzugten sie als Kölner Kurfürsten die Residenz Bonn. Sie hielten sich fast ausschließlich hier auf und bauten Bonn zur prunkvollen Barockstadt aus. Der politisch bedeutendste Wittelsbacher auf dem Kölner Kurstuhl war Ferdinand, 1597 erhob er Bonn offiziell zur Haupt- und Residenzstadt Kurkölns, es wurde Sitz der zentralen Behörden. Zur Festigung des katholischen Glaubens entstanden in Bonn binnen eines Jahrhunderts mehr neue Klöster und Kirchen als im ganzen Mittelalter zuvor, doch sind nur noch wenige der barocken Bauten erhalten, unter ihnen die Namen-Jesu-Kirche in der Bonngasse.

Nur wenige Jahrzehnte nach dem für Bonn verheerenden Kölnischen Krieg drohte die Stadt in den auf deutschem Boden ausgetragenen europäischen Krieg, den Dreißigjährigen Krieg (1618—1648), einbezogen zu werden, doch gelang es Kurfürst Ferdinand durch Zahlung gewaltiger Abfindungssummen, das inzwischen zur Festungsstadt ausgebaute Bonn vor Zerstörung und Tod zu bewahren. Trotz Kriegsnot und Geldmangel baute er sein Residenzschloß weiter aus und umgab es mit einem prächtigen Renaissancegarten. Die ausgeprägte Musikliebe der Fürsten aus dem Hause Wittelsbach zeigte sich nicht nur am Münchner Hof unter Orlando di Lasso, sondern ließ auch die Bonner Residenz zu einem Zentrum der Musik aufsteigen. Ferdinand gründete die Bonner Hofkapelle. Ihre zwölf bis siebzehn Musiker waren nicht nur für das kurfürstliche Schloß und die Hofkirche tätig, sondern übernahmen auch die musikalische Gestaltung festlicher Gottesdienste im Münster und in anderen Kirchen in Gegenwart des Hofes. Auch auf Reisen begleiteten sie den Kurfürsten. Ferdinand berief Lütticher und italienische Musiker, Kapellmeister und Komponisten nach Bonn und leitete damit zwei Jahrhunderte fürstlicher Musikpflege ein, auf deren Boden Ludwig van Beethoven heranwachsen konnte.

1689 ereignete sich für Bonn die größte Katastrophe seiner Geschichte, sieht man von der Zerstörung der Altstadt gegen Ende des Zweiten Weltkrieges ab. Im Verlauf des vom Sonnenkönig Ludwig XIV. von Frankreich geführten Holländischen Kriegs versank die Stadt nach tagelanger Beschießung in Schutt und Asche. Allein das Münster und die Kirchen überstanden das Bombardement, doch begann der Wiederaufbau von Stadt und Residenz sogleich. Trotz Geldmangels leitete Kurfürst Joseph Clemens eine der umfangreichsten Bauunternehmungen seiner Zeit in Deutschland ein: Unter Verwendung älterer Teile baute er sein Bonner Residenzschloß wieder, jetzt weiter aus und berief dazu den bayerischen Hofarchitekten Enrico Zuccalli. Um einen rechteckigen Innenhof sollte eine durch turmartige Eckpavillons betonte Vierflügelanlage entstehen, doch hinderte der Spanische Erbfolgekrieg den Kurfürsten an der Vollendung seines Schlosses. 1702 ging er nach Frankreich ins Exil. Dort lernte er die französische Architektur kennen. Mit Hilfe des Pariser Hofarchitekten Robert de Cotte entwickelte er seine Pläne zum gewaltigen Ausbau der Bonner Residenz. Voraussetzung dafür war die von den Holländern erzwungene Niederlegung der barokken Festungswerke. Als der Kurfürst nach Bonn zurückkehrte, ließ er die geschlossene Vierflügelanlage im Westen durch das Buen Retiro, die kurfürstlichen Privatgemächer, und im Osten durch das Neue Quartier erweitern, dessen Verlängerung zum Rhein beginnen und den südlich anschließenden Hofgarten nach französischem Vorbild kostbar gestalten. Sein ausgedehntes Residenzschloß zog die umliegende Landschaft bewußt mit ein: Im Süden als Blickpunkt das Siebengebirge, im Westen das von Joseph Clemens ebenfalls nach Entwürfen von Robert de Cotte als Maison de Campagne begonnene Poppelsdorfer Schloß Clemensruh — ein ländliches Lustschloß, in das er sich vom Getriebe des Lebens in der Residenz zurückziehen konnte — und der Keuzberg mit seiner Wallfahrtskirche. Residenz und Poppelsdorfer Schloß, dessen Ausführung ebenfalls dem französischen Baumeister Guillaume Hauberat oblag, sollten durch einen Kanal als Blickachse verbunden werden.

Hatte der musikbegeisterte Kurfürst schon vor seinem Exil Opern und szenische Oratorien sowie von seinen Hofbediensteten, also Laien, aufgeführte Theaterstücke auf einer ersten dafür errichteten Bühne spielen lassen, so organisierte er die Hofkapelle nach seiner Rückkehr nach Bonn neu und vergrößerte sie auf 42 Musiker, bei Bedarf verstärkt, eine für damalige Verhältnisse sehr große Kapelle, wie sie kaum einem anderen vergleichbaren Landesfürsten zur Verfügung stand.

Sein Nachfolger Clemens August war ein glänzender Rokokofürst, Mäzen, Kunstsammler, einer der leidenschaftlichsten Jäger seines Jahrhunderts, eitel und leichtlebig und doch bei seinen kurkölnischen Untertanen der beliebteste Wittelsbacher. Höchste Prachtentfaltung diente seinem Bedürfnis nach Genuß und Repräsentation. Das Residenzschloß bereicherte er durch das Michaelstor (später Koblenzer Tor genannt) in Gestalt eines landseitig herrlich ausgeführten Triumphbogens, gekrönt von der vergoldeten Bleifigur des hl. Michael, geschaffen von dem niederländischen Bildhauer Willem Rottermondt. Das Poppelsdorfer Schloß vollendete er mit Unterstützung des berühmten fränkischen Baumeisters Balthasar Neumann; die charakteristische Blickachse der Poppelsdorfer Allee mit den doppelten Kastanienreihen und dem dazwischenliegenden Rasenteppich entstand. Auf dem Kreuzberg schuf Balthasar Neumann ein besonderes Kleinod unter den Baudenkmälern des Clemens August, die Heilige Stiege. Unter den weit über 70 barokken Nachbildungen der Scala Santa am Lateranpalast in Rom ist die Bonner vielleicht die schönste, in der Ausgestaltung gewiß die reichste.

Zwei Bauten Clemens Augusts sind verschwunden: die Vinea Domini, ein Weinbergschlößchen Guillaume Hauberats an der Stelle des heutigen Beethoven-Gymnasiums, und bei Röttgen Schloß Herzogsfreude, als Maison de Plaisance und Jagdschloß Mittel- und Ausgangspunkt der Parforcejagd im dafür mit schnurgeraden Schneisen versehenen Kottenforst. Keinen Bestand hatten auch die bedeutenden Kunstsammlungen Clemens Augusts; darunter befanden sich Rembrandts Gemälde vom „Verlorenen Sohn" und der „Mann mit dem Goldhelm" (tatsächlich von einem Schüler gemalt). Sie mußten nach seinem Tode versteigert werden, um die durch den letzten Kölner Kurfürsten aus dem Hause Wittelsbach wegen seiner Bau- und Verschwendungssucht ruinierten Staatsfinanzen aufzubessern. Während in Bonn die Heilige Stiege, in Brühl die weltberühmten Schlösser Augustusburg und Falkenlust sich der bewundernden Nachwelt unverändert darbieten, wurde das Bonner Residenzschloß 1777 durch eine Feuersbrunst innen und außen weitgehend verwüstet, allerdings 1926 wenigstens äußerlich wiederhergestellt, wie das Poppelsdorfer Schloß — im Zweiten Weltkrieg zerstört — vereinfacht wiederaufgebaut wurde.

Unter den Bauten der bürgerlichen Stadt ist das repräsentative Rathaus an erster Stelle zu nennen. Es entstand 1737 nach Bauplänen des französischen Baumeisters Michael Leveilly, den Kurfürst Clemens August aus München mitgebracht hatte und den Bonner Stadtvätern für ihr Bauvorhaben „auslieh". Leveillys Rathaus ist eigentlich ein Stadtpalais mit einer doppelten Freitreppe, von dessen Stufen bedeutende Politiker des 20. Jahrhunderts ihre Reden an die

Bonner Bevölkerung hielten und halten. Mit seiner einzigartigen großen Pilasterordnung erzielt das Rathaus auf der Stirnseite des Marktplatzes bis heute bedeutende Wirkung.

Während die genannten Architekten und Baumeister am kurkölnischen Hof Clemens Augusts dank ihrer Schöpfungen den Ruf der Nachwelt zu erringen vermochten, sind die in Bonn wirkenden Maler Georg Desmarées und François Rousseau allgemein eher unbekannt geblieben. Ähnliches gilt für die am Hofe wirkenden Kapellmeister und Komponisten Giuseppe Clemente dall' Abaco, Francesco Zoppi, Karl Gottwald, Giuseppe Touchemoulin und später Gaetano Mattioli sowie für den wohl bedeutendsten Andrea Luchesi und die Lehrer Beethovens, Christian Gottlob Neefe und Franz Anton Ries, obgleich sie in ihrer Zeit durchaus bekannt, ja berühmt waren. Dank des Kölner Kammerorchesters unter der Leitung von Helmut Müller-Brühl, des Chur Cölnischen Orchesters Bonn unter Heribert Beissel in den Brühler bzw. Poppelsdorfer Schloßkonzerten sowie des Collegium Musicum der Universität Bonn unter Emil Platen werden die Werke heute wieder aufgeführt. Dabei genoß die Oper unter Clemens August europäischen Ruf, wie die regelmäßigen Gastspiele der besten Sängerinnen und Sänger damals in Bonn bezeugen. Unter ihnen war etwa für ein Jahrzehnt lang der berühmteste Tenor des 18. Jahrhunderts, der in Gelsdorf bei Bonn geborene Anton Raaff — er sang u.a. die Titelrolle in Mozarts „Idomeneo" bei der Uraufführung 1781 in München. Fast gleichzeitig mit der Aufführung italienischer Opern blühte unter Clemens August — er hatte endlich eine eigene Bonner Bühne im Schloß errichten lassen — das französische Sprechtheater mit Werken von Voltaire und Corneille.

Als Clemens August 1761 starb, hinterließ er seinen beiden Nachfolgern völlig zerrüttete Staatsfinanzen und daher nur wenige Möglichkeiten, Bonn baulich weiter auszugestalten. Auf Max Friedrich von Königsegg geht der Marktbrunnen mit seinem Obelisken und die neuerbaute klassizistische Schloßkirche zurück, auf den Habsburger Max Franz, den jüngsten Sohn der Kaiserin Maria Theresia, die klassizistische Redoute als Ball- und Konzertsaal für die Besucher des von ihm 1790 erworbenen und ausgestalteten Draitschbrunnens in dem damit beginnenden „Bad" Godesberg und die dort geschlossene Gestaltung der Kurfürstenallee. In der Redoute überreichte 1792 Ludwig van Beethoven dem aus England zurückkehrenden Josef Haydn seine Kantate auf den Tod Kaiser Josephs II. Nur drei Jahre zuvor war ein anderer bedeutender Sohn Bonns geboren, Peter Joseph Lenné, der ab 1816 in Potsdam tätige und später zum Generaldirektor der königlichen Gärten in Preußen berufene bedeutendste Gartenarchitekt Deutschlands im 19. Jahrhundert.

Wie Lennés Familie waren auch die Beethovens schon in der dritten Generation in Bonn ansässig. 1733 war der gleichnamige Großvater des großen Komponisten von Mecheln nach Bonn gekommen, wo er in Oper, Konzert und Kirche als Gesangssolist tätig war und später zum Kapellmeister der Hofkapelle ernannt wurde. Sein Sohn Johann, ebenfalls Hoftenorist, ging eigentlich nur als übelgelaunter harter Vater in die Geschichte ein. Im Gartenhaus der Bonngasse 20 wurde Ludwig van Beethoven 1770 geboren. In dem schön gegliederten Vorderhaus wohnten damals Angehörige der kurfürstlichen Kapelle. Das Gartenhaus war die erste Wohnung Johann van Beethovens und seiner aus Ehrenbreitstein stammenden Frau Maria Magdalena, geborene Keverich. Hier verlebte der junge Beethoven, der sein Talent besonders an Johann Sebastian Bach übte und schon fleißig komponierte, seine Jugendjahre, bis er 1792 Bonn verließ und nach Wien übersiedelte, um „Mozarts Geist aus Haydns Hand“ zu empfangen, wie ihm Graf Ferdinand Ernst von Waldstein ins Stammbuch schrieb.

Mozarts Werke hatten früh Aufnahme in der kurkölnischen Residenzstadt gefunden. Schon 1783, nur ein Jahr nach der Wiener Uraufführung, wurde hier „Die Entführung aus dem Serail“ gespielt. Unter Kurfürst Max Franz — er schickte 1787 Beethoven zur Ausbildung nach Wien — erklangen „Don Giovanni“ und „Die Hochzeit des Figaro“ noch zu Mozarts Lebzeiten, seine „Zauberflöte“ 1793. Das barocke Hoftheater widmete sich unter der Intendanz des mächtigen Staatsministers Caspar Anton Graf Belderbusch den Werken Voltaires, Molières, Goldonis, Shakespeares, Lessings und Schillers. Belderbusch rief dazu den Dramatiker, Schauspieler und Theateragenten Gustav Friedrich Wilhelm Großmann nach Bonn und übertrug ihm 1778 die Direktion eines ständigen Bonner „Nationaltheaters“, dessen Aufgabe es sein sollte, „die deutsche Schauspielkunst zu einer Sittenschule für das deutsche Volk zu erheben“. 1783 wurde hier Schillers „Fiesco von Genua“ in der ersten Fassung auch uraufgeführt. Schillers Frau und Sohn sind auf dem Alten

Friedhof in Bonn bestattet, hier ist auch das Grab von Beethovens Mutter.

Die Ideen der Aufklärung, die sich im Frankreich des 18. Jahrhunderts entwickelt hatten und 1789 zur Französischen Revolution, wenige Jahre danach zum Sturz der Monarchie beitrugen, hatten dank des fortschrittlichen kurkölnischen Ministers Belderbusch auch in Bonn Eingang gefunden. Auf sein Betreiben hin gründete Kurfürst Max Friedrich 1777 die Maxische Akademie, 1786 zur Universität mit vier Fakultäten erhoben. Wegweisend war auch die Gründung einer „Normalschule", einer Lehrerbildungsanstalt, der Max Franz große Aufmerksamkeit widmete. 1787 schlossen sich aufgeklärte Geister jenseits von Standesgrenzen zur heute noch bestehenden Bonner „LesegesellschaftD zusammen.

Der revolutionäre Umsturz in Frankreich bescherte Bonn von 1794 an 20 Jahre französische Fremdherrschaft. Die Welt des Ancien régime, des geistlichen Kurstaates, versank für immer. Die einst blühende Residenzstadt verarmte, weil die wohlhabende Konsumentenschicht des Hofes und der kurkölnischen Beamtenschaft ausfiel, und verminderte sich um ein Fünftel ihrer Einwohner, die Zahl der registrierten Armen verdreifachte sich. Geblieben waren die großen Bauwerke der Wittelsbacher, sie bestimmen bis heute Bonns Charakter als Barockstadt, und die besondere Musikpflege. Auf dem Wiener Kongreß fiel das Rheinland an das Königreich Preußen. Zum ersten Mal in seiner Geschichte kam der Bonner Raum unter eine Herrschaft. Damals lebten in Bonn selbst 10000, im heutigen Stadtgebiet insgesamt rd. 23000 Menschen.

Von wirtschaftlich und für die geistige Blüte Bonns im 19. und frühen 20. Jahrhundert entscheidender Bedeutung wurde die 1818 vom preußischen König gegründete und später nach ihm benannte Rheinische Friedrich-Wilhelms-Universität. Oberbürgermeister Graf Belderbusch und der Rat der Stadt Bonn hatten sich bereits in französischer Zeit darum bemüht, Ersatz für die 1798 aufgehobene kurfürstliche Universität zu bekommen. Den Ausschlag gegenüber der Rivalin Köln gab jetzt jedoch vor allem die im Gegensatz zum katholisch-konservativen Köln aufgeklärte Toleranz des Bonner Bürgertums.

Geeignete umfangreiche Gebäude standen in dem damals kurfürstlichen Bonner Residenzschloß und im Lustschloß Clemensruh in

Poppelsdorf zur Verfügung, so daß in den ersten Jahrzehnten der jungen Universität nur zwei Gebäude hinzukamen: die Anatomie an der Südseite des Hofgartens und die Sternwarte bei der Poppelsdorfer Allee. Vorentwürfe korrigierte der große preußische Baumeister Karl Friedrich Schinkel auf geniale Weise: Um den Seziertisch in der Mitte des „Anatomischen Theaters“ besser zu beleuchten, ließ er den fensterreichen Rundbau aufsetzen; so entstand 1824 eine der gelungensten Bauleistungen des preußischen Klassizismus. 1884 zog das Archäologische Institut in das Gebäude ein; es beherbergt seitdem das Akademische Kunstmuseum. Der zweite von Schinkel verbesserte Bau, die alte Sternwarte, war für den berühmten Astronomen Friedrich Wilhelm August Argelander entworfen.

Zu den ersten Professoren der neu- oder besser wiedergegründeten Universität zählten Ernst Moritz Arndt und August Wilhelm von Schlegel. Arndt, neben Ludwig van Beethoven der wohl bedeutendste Bonner — der eine hier geboren, der andere hier Jahrzehnte wirkend —, wurde 1769 auf der Insel Rügen im damals schwedischen Vorpommern geboren. Als politischer Publizist für Deutschlands Freiheit und Einheit kämpfend, trug er zum Sturz Napoleons bei. Zum Professor der Geschichte an der Universität Bonn berufen, errichtete er damals weitab von der Stadt inmitten von Weingärten sein Haus mit biedermeierlichem Interieur, seit 1933 Arndt-Museum. Als Symbolfigur des deutschen Patriotismus und Heros demokratischer Gesinnung, aber auch als Verfechter eines vor allem gegen Frankreich gerichteten übersteigerten Nationalismus ging er in die deutsche Geschichte ein, gewiß einseitig mißbraucht von der nationalsozialistischen Ideologie. Nach jahrzehntelangem Lehrverbot endlich rehabilitiert, spielte Arndt in der demokratischen Revolution von 1848/49 politisch keine entscheidende Rolle mehr. 1860 starb er hochbetagt, hochgeehrt. August Wilhelm von Schlegel begründete mit seinem Bruder Friedrich, mit Novalis und Tieck die Frühromantik in der deutschen Literatur und Geistesgeschichte. Er übersetzte die Werke Shakespeares, Dantes, Calderons und die klassischen Schriften Indiens in die deutsche Sprache und bürgerte sie damit im deutschen literarischen Bewußtsein ein. Wie Argelander sind auch Arndt und Schlegel auf dem Alten Bonner Friedhof begraben.

Innerhalb weniger Jahrzehnte wurde Bonn zu einer Hauptstadt des Geistes, zu einem in der ganzen Welt bekannten Mekka der Wissenschaften, zu einer „europäischen Anstalt am Rhein“, wie der Universitätsbericht 1833/34 stolz vermerkte. In einigen wissenschaftlichen Fachbereichen vermochte sich die Universität Bonn an die Spitze der Forschung zu stellen. So ist etwa die Geschichte der Klassischen Philologie in Deutschland ein Jahrhundert lang dank Gelehrter wie Friedrich Ritschl, Otto Jahn, Hermann Usener und Franz Bücheler die Geschichte des Bonner Philologischen Seminars gewesen, das sich zu einem Mittelpunkt humanistischer Kultur entwickelte. Die kritische Methode der Geschichtswissenschaft wurde in Bonn durch Berthold Georg Niebuhr eingeführt, die Romanistik durch Friedrich Christian Diez hier begründet. Sie brachte in unserem Jahrhundert den bedeutenden europäischen Geist Ernst Robert Curtius hervor. Seinen Namen trägt der von dem Bonner Verleger und Buchhändler Thomas Grundmann gestiftete Literaturpreis für Essayistik, der inzwischen an herausragende Persönlichkeiten wie Golo Mann, Kurt Sontheimer, François Bondy und Friedrich Dürrenmatt verliehen wurde.

Im Gegensatz zur jüngeren Zeit haben sich Bonner Gelehrte im 19. Jahrhundert aktiv am politischen Leben Deutschlands, Preußens und Bonns beteiligt. Allein sieben von ihnen saßen in der Frankfurter Paulskirche, dem ersten deutschen demokratischen Parlament 1848/49, darunter, neben Arndt, Friedrich Christoph Dahlmann, ihr führender politischer Theoretiker. Gottfried Kinkel, mit Carl Schurz Bonns demokratischer Revolutionär, war Mitglied des Preußischen Abgeordnetenhauses.

Aber nicht nur die Gelehrten, sondern auch berühmte Studenten vermehrten das Ansehen Bonns in der Welt. Sie kamen aus ganz Deutschland, aus Frankreich, Italien, der Schweiz, England, Schweden. Unter ihnen seien stellvertretend genannt: Heinrich Heine, Karl Marx, Adolf Kolping, Max Bruch, Friedrich Nietzsche, Luigi Pirandello, Konrad Adenauer und Robert Schuman. Auch Joseph Goebbels, Hitlers verbrecherischer Propagandaminister, belegte in Bonn Vorlesungen und Seminare. Als bevorzugte Prinzenuniversität studierten hier ebenso die Söhne der späteren Kaiser Friedrich III. und Wilhelm II. sowie deren Söhne. Sie waren Mitglieder des Corps Borussia, des vornehmsten der über 50 das Studentenleben bestimmenden Corps und Verbindungen, die ihre Kommerslieder besonders gern beim „Aennchen“ Schumacher, als „Lindenwirtin“ in Godesberg weit gerühmt und geliebt, sangen.

Lehrkörper und Studentenzahlen wuchsen langsam: Erst Ende der 70er Jahre des 19. Jahrhunderts studierten hier mehr als 1000 Studenten, 1914 waren es dann schon 5000, darunter ein Zehntel Frauen. Heute sind es über 40000 Studierende. In der zweiten Hälfte des 19. Jahrhunderts vermochten die Naturwissenschaften und die Medizin nun die Geisteswissenschaften einzuholen und einen gewichtigen Anteil am Ruhm der Bonner Universität zu beanspruchen. Zu ihnen trat die 1847 als selbständige Lehranstalt gegründete, später zur Akademie erhobene Landwirtschaftliche Hochschule in Poppelsdorf. Erinnert sei etwa an Argelander, der mit einfachen Instrumenten immerhin die Position und Helligkeit von 324188 Sternen bestimmte und damit ein geniales astronomisches Werk schuf; denn damals waren nicht einmal die mit bloßem Auge sichtbaren Gestirne verzeichnet, geschweige denn Übersichtskarten vom Himmel erstellt. Vergrößerte Studenten- und Professorenzahlen, vermehrte Universitätsinstitute hatten teilweise großartige und vorbildliche Neubauten zur Folge. Beim Poppelsdorfer Schloß entstand in den sechziger Jahren das Chemische Institut für den Erfinder des Benzolrings, August Kekulé von Stradonitz, damals nicht nur das größte der Welt, sondern auch als das beste in Deutschland angesehen. Am Rhein wuchs nach 1870 ein Klinikviertel empor mit der in ganz Deutschland bewunderten Frauenklinik. Daß die Bonner Universität auch heute noch in einigen Fächern, vor allem den Naturwissenschaften, Weltruf genießt, bezeugt etwa die Verleihung des Nobelpreises für Physik 1989 an Wolfgang Paul, den langjährigen Präsidenten der in Bonn ansässigen Alexander-von-Humboldt-Stiftung.

Dank der Universität gewann Bonn den Ruf einer Stadt hohen geistigen und kulturellen Niveaus. Dies und die seit der Romantik gerühmte landschaftliche Schönheit seiner Lage zog nicht nur viele berühmte Reisende an, unter ihnen den englischen Dichter Lord Byron und den Maler William Turner sowie den amerikanischen Autor des „Lederstrumpfs“, James Fenimore Cooper, sondern bewog viele Adelige, wohlhabende Kaufleute, Bankiers und vor allem Rentiers (Personen, die hier von den Erträgen ihrer Vermögen oder anderer Geldquellen lebten), sich in Bonn und Bad Godesberg niederzulassen und sich prachtvolle Villen zu errichten. Erinnert sei etwa an die Villa Hammerschmidt, das Palais Schaumburg, die Rosenburg, die Villa Deichmann, das Schloß Carstanjen und an die prachtvoll erweiterte ehemalige Deutschordenskommende Ramersdorf. 1914 wohnten in Bonn 200 Millionäre, sie machten die Stadt zur drittreichsten Preußens.

Letztlich dank seines größten Sohnes, Ludwig van Beethovens, vermochte Bonn außerdem seinen Ruf als Musikstadt zu festigen. Vom ersten Beethovenfest 1845 an, anläßlich der Einweihung seines Denkmals auf dem Münsterplatz, wurden hier seine Werke besonders gepflegt. Bei der feierlichen Enthüllung waren König Friedrich Wilhelm IV. von Preußen, die englische Königin Victoria und Alexander von Humboldt anwesend. Um die Aufstellung des Denkmals hatte sich vor allem Franz Liszt verdient gemacht, der drei Sommer auf der bei Bonn gelegenen Insel Nonnenwerth mit der französischen Gräfin d'Agoult (ihre gemeinsame Tochter Cosima heiratete den Komponisten Richard Wagner in zweiter Ehe) verbrachte und hier im übrigen auch komponierte. In der aus Anlaß der Enthüllung des Beethovendenkmals aus Holz erbauten ersten Beethovenhalle dirigierten neben Liszt Louis Spohr und Hector Berlioz. Trotz aller Ärgernisse — im Gasthof „Stern" ging das Festmal als „Zank- und Streitessen" zu Ende, die damals berühmte Tänzerin und Geliebte König Ludwigs I. von Bayern, Lola Montez, tanzte dabei auf den Tischen — war die Enthüllungsfeier ein musikgeschichtlich einzigartiges Ereignis. Sie führte zum ersten Mal die überragende Bedeutung Ludwig van Beethovens der Weltöffentlichkeit vor Augen. 1870 entstand dann die im Zweiten Weltkrieg zerstörte ältere Beethovenhalle. Das Geburtshaus Ludwig van Beethovens war inzwischen zu einem „Tingeltangel", einer billigen Bierkneipe, heruntergekommen; etwa 60 Menschen wohnten damals darin. Zu seiner Rettung gründeten 1889 Bonner Bürger den „Verein Beethoven-Haus". Aus Anlaß seines 100jährigen Jubiläums errichtete der Verein im vergangenen Jahr den eingangs vom Bundespräsidenten gelobten großartigen Kammermusiksaal des Kölner Architekten Thomas van den Valentyn. Hermann Josef Abs hat sich dafür sehr verdient gemacht. Die lange Reihe der bis heute berühmten Ehrenmitglieder des Vereins Beethoven-Haus führte damals der mit Bonn eng verbundene Joseph Joachim an, einer der größten Violinvirtuosen seines Jahrhunderts.

Keine schöpferische Ausstrahlung auf Bonn war Robert Schumann mehr vergönnt, der 1856 in Endenich nach zweijährigem Aufenthalt in der Richarz'chen Privatklinik für Gemütskranke starb.

Dort, in seinem Sterbehaus, ist heute die Musikbibliothek der Stadt Bonn untergebracht. Sein Werk pflegte vor allem seine Ehefrau Clara Schumann, beider Grab befindet sich auf dem Alten Friedhof. Eng mit Bonn verbunden fühlten sich Johannes Brahms, der oft und gern und einmal für längere Zeit in Bonn weilte und hier auch komponierte, und Max Reger, dessen Witwe 1947 das Max-Reger-Institut gründete. Auch Max Bruch hat mehrfach in Bonn musiziert.

Eine wichtige Rolle im kulturellen Leben der Stadt im 19. und frühen 20. Jahrhundert spielten herausragende Frauen. Genannt sind schon Aennchen Schumacher und Clara Schumann. Johanna Kinkel, die Ehefrau Gottfried Kinkels, war Mittelpunkt des literarischen „Maikäfer-Bundes", eine begabte Schriftstellerin, Konzertpianistin und Komponistin. Sie starb 1858 im Londener Exil. Die „Rheingräfin" Sibylle Mertens-Schaafhausen war Mittelpunkt eines geistig aufgeschlossenen Kreises, in dem sich bedeutende Gelehrte, die Spitzen der Universität und Honoratioren der Stadt und viele durchreisende Fremde, auch zahlreiche Ausländer trafen. Eng befreundet mit der Dichterin Annette von Droste-Hülshoff, legte sie eine bedeutende Sammlung antiker Münzen und Gemmen an. Zu Beginn des 20. Jahrhunderts war das Haus der Charlotte Schumm-Walter ein Mittelpunkt des kulturellen und gesellschaftlichen Lebens. Hier verkehrten Albert Schweitzer, Hermann Hesse und vor allem der Maler Hans Thoma.

Die seit 1890 vom Verein Beethoven-Haus veranstalteten Kammermusikfeste verschafften der Kammermusik eine damals neuartige Stellung im öffentlichen Musikleben. Sie verbanden sich seit 1931 mit den von der Bonner Ehrenbürgerin Elly Ney ins Leben gerufenen jährlichen Beethovenfesten, die heute alle drei Jahre veranstaltet werden. 1905 gründete Aenne Ziskoven ein privates Konservatorium, das eine Generation später immerhin 30 Lehrkräfte und 400 Schüler zählte. Erst zwei Jahre nach der Gründung des Konservatoriums raffte sich die Stadt Bonn zu einem städtischen Orchester auf, dem heutigen Orchester der Beethovenhalle, das jetzt unter der Leitung von Dennis Russell Davies steht. Auch das Bonner Theater war jahrzehntelang auf privates Engagement angewiesen. Es wurde von Köln aus mitbespielt, darunter von Engelbert Humperdinck. Erst Anfang unseres Jahrhunderts kam ein eigenes Ensemble zustande; Agnes Straub, Emil Jannings und Willy Birgel wirkten hier in jungen Jahren. Paul Kemp hingegen ist in Bad Godesberg geboren.

Auf dem Gebiet der bildenden Kunst präsentierten sich 1913 im Buch- und Kunstsalon Friedrich Cohen, Vorgänger der Universitätsbuchhandlung Bouvier, 16 Maler unter dem Gruppennamen „Rheinische Expressionisten“, unter ihnen die heute weltweit anerkannten August Macke und Max Ernst. Dank des besonderen Engagements des nahegelegenen „Bonner Kunstvereins“ unter Margarethe Jochimsen ist das Wohnhaus des im Oktober 1914 in der Champagne im Ersten Weltkrieg gefallenen August Macke unter Denkmalschutz gestellt und wird im Rahmen eines universitären Forschungsprojekts zum rheinischen Expressionismus genutzt werden.

Vermochten das Musikleben, Theater und Malerei — die letztere mit den rheinischen Expressionisten —, große Namen aufzuweisen, so erlangte Bonns Literaturszene keine überregionale, geschweige denn nationale Bedeutung. Zwar führte Max Reinhardt in seinem Deutschen Theater in Berlin das Drama „Der Graf von Gleichen“ von Wilhelm Schmidtbonn auf, doch ging von dem gebürtigen Bonner Dichter und Schriftsteller, der in seinen autobiographischen Romanen „Der dreieckige Marktplatz“ und „An einem Strom geboren“ das Bonn der Kaiserzeit trefflich schildert, keine anhaltende Wirkung aus. Die war eher zwei Vereinigungen verliehen: In der 1898 gegründeten „Dramatischen Gesellschaft“, später in „Gesellschaft für Literatur und Kunst“ umbenannt, lasen Hugo von Hofmannsthal, Thomas Mann, Gerhart Hauptmann. Die von dem Bonner Germanisten Berthold Litzmann ins Leben gerufene „Literarische Gesellschaft“ setzte sich mit der deutschen Gegenwartsliteratur lebender Autoren kritisch auseinander und veröffentlichte ihre hochangesehenen „Mitteilungen“.

Nicht nur die altehrwürdige „Lese“, 1819 zur „Lese- und Erholungsgesellschaft“ erweitert, sondern auch die Buchhandlungen Röhrscheid und Cohen, heute Bouvier, sorgten mit eigenen „Lesekabinetten“ neben städtischen und anderen Institutionen für die Verbreitung von Literatur und legten den Grundstein für Bonns heutigen überregionalen Ruf als Stadt des Buches. Nationale Bedeutung für das katholische Deutschland gewann der „Borromäus-Verein“, dessen Sitz von seiner Gründung 1844 an Bonn war.

Das gesellschaftliche, kulturelle und auch politische Leben spielte sich im bürgerlichen 19. Jahrhundert weit mehr als heute in Vereinen ab. Gehörten die Menschen bis zum Ende der kurfürstlichen Zeit durch Geburt oder Beruf Ständen, Zünften, Bruderschaften an, so vermochten sie sich jetzt freiwillig zusammenzuschließen, um bestimmte Zwecke und Ziele zu erreichen. Vereine bestimmten auch in Bonn wesentlich das kulturelle Leben. Es war aufgrund des liberalen Denkens der Zeit den Initiativen und dem Engagement der Bürgerschaft überlassen und wurde daher nicht von der öffentlichen Hand, hier der Stadt, finanziell und organisatorisch getragen, wie heute selbstverständlich im Rahmen der freiwilligen Daseinsfürsorge. Neben Theater, Musikpflege und Literatur gilt dies auch für die Museen. Zwar waren das „Akademische Kunstmuseum" 1819 und das „Museum vaterländischer Alterthümer" im Jahr darauf im Zusammenhang mit der Universität durch staatliche Initiative entstanden, doch erwachte letzteres erst zu fruchtbarem Leben, als sich der 1841 gegründete „Verein von Alterthumsfreunden im Rheinlande", der älteste in Deutschland, seiner annahm. Die Museums- und Vereinssammlungen wurden 1876 zum „Rheinischen Provinzialmuseum" verbunden. Durch den Erwerb der Gemäldesammlung Wesendonck — die Freundin Richard Wagners liegt auf dem Alten Friedhof begraben —, konnte es sich auch zum Kunstmuseum entwickeln.

Der Bonner Arzt Franz Obernier vermachte zwar 1884 der Stadt Bonn außer seiner Villa eine Gemäldesammlung, doch war sie als Grundstock für ein Kunstmuseum weniger geeignet und stellte eher die kultivierte Ausstattung eines wohlhabenden Bürgerhauses dar. Spöttisch bezeichnete Max Ernst als das „beste Bild im Obernier-Museum die Aussicht auf das andere Rheinufer und Siebengebirge". Gleichwohl bildete die Stiftung die Grundlage für das städtische Kunstmuseum — jetzt als Kunstmuseum Bonn unter der Leitung von Katharina Schmidt stehend —, das neben Münster die bedeutendste Sammlung des Rheinischen Expressionismus besitzt und zur Zeit endlich einen großzügigen Neubau an der Friedrich -Ebert-Allee in unmittelbarer Nachbarschaft und enger Verbindung mit der ebenfalls neu entstehenden Kunsthalle der Bundesrepublik Deutschland erhält. Kein Museumsglück war dem Verein „Bonnensia" beschieden, 1886 u.a. mit dem Ziel gegründet, Sammlungen zur Geschichte und Kultur Bonns anzulegen. Erst vor wenigen Jahren, ein Jahrhundert später, hat der Stadtrat beschlossen, das Stadtmuseum Bonn einzurichten, nachdem der später in „Bonner Heimat- und Geschichtsverein“ umbenannte Verein seine Bonnensien schon 1956 der Stadt übereignet hatte. Internationales Ansehen genießt das Zoologische Forschungsinstitut und Museum Alexander Koenig, in dessen Lichthof 1948 der Parlamentarische Rat seine Eröffnungsfeier abhielt. In einem seiner Räume hatte der erste Bundeskanzler Dr. Konrad Adenauer sein Büro. Der in St. Petersburg (heute Leningrad) geborene Zoologe und Bonner Ehrenbürger Alexander Koenig hatte auf seinen privaten Forschungsreisen umfangreiches Material gesammelt und 1912 den Grundstein für das nach ihm benannte Museum gelegt. Durch die Geldentwertung nach dem Ersten Weltkrieg verlor er den größten Teil seines Vermögens, das sein Vater in Rußland durch Zuckergewinung erworben hatte, und übereignete 1929 sein Museum dem Deutschen Reich.

Erst nach der Gründung des Deutschen Reiches verlor Bonn seinen romantischen, noch biedermeierlichen Charakter und entwickelte sich wie die meisten deutschen Städte in der wilhelminischen Kaiserzeit zum modernen Gemeinwesen mit einer leistungsfähigen Verwaltung. Nachdem der mittelalterliche Mauerring teilweise vor der Jahrhundertmitte gesprengt worden war, dehnte sich die Stadt vor allem nach Süden und Westen aus. Die mittelalterlichen Mauern und Stadttore sowie die Bastionen aus kurkölnischer Zeit fielen bis auf wenige Ausnahmen der Spitzhacke zum Opfer. Seit 1926 durfte Godesberg den Titel Bad führen, neun Jahre später erhielt es Stadtrecht. Rechtsrheinisch wurde Beuel 1952 Stadt. Die kommunale Neugliederung des Bonner Raumes vollendete sich 1969.

In der Zeit nach der Reichsgründung veränderte eine umfangreiche Bautätigkeit des Gesicht der Stadt Bonn erheblich und bestimmte es neben seinem Charakter als Barockstadt bis zum Zweiten Weltkrieg. Zahlreiche Universitätsinstitute, umfangreiche Kliniken und Krankenhäuser, Kasernen, Schulen, das Land- und -Amtsgericht, der Staatsbahnhof und der Rheinuferbahnhof, das Oberbergamt, die Landwirtschaftskammer Rheinland, das Rheinische Provinzialmuseum, das Zoologische Museum Koenig, katholische und evangelische Kirchen, Synagogen, neugotische oder neoromanische Rathäuser und andere Bauten entstanden. Sie alle waren dem gleichen wilhelminisch-repräsentativen Zeitgeist verpflichtet. In architektonischer Geschlossenheit wuchs die heute einzig in der Bundesrepublik in diesem Umfang erhaltene Südstadt; die Straßenzüge des Musikerviertels und der Altstadt entstanden; die Seiten der Poppelsdorfer Allee wurden bebaut, endlich die kurfürstliche Bauidee vollendet. Herrschaftliche Villen mit großzügigen Parkanlagen und prächtige Bürgerhäuser reihten sich entlang der Koblenzer Straße, der heutigen Adenauerallee. Das Repräsentationsbedürfnis des deutschen Bürgertums zeigte sich nicht nur in seinen Bauten, sondern auch in zahlreichen Denkmälern. Wie überall im Deutschen Reich mahnten die Monumente patriotischen Pathos des Kaisers treue Untertanen an ihre vaterländische Pflicht.

Einen tiefen Einschnitt für Bonn bedeutete die ungeheure Geldentwertung zu Beginn der zwanziger Jahre, da sie die bürgerlichen Vermögen vernichtete, so daß die einst wohlhabenden Rentiers, ja selbst Millionäre verarmten und der Stadt zur Last fielen. Gleichzeitig mit der Ansiedlung von Gewerbe- und Industrieunternehmen versuchte die Stadt mit Erfolg, Bonn zum Fremdenverkehrs- und Tagungsort zu machen. Auch die Godesberger Kurverwaltung zog viele Tagungen an sich. Das kulturelle Leben erholte sich in Bonn nach der Inflation schnell. Der Schriftsteller Wilhelm Schmidtbonn stand in hohem Ansehen, ebenso die Maler Em Oelieden und Carl Nonn. Das Beethovenfest 1927 zum 100. Todestag des Komponisten diente als repräsentative Hauptveranstaltung Deutschlands. In Godesberg entstand die spätere „Schauspielbühne" und die „Vereinigung der musikalischen Gesellschaft". Sie machten die Badestadt zum zweiten Kulturzentrum im Bonner Raum.

Gleichwohl nahm auch in Bonn das politische Verhängnis der nationalsozialistischen Gewaltherrschaft seinen Lauf. Schon am 10. Mai 1933 brannten in Deutschland die Scheiterhaufen: In reichsweiten Kundgebungen „Wider den undeutschen Geist" wurden in allen deutschen Universitätsstädten „volksfeindliche" Bücher mißliebiger Autoren verbrannt. Auf dem Bonner Marktplatz, begleitet von den (später gedruckten) „Festreden" der Professoren Naumann und Lüthgen, loderten Werke von Thomas und Heinrich Mann, Bertolt Brecht, Karl Marx, Sigmund Freud, Carl Zuckmayer, Kurt Tucholsky und Erich Kästner. Die Aberkennung der Ehrendoktorwürde von Thomas Mann durch die Philosophische Fakultät der Universität Bonn am 19. Dezember 1936 erregte weltweites Aufsehen und brachte die ganze Universität in Verruf. Von der Universität wurden bis Kriegsausbruch 33 Dozenten und Professoren entlassen oder in den Ruhestand versetzt, darunter so bekannte Wissenschaftler wie der evangelische Theologe Karl Barth, der Zahnmediziner und sozialdemokratische Stadtverordnete Alfred Kantorowicz sowie jüdische Gelehrte, der Historiker Wilhelm Levison (bei ihm hatte Joseph Goebbels mittelalterliche Geschichte belegt), der Geograph Alfred Philippson und der Mathematiker Felix Hausdorff. Später traf das gleiche Schicksal den erst jüngst verstorbenen Kunsthistoriker Heinrich Lützeler, in Bonn beliebt wegen seiner humoristisch-karnevalistischen Bücher und Vorträge. Viele mußten ins Ausland gehen, andere wurden in Konzentrationslager verschleppt oder gingen aus Furcht vor Deportation in den Freitod. Der Widerstand war insgesamt gering. Auch Bonn machte sich mitschuldig an der Zerstörung der jüdischen Synagogen im Novemberpogrom 1938 und an der Ermordung seiner jüdischen Mitbürger und -bürgerinnen in den Vernichtungslagern des Ostens.

Sorge und Angst um die an den Kriegsfronten kämpfenden Ehemänner, Söhne und Brüder, Trauer um die Gefallenen, hoffnungsloses Warten auf die Vermißten teilte die Bonner Bevölkerung mit allen anderen Menschen im Reich. Knappe Lebensmittel, ungenügend geheizte Wohnungen, schlechte Kleidung, mangelnde Hygiene und damit sich leicht ausbreitende Krankheiten und viele Einschränkungen, alles Folgen des Krieges, machten das Leben den Menschen zur Last. Darüber halfen Theateraufführungen und die „Volkstümlichen Beethovenfeste der Stadt Bonn", bewußt zur Beruhigung der Bevölkerung veranstaltet, wenn überhaupt, dann nur für wenige Stunden hinweg. Am 18. Oktober 1944 verwandelten 250 englische und amerikanische Bomber Bonn zwischen Bahnhof und Rhein in ein einziges Flammenmeer. Ende des Jahres wurde Bad Godesberg hart getroffen, auch hier die Altstadt zerstört. Länger unter Angriffen litt Beuel. Im März 1945 besetzten amerikanische Truppen die Stadt, später von englischer Besatzung abgelöst. Die Bilanz des Krieges war traurig: Über 6000 gefallene und vermißte Soldaten, fast 2300 getötete Zivilisten, über 600 ermordete und verschollene Menschen vor allem jüdischen Glaubens. Jedes fünfte Wohnhaus war zerstört, eine große Zahl öffentlicher Gebäude der Stadt und der Universität dem Boden gleichgemacht oder völlig ausgebrannt.

Und dennoch, bereits im Sommer 1945 regte sich das kulturelle Leben auch in Bonn wieder, im Juli/August fanden die ersten Veranstaltungen wieder statt. Da in Bonn Stadttheater und Beethovenhalle zerstört waren, wurde im Akademischen Kunstmuseum, im Museum Koenig, im Festsaal des Landeskrankenhauses und an anderen Orten sowie im wiederaufgebauten Kinosaal des Metropols und des Bürgervereins gespielt. Während das Metropol z. Z. wieder im alten Glanz entsteht, mußte der schöne Bau des Bürgervereins Neubauten weichen. In Bad Godesberg waren die vom Theater bespielbaren Säle hingegen erhalten geblieben. Erst 1959 konnte die dritte neue Beethovenhalle des Architekten Siegfried Wolske eröffnet werden. Fast schon ihr Erkennungszeichen ist die große von dem Düsseldorfer Künstler Klaus Kammerich aus „Beethon"guß geschaffene Beethovenbüste, um deren Erwerb sich die Stadt Bonn z. Z. bemüht.

Zusammen mit dem 1965 eingeweihten Theater am Boeselagerhof, eine Schöpfung der sog. „architecture brute" der Stuttgarter Architekten Klaus Gessler und Wilfried Beck-Erlang, bestimmt sie das Panorama Bonns von der Rheinseite. Zukunftweisend wurde 1985 der Opern- vom Schauspielbetrieb getrennt, seitdem steht der Theaterneubau allein der Oper unter dem Generalintendanten Jean-Claude Riber zur Verfügung, während das Godesberger Stadttheater jetzt die Hauptspielbühne für das Schauspiel Bonn unter Peter Eschberg ist. Eine Schauspielstätte von besonderer Ausstrahlung ist die Halle Beuel. Neben der Städtischen Oper und dem Schauspiel Bonn erfreuen sich mehrere kleine Bühnen der Gunst des Bonner Publikums, so etwa der Contra-Kreis, das Kleine Theater Bad Godesberg und das „Euro Theater" Central, Bonns kleinstes Schauspielhaus.

Als größter Konzertsaal dient seit ihrer Neueröffnung die Beethovenhalle. Die dort durchgeführten Beethovenfeste — 1989 war es das 33. — finden alle drei Jahre statt und sind jeweils dem Gesamtwerk bedeutender zeitgenössischer Komponisten gewidmet, so 1986 Olivier Messiaens und im vorigen Jahr Leonhard Bernsteins, der die großen Konzerte auch dirigierte. Anläßlich der Eröffnung der Beethovenhalle stiftete die Stadt Bonn den Beethovenpreis zur Förderung junger Komponisten. Neben dem schon genannten Preis für Essayistik kann die Stadt Bonn seit einigen Jahren einen dritten Kunstpreis vergeben, den von Dorothea von Stetten gestifteten Kunstpreis für junge Nachwuchskünstler.

Sehr viel schwieriger war nach dem Krieg die Lage der bildenden Kunst in Bonn, da das Museum Obernier sowie das Arndthaus zerstört waren; die Bestände konnten allerdings weitgehend gerettet werden. Walter Holzhausen begann damals mit dem konsequenten und programmatischen Aufbau der Kunstsammlungen. Sie haben heute drei Schwerpunkte, die Sammlung Rheinischer Expressionisten, deutsche Kunst nach 1945 und internationale Graphik. Der Umzug aus den beengten Räumlichkeiten in der Rathausgasse wird 1991 in das neue Gebäude an der Friedrich-Ebert-Allee erfolgen. Schwierig hatten es auch die Bonner Künstler, durch die Zerstörung des Obernier-Museums waren sie heimatlos geworden. Gleichwohl wurde der „Bonner Künstlerbund“ nach dem Zweiten Weltkrieg von Willy Stucke reaktiviert, der Vorsitz ging später an seinen gleichnamigen Sohn über. Bald nach der Gründung nahm er den noch heute verwendeten Namen „Künstlergruppe Bonn“ an, deren Vorsitzender jetzt Jupp Hein ist. Während sich die „Künstlergruppe Bonn“ als „Freundeskreis zur Veranstaltung gemeinsamer Ausstellungen“ verstand, war der „Alfterer Kreis“ mehr als eine Künstlergruppe. Hier traf sich ein Kreis von Gleichgesinnten, also nicht nur Malern, um sich über die neue abstrakte Kunst und die Existenzphilosophie Jean-Paul Sartres auszutauschen. Unter den Künstlern und Künstlerinnen, die die ersten Nachkriegsjahrzehnte in Bonn bestimmten, sind Hann Trier, Herm Dienz, Juan Dotterweich, Ingeborg von Rath, Martin Frey und Paul Magar neben dem schon erwähnten Willy M. Stucke zu nennen. Eine private Kunstschule richtete 1945 der Bildhauer und Designer Pit Müller auf dem Eschenhof in Vilich ein. Der „Bundesverband Bildender Künstler“ unter Wolfgang Hunecke und die „Gedok“ („Gesellschaft deutsch-österreichischer Künstlerinnen“) unter Erika Sebaldt sowie die „Gesellschaft für Kunst und Gestaltung“ bestimmen heute neben dem schon genannten „Bonner Kunstverein“ und einer im Frauen-Museum arbeitenden Ateliergemeinschaft von Künstlerinnen weitgehend das Kunstgeschehen in der Stadt Bonn. Für Ausstellungen steht das Künstlerforum am Mackeplatz und eben das Frauen-Museum zur Verfügung. Nicht wegzudenken aus der Bonner Kunstszene sind die vielen Galerien. Gemeinsam mit den Museen veranstalten sie seit 1984 die „Bonner Kunstwoche“.

Wesentlich bereichert wird die Kunst in Bonn seit einigen Jahren durch Ausstellungen im Wissenschaftszentrum und vor allem in den Landesvertretungen der Bundesländer. Sie alle werden gewiß überstrahlt werden durch die beiden neuen im Bau befindlichen „Kunstkathedralen“ an der Friedrich-Ebert-Allee: dem von der Berliner Architektengemeinschaft Dietrich Bangert entworfenen Kunstmuseum Bonn und der Kunst- und Ausstellungshalle des Bundes nach Entwürfen des Wiener Architekten Gustav Peichl, als dessen Gründungsintendant kein geringerer als Pontus Hulten gewonnen werden konnte (er leitete als Gründungsdirektor das Nationalmuseum für moderne Kunst im Pariser Centre Pompidou). Im Bereich der Literatur zeigt sich seit einigen Jahren eine Hochblüte. Viele deutschsprachige Autoren aus Ost und West stellten und stellen ihre neuerschienenen Werke in Bonn dem Leserpublikum vor, unter ihnen Max Frisch, Gabriele Wohmann und Martin Walser.

In diesen Tagen fand z. B. die fünfte „Bonner Buchwoche“ und der siebte „Bonner Literaturmarkt“ unter dem Thema „Nachdenken über Deutschland“ statt. Als Cheforganisatorin und Leiterin des „Literaturbüros“ zeichnet Karin Hempel-Soos. Sie führt durch die „Nacht der Poeten“.

Auch im bürgerlichen Bonn hat sich inzwischen die sogenannte alternative Kultur etabliert. Als ihre Spielstätten sind vor allem die Brotfabrik und die Tapetenfabrik in Beuel zu nennen. Die Freunde des Kabaretts versammeln sich im Pantheon und im Haus der Springmaus, die Fans von Rock- und Popmusik toben in der Biskuithalle. Eher schon gesetztere Bonner Bürgerinnen und Bürger mögen im vor wenigen Jahren errichteten Brückenforum in Beuel in diesen Tagen der Dutch Swing College Band oder Georges Moustaki begeistert lauschen. Gar nicht wegzudenken aus der Bonner Kultur ist der inzwischen zum bundesweiten Markenzeichen gewordene „Bonner Sommer“. Seit nunmehr 17 Jahren wird an jedem Wochenende dort gespielt, getanzt und gesungen, findet das „Fest der Kontinente“ mit Gruppen aus der ganzen Welt dort statt.

Insgesamt ist das kulturelle Leben der Bundeshauptstadt Bonn so bunt und vielfältig geworden, daß sich jeden Abend — sofern man will — die Frage stellt, welcher Vernissage, welchem Theaterstück, Konzert oder Kabarett man den Vorzug geben sollte, welcher Einladung man folgen mag.

Die Kultur einer Stadt drückt sich unzweifelhaft auch in ihren sichtbaren Bauten aus. Unter den Neubauten der Universität ragen die

Universitätsbibliothek und das Juridicum mit dem Marmormosaik des französischen Künstlers Victor Vasarely hervor. Nicht der lebendige und spannungsreich gestaltete, architektonisch und konzeptionell geglückte Baukörper des von Erwin Heinle entworfenen neuen Bonner Stadthauses stößt auf Kritik, sondern seine beziehungslose Lage zur Umgebung im Inneren der Stadt. Seitdem Bonn 1949 die Aufgabe als zunächst provisorische, dann 1973 offiziell anerkannte Hauptstadt der Bundesrepublik Deutschland erhielt, prägen die zahlreichen bundesbedingten Bauten das Stadtbild vor allem in der Fernseh-Öffentlichkeit. Bediente sich der Deutsche Bundestag über Jahrzehnte der ehemaligen Pädagogischen Akademie und nutzten zahlreiche Ministerien die alten Bonner Kasernen, so entstanden mit dem Auswärtigen Amt und dem Bundespostministerium erste funktionale Neubauten durch den Bund. Die Mitte der 50er Jahre aufkommende neue Berlin-Bewegung verhinderte für ein Jahrzehnt jede gemeinsame Planung von Bund, Land und Stadt Bonn für den Ausbau Bonns. Nach Aufhebung des Bauverbots 1966 entstand das die Rhein-Silhouette prägende Abgeordnetenhochhaus Egon Eiermanns, im Volksmund „Langer Eugen“ genannt, und die sogenannten Kreuzbauten. In den 70er Jahren folgte das außerordentlich phantasielose Bundeskanzleramt, auf dessen grüner Wiese die von dem englischen Bildhauer Henry Moore geschaffene Bronzeplastik „Two Large Forms“ die Welt grüßt. Fast gleichzeitig mit der Anerkennung Bonns als endgültiger Hauptstadt der Bundesrepublik aufgestellte gigantische Planungen, Neubauten für Bundestag und Bundesrat zu errichten und fast alle Ministerien in deren Nähe zu konzentrieren, also eine völlig neue Regierungszentrale zu schaffen, sind symptomatisch für die Konsolidierung Bonns als politischer Metropole der Bundesrepublik gewesen. Die bald einsetzende Weltwirtschaftskrise verhinderte jedoch den Hauch von Brasilia am Rhein.

Gleichwohl bedeutete dies nicht das Ende des Ausbaus der Bundeshauptstadt. In seiner Regierungserklärung 1983 hat der jetzige christdemokratische Bundeskanzler Helmut Kohl den Willen der Bundesregierung bekräftigt, binnen eines Jahrzehnts Bauinvestitionen in einem bisher nicht dagewesenen Umfang zu tätigen, nicht nur um das bauliche Provisorium Bonn zu beenden, sondern auch, das war neu, um in Bonn die Bundesrepublik Deutschland repräsentativ darzustellen. Das alte Bundestagsgebäude ist abgerissen, ein neues entsteht nach Entwürfen des Münchner Architekten Günter Behnisch; das Kölner Architektenehepaar Joachim und Margot Schürmann zeichnet verantwortlich für Neubauten für die Abgeordneten, die Fraktionen, die wissenschaftlichen Dienste und die Bundestagsverwaltung. Bauten und Parks sollen nach den Worten der Bundestagspräsidentin Rita Süssmuth zu einem „Volksgarten der Demokratie" gestaltet und zusammengefaßt werden. Das ehemalige Hotel auf dem Petersberg (in dem einst die Alliierten Hohen Kommissare residierten) ist als Gästehaus des Bundes restauriert und ausgebaut, die schon genannte Bundeskunst- und Ausstellungshalle wächst empor. Bonn als Bundeshauptstadt ist inzwischen historisch, das beweist symbolisch und augenfällig zugleich das Haus der Geschichte der Bundesrepublik Deutschland. Das von dem Braunschweiger Architektenehepaar Ingeborg und Hartmut Rüdiger entworfene Museum versteht sich unter der Leitung von Hermann Schäfer als ein Museum zur Zeitgeschichte, wie die jüngst eröffnete Ausstellung „TschüSSED" zur Erinnerung an die von DDR-Künstlern am 4. November 1989 auf dem Potsdamer Platz in Berlin veranstaltete revolutionäre Großdemonstration bezeugt.

Zum Schluß sei aus der Rede des Bundespräsidenten Richard von Weizsäcker zitiert, die er anläßlich der Eintragung in das Goldene Buch der Stadt Bonn 1984 im Alten Rathaus hielt und die er im Festbuch zum Stadtjubiläum „Bonn ist 2000" 1989 „Statt eines Vorworts" schrieb: „Bonn hat sich als Hauptstadt der Bundesrepublik bewährt. Es ist in diese Aufgabe gut hineingewachsen. Die Kritik, Bonn sei keine europäische Stadt alten Stils, zielt an dieser Stadt vorbei. Bonn ist eine sehr europäische Stadt. Was ihr an Ausdehnung fehlen mag, macht sie durch andere Vorzüge wett: Ihre Überschaubarkeit, ihre Menschlichkeit, ihren Charme, kurzum ihre friedliche und gewinnende Atmosphäre. Wenige Regierungszentren der Welt können sich an humaner Bewohnbarkeit mit Bonn messen... In der Bundeshauptstadt gilt es, etwas von dem Gewicht, der Kultur und dem Selbstverständnis unseres modernen, demokratisch regierten, wissenschaftlich, wirtschaftlich und sozial hochleistungsfähigen Staates zu vermitteln... Wenn ich der Stadt Bonn Glück wünsche, denke ich dabei gerade an die Bonner Bürger, die verantwortlich in die Zukunft blicken."

Die Autoren:

Marion Gräfin Dönhoff, Dr. rer. pol., ist Herausgeberin der Wochenzeitung „Die Zeit“ in Hamburg.

Luigi Vittorio Ferraris, Professor für Internationale Beziehung in Rom, Richter beim Staatsrat in Rom, Botschafter Italiens in Bonn von 1980 bis 1987, Staatsrat.

Horst Ehmke, Dr. jur., Mitglied des Deutschen Bundestages, Professor für Öffentliches Recht an der Universität Freiburg/Br.

Peter Glotz, Dr. phil., Mitglied des Deutschen Bundestages, Chefredakteur der Zeitschrift Neue Gesellschaft/Frankfurter Hefte.

Klaus Harpprecht ist Journalist und Publizist, ehemaliger politischer Berater von Bundeskanzler a. D. Willy Brandt.

Markus Heintzen, Dr. jur., ist wissenschaftlicher Assistent am Institut für Öffentliches Recht an der Rheinischen Friedrich-Wilhelms-Universität Bonn.

Wolfgang Herles, Dr. phil., ist Journalist und Publizist, Leiter des Studios Bonn des Zweiten Deutschen Fernsehens.

Eberhard Jäckel, Dr. phil., Professor für Neuere Geschichte, Historisches Institut an der Universität Stuttgart.

Antonius John, Dr. rer. pol., Honorarprofessor für Politik und Zeitgeschichte der Universität Koblenz. Wirtschaftsjournalist in Bonn.

Thomas Kielinger, Journalist und Publizist, Chefredakteur des Rheinischen Merkur/Christ und Welt in Bonn.

Golo Mann, Dr. phil. Dr. h.c., Schriftsteller, Professor für Geschichte (emeritus) Kilchberg/Schweiz.

Margarita Mathiopoulos, Dr. phil., Dozentin für amerikanische Außenpolitik und Internationale Beziehungen an der Freien Universität Berlin, ehemals stellv. Direktorin des Aspen-Instituts Berlin.

Reiner Pommerin, Dr. phil., Professor für Neuere Geschichte an der Friedrich-Alexander-Universität Erlangen.

Manfred van Rey, Dr. phil., Archivdirektor der Stadt Bonn.

Alois Rummel, Dr. phil., Chefredakteur der Deutschen Kulturredaktion, ehem. Programmdirektor des Südwestfunks, und Redaktionsdirektor des Rheinischen Merkur/Christ und Welt Bonn.

Peter Scholl-Latour, Dr. phil., Journalist und Publizist, ehem. Herausgeber Stern-Magazin und Vorstand des Verlags Gruner & Jahr AG.

Michael Stürmer, Dr. phil., Professor für Neuere und Neueste Geschichte an der Universität Erlangen, Direktor des Forschungsinstituts für Internationale Politik und Sicherheit der Stiftung Wissenschaft und Politik in Ebenhausen.

Heinz Thomas, Dr. phil., Professor für Mittlere und Neuere Geschichte an der Rheinischen Friedrich-Wilhelms-Universität Bonn.

Richard von Weizsäcker, Dr. jur. Dr. phil. h.c., Bundespräsident der Bundesrepublik Deutschland.

Gabriele Wohmann, Schriftstellerin, Darmstadt.